담장 넘은 축복

담장 넘은 축복
BLESSING OVER A WALL

피플트리

여기 보리떡 5개와 물고기 2마리를 예수님께 드립니다.
이것이 얼마나 되겠습니까?

차례

CONTENTS

서문

제1부 창세기 요셉 편 ·· 010

제2부 담장을 넘어 이스라엘을 구한 요셉 ··· 014

제1장 처음부터 우연은 없었다.

모든 것을 하나님이 준비하셨다.^{창 37:1-17} ·· 023

요셉의 할머니 리브가의 욕심과 눈속임^{창 24장, 27장} ······························· 027

어머니 라헬의 시기심과 우상인 드라빔의 소지^{창 29:16-30:24} ················ 031

리브가는 용서받았고, 라헬은 용서받지 못했다. ···································· 036

형제 12명은 서로 협력할 줄 몰랐다. ··· 040

야곱과 요셉의 실수 또한 미리 예정되었다. ·· 043

요셉의 고난은 사전에 경고되었다. ·· 048

요셉은 예정된 고난의 길로 나간다.^{창 37:18-28} ······································ 050

⟨Keynote⟩ 그의 꿈이 어떻게 되는지를 보자 ··· 054

제2장 요셉의 형들은 도구로서 충실하였다.

- 형들의 변명은 사악함의 극치^{창 37:31-32} ····· 057
- 유도신문에 빠져버린 야곱^{창 37:33-35} ····· 059
- 형들의 거짓말은 적중하였다. ····· 062
- 르우벤은 장자권을 잃게 되었다.^{창 37:29-30} ····· 064
- 하나님은 왜 요셉이 아닌 유다를 택하셨나?^{창 38장} ····· 068
- 다말은 주어진 소명에 충성을 다했다.^{창 38:6-30} ····· 071
- 〈Keynote〉 가라지도 허용하시는 하나님 ····· 075

제3장 십자가를 지고 가는 요셉

- 요셉의 도단에서의 기도에는 침묵하셨다. ····· 079
- 연단의 기회로 삼아 더 열심히 찬양하였다. ····· 082
- 요셉은 믿음의 조상으로부터 순종과 평화를 배웠다. ····· 086
- 〈Keynote〉 하나님의 처방은 놀라우시다. ····· 089

제4장 빛의 자녀로서 시험에 빠지지 않았다.

- 요셉은 보디발의 아내로부터 유혹을 받았다.^{창 29:17} ····· 093
- 요셉의 거절은 보디발에 대한 사랑의 실천이었다. ····· 097
- 요셉은 간절한 마음으로 기도하였다. ····· 100
- 요셉은 유대인의 선민의식을 갖지 않았다. ····· 104
- 〈Keynote〉 예비하시고 우리의 믿음을 보신다. ····· 107

제5장 준비된 사람 요셉

- 요셉은 감옥소에 갇히게 된다.^{창 39:20} ····· 111
- 시련은 연단의 기간이었다.^{창 39:20} ····· 115
- 보디발의 부인은 끝내 회개하지 않았다. ····· 117
- 대제사장과 바리새인들도 회개하지 않았다.^{마 27:62-66} ····· 119
- 감옥소에서도 새로운 삶과 인연을 예비하셨다.^{창 40:4} ····· 122
- 요셉은 두 관원장의 꿈을 풀이해 준다.^{창 40:7-22} ····· 125
- 하나님의 종 요셉도 한때 사람에 의지하려 하였다.^{창 40:23} ····· 129
- 술 관원장의 추천은 하나님의 때를 기다려야했다.^{창 41:9} ····· 131
- 〈Keynote〉 비우면 채워 주신다. ····· 134

제6장 재창조된 요셉과 거듭난 피라미드

약하지만 당당할 수 있었던 요셉 ··· 137
겸손은 세상을 이기게 한다. ·· 140
총리가 된 것은 나의 공로가 아니다.^{창 41:39-44} ······················· 143
요셉은 소망을 보고 합력하여 애굽의 총리가 되었다. ·············· 148
7년 이집트 대기근은 하나님이 준비하셨다. ·························· 151
이집트에는 잘못된 내세관으로 화려하고 웅장한 피라미드가 있었다. ········ 154
요셉은 피라미드를 양곡의 저장창고로 사용하였다.^{창 41:39-44} ·········· 156
피라미드를 무덤에서 생명의 창고로 거듭나게 하였다. ············· 161
〈Keynote〉 네 보물 있는 그곳에는 네 마음도 있느니라. ············· 164

제7장 형제간의 화해와 이스라엘의 번영

아버지께 자신의 건재함을 알리지 않고 기다렸다. ·················· 167
형들은 동생 요셉을 찾아왔다.^{창 42:17} ·································· 171
상황은 바뀌었으나 형들은 변한 것이 없었다. ······················ 173
요셉은 형들을 모두 감옥에 가둔다. ··································· 175
요셉의 형들이 요셉을 몰라본 이유^{창 42:8} ····························· 178
요셉은 하나님의 섭리 안에서 거듭나 있었다. ······················ 180
야곱의 부정적인 생각은 성령을 소멸시켜버렸다.^{창 42:34-38} ············ 182
요셉의 꿈대로 11명의 형제는 요셉에게 절을 하였다.^{창 43:17-23} ········ 186
요셉이 베냐민에게 덫을 놓다.^{창 44:1-13} ································ 188
베냐민을 대신해서 처벌 받으려는 유다의 희생정신^{창 44:18-34} ·········· 191
영적으로 거듭난 요셉 ··· 194
큰 아버지 에서의 관대함을 본 받았다.^{창 32장, 33장} ·················· 197
악을 행한 자는 모두 빛을 싫어한다. ································· 201
요셉은 꿈에 그리던 아버지를 만났다.^{창 46장} ························ 204
거짓말하는 것은 야곱 집안의 내력 ···································· 206
감사할 줄 아는 요셉과 거듭나게 된 형제들 ························ 210
이스라엘의 출애굽은 예정되어 있었다. ······························ 213
요셉은 또 다른 소임을 다했다.^{겔 29:15} ······························· 216
〈Keynote〉 하나님이 사랑하심같이 너희도 서로 사랑하라. ············ 219

제8장 요셉의 가정과 축복

- 미리 준비된 요셉의 아내 아스낫^{창 41:45, 50} ... 222
- 아스낫은 요셉의 영적 동역자이고 중보자이었다. ... 225
- 요셉의 도피성은 가정이었다. ... 229
- 요셉 아들에 대한 야곱의 축복과 12지파^{창 48장-49장} ... 232
- 야곱은 요셉을 사실상 장자로 인정하였다.^{창 49:26} ... 234
- As surely as Pharaoh lives^{창 42:16} ... 236
- 죽어서도 하늘나라만을 바라본 야곱^{창 23장, 49:29-50:13} ... 240
- 요셉 또한 그곳에 묻히기를 원했다.^{창 50:24-26} ... 243
- 〈Keynote〉 모든 것을 하나님이 계획하시고 주관하신다. ... 245

제9장 성숙한 그리스도인의 삶

- 모든 것은 하나님이 선택하시고 결정하셨다. ... 248
- 요셉은 하나님의 뜻에 순종하여 고난 중에 소망을 품었다. ... 251
- 용서와 사랑으로 형들의 거짓된 삶을 이겼다.^{창 50:15-21} ... 254
- 우상과 함께한 요셉은 12지파 족장의 반열에 오를 수 없었다. ... 258
- 하나님께서 요셉에게 필요한 지혜와 은사를 주셨다. ... 261
- 민족성은 믿는 이에게 장애물이 된다. ... 265
- 하루에 한 번이라도 가정예배를 드리자. ... 269
- 네 꿈이 어찌되는지 보자. ... 272
- 하나님의 섭리 안에서 새로운 피조물이 되었다. ... 275
- 〈Keynote〉 하나님만을 바라봄은 능력이다. ... 279

에필로그 ... 281

이하에서는 성경의 표준인용방식에 따라 NIV한영해설 성경을 주로 참고하고 인용하였으며, 캘빈/편집부번역, 영한기독교강요 I -IV, 성문출판사(1996년 판)의 발간 책자를 참고하였다.

서문

제1부
창세기 요셉 편

　세상은 온통 악하기만 하다. 점차 더 악해지고 있다. 시기와 질투로 서로를 들볶고 있다. 우리 사회에 무엇이 더 필요할까? 학생들에게 젊은이들에게 어떤 교육이 더 필요할까? 무엇이 부족할까?

　해답은 성경에서 찾을 수 있다. 하나님께서는 성경 66권을 주시어 누구라도 하나님이 계신다는 것을 알게 하셨다. 그럼에도 이를 듣지 않거나 말씀을 듣고도 순종하지 않고 마귀의 유혹에 빠져 점점 더 악해지고 있다.눅 11:28

　하나님께서는 미리 예비하신 선한 일들을 위해 그리스도 예수 안에서 우리를 창조하셨고, 우리가 그 뜻에 순종하여 주어진 선한 일들을 행하며 살아가도록 바라고 계신다. 복 주실 때 교만하지 않고 고난을 주실 때 낙심하지 말며 소망으로 하나님의 영광을 드러내기를 기대하신다.

이를 위해 때로는 악한 영까지도 연단의 도구로 사용하시고 주어진 소명을 감당할 수 있도록 하나님의 크신 능력과 놀라우신 기적으로 우리를 거듭나게 하시고 재창조해 가신다.^{엡 2:10}

자식을 이기는 부모 없다.

필자의 고교 동창생에게 아들이 하나있었다. 그 아들이 고등학교를 졸업하기도 전에 미국으로 유학 보내달라고 한단다. 아버지는 아들이 자신을 닮아 머리는 좋은데 없는 살림에 뒷받침을 제대로 해주지 못해 좋은 대학에 갈 수 없게 되었다고 안타까워했다.

그래서 중앙선 기차를 몰아 받은 월급 거의 전부를 털어 넣어 그 자식을 뒷바라지하기로 마음먹었다. 자신은 라면과 국수로 하루하루를 전전하면서…

아버지는 아들이 미국 어느 대학에서 무엇을 전공하는지도 모른다. 물어봐도 대답이 없단다. 자식 이기는 부모 없다.

그저 그저 자식 잘되기만을 빌었다. 자식의 잘못을 보고 회초리를 들어야 할 때에도 그는 사랑으로 고개를 돌리고 말았다. 우리들은 걱정스러운 눈으로 바라보았을 뿐이다. 언제부터인가? 그 친구는 우리들 앞에 나타나지 않았다. 행복하기만을 바랄뿐이다.

야곱은 아버지 이삭을 속여 형 에서가 받아야할 장자의 축복을 받고 형을 피해 도망갔다가 다시 고향으로 돌아오는 중이다. 마중 나오는 형을 만나기 전에 야곱은 하나님이 보내신 천사와 씨름으로 한판을 겨루었다. 야곱이 이기고 천사가 졌다. 천사가 말했다.

"너의 이름이 무엇이냐?"

"저의 이름은 야곱입니다."

야곱이라는 이름의 뜻이 무엇인가? 거짓말쟁이고, 남의 발목을 잡은 협잡꾼이라는 의미이다. 그래서 야곱은 자신의 이름을 말하면서 형에게 잘못한 행동을 진실로 회개하고 있었다.

"평생 죄인으로 살았습니다."

그러자 천사는 말한다.

"이제 네 이름은 더 이상 야곱이 아니라 이스라엘이라고 하여라. 네가 하나님과 겨루어 이겼기 때문이다."$^{창\ 32:28}$

여호와 하나님께서도 끝내 자식을 이기지 못하셨다.

야곱이 회개하고 돌아올 때 기쁘게 받아주셨다.

자식이 악한 길에서 벗어나 하나님께 회개하고 다시 돌아오면 하나님께서는 불쌍히 여기사 포로된 것을 돌리시고 다시 복을 주신다.$^{신\ 30:2-3}$

죄를 가지고는 하나님을 뵐 수가 없다. 그분은 거룩하시기 때문이다.

자신의 죄를 회개하고 스스로 겸손 되게 기도하며 하나님의 얼굴을 구하면 하나님께서는 자식을 버리지 못하고 또 다시 용서해 주신다.$^{대하\ 7:14}$ 그들이 배신할 때에도 회초리를 드시되 벌써부터 구할 계획을 세우시는 하나님이시다. 은총의 기간까지도 주시고 기다리신다.$^{단\ 9:27}$

하나님의 나라 이스라엘의 역사를 보면 하나님께서는 세겜 땅을 마주보고 그리심 산에는 축복을, 에발 산에는 저주를 가지고 저울질하셨다. 그들이 하나님께 불순종하면 진노하시고 회개하고 돌아서면 자비를 베푸셨다.

창세기는 성경의 첫 장이다.

창세기는 제1장에서 말씀으로 천지를 창조하신 다음, 첫 사람인 아담의 불순종으로 그를 심판하셨다고 기록하고 있다. 그리고 믿음의 조상인 아브라함과 이삭, 야곱의 자손으로 요셉을 내시고 그를 단련시키시어 이스라엘 백성을 대기근으로부터 구하게 하신 다음 제50장 마지막장을 그의 사망으로 끝내고 있다. 광활한 우주 천지를 창조하심으로 시작하였으나 한 사람의 인간에 의한 구원 사역으로 매듭을 짓고 있다. 많은 학자들은 요셉의 이러한 구원사역을 장차 오실 예수님의 십자가 사역을 예표하신 것이라고 말한다.

물론 옳다. 구약의 모든 계시는 예수님 안에서 모두 이루어졌기 때문이다.$^{히\ 1:1-2}$ 그러나 창세기의 요셉 편은 여기에다 몇 가지 구체적인 의미를 추가하고 있다.

먼저, 하나님께서는 사람의 끊임없는 불순종과 타락을 미리 아시고 징계하시되 다시 구하심으로써 자식을 끝내 버리시지 않으시겠다는 의지를 표현하신 것이다. 바울의 가시처럼 그들에게 시련을 주시되 때에 맞추어 요셉과 같은 영웅을 보내시어 구해 주실 것을 약속하셨다.

둘째, 하나님께서는 때마다 영웅을 미리 선택하시어 의로움과 거룩함으로 그분 아들의 형상을 닮게 하시려고 그들을 연단시키신다. 그리고 그들을 의롭다 하시고 능력을 주시어 영화롭게 하셨다.^{롬 8:29-30}

그중의 요셉을 택하시어 우리에게 그의 삶을 통해서 참 그리스도인의 삶이 무엇인지를 알고 따르게 하셨다.

셋째, 막상 요셉 본인은 다른 형제들과 같은 12지파의 족장 반열에 이름을 올리지 못하였다. 비록 하나님께 순종한 요셉이었고 그래서 아버지 야곱의 축복에서 장자로서 사실상 인정받았음에도 결국 다른 형제들과 같은 족장의 반열에 오르지 못하였다.

하나님께서는 요셉이 오랜 기간 동안 이집트의 우상들과 함께 살아가면서 알게 모르게 저지른 우상숭배에 대해 그냥 넘어가지 않으셨다.

비록 공무 수행 중에 저지른 일이라도 소홀히 다루지 않으셨다.

| 서문

제2부
담장을 넘어 이스라엘을 구한 요셉

여호와 하나님께서는 일찍이 아브라함에게 말씀하셨다.

"네 자손이 다른 나라에서 나그네가 되어 그들을 섬길 것이며 400년 동안 그들은 네 자손을 괴롭힐 것이다."^{창 15:13}

이미 하나님께서는 요셉을 통해 이스라엘 가족을 가나안에서 애굽으로 이주시키시고, 나그네처럼 살게 하다가 출애굽을 통해 약속의 땅 가나안으로 다시 돌려보내실 것을 계획하셨다.

요셉과 모세, 그 이후 여호수아와 여러 사사들, 선지자와 예언자, 왕과 제사장을 택하시어 그들에게 소명을 주시고 끊임없는 시련을 통해 연단시키고 거듭나게 하시어 그들 영웅들에게 주어진 사명을 다하게 함으로써 하나님의 영광을 드러나게 하신 것이다.

나약한 기드온에게는 힘을 주시어 아말렉의 압제로부터 구해 주시고, 강한 삼손에게는 강한대로, 그가 약해졌을 때에는 그의 부르짖음을 들으시고 강하게 만들어 블레셋을 징벌하셨다.^{삿 6-7장, 15-16장}

지금도 하나님께서는 끊임없이 배신하고 타락하는 인간에 대해 여전히 채찍하시고 구하시기를 반복하시고 계신다.

이제는 우리에게 예수님이 오셨다. 사랑하는 아들 예수님을 이 땅에 보내시어 모진 수난과 고통을 당하게 하셨고, 십자가위에서 물과 피를 다 쏟고 돌아가게 하셨다. 사람의 태에서 태어나신 아들을 죽이심으로써 하나님의 준엄한 공의를 실현하시고, 그를 믿는 자마다 이방인이건 유대인이건 하나님 자녀로 삼으셨다.

"내가 땅에서 들리면 모든 사람을 내게로 이끌겠노라."요 12:32

예수님께서는 이스라엘의 조그만 나라 백성을 넘어 이제는 온 인류를 구원하시고 그를 믿는 자마다 하늘나라 백성으로 삼으시겠다고 약속하셨다.

예수님께서는 사랑으로 율법을 완성하셨다.

"마음을 다하고 성품을 다해 하나님을 진정으로 사랑하고, 이웃을 네 몸 같이 사랑하라."신 6:4-5, 마 22:39, 레 19:18

우리에게 두 계명을 지켜 거듭나라고 하신다.

요셉은 하나님을 믿는 가정에서 태어났으나 참 진리가 무엇인지, 참 사랑이 무엇인지를 모르고 살았다. 그러나 형들의 배신으로 애굽으로 팔려가고, 노예생활의 고통 가운데 소망을 바라봄으로써 성숙한 하나님의 사람으로 거듭날 수 있었다.

이하에서는 요셉의 이러한 삶을 몇 개의 장으로 나누어 성경대로 재현해 보았다. 각 장의 첫머리에 예수님의 십자가 사역을 제시함으로써 하나님의 사람으로 변해가는 요셉의 삶을 대조해보았다.

꿈의 계시를 통해 시련 가운데 재창조되어가는 그의 모습을 예수님의 십자가 사역에 견주어 봄으로써 그에 대한 재평가와 함께 예수님을 닮아가는 성숙한 그리스도인의 참 모습이 무엇인지를 찾아보려고 노력하였다.

이것이 이 책의 저술 목적이기도 하다.

요셉은 믿음의 가성에서 태어나 꿈의 계시를 통해 확신을 가지고 살았다.
"하나님은 나에 대한 계획을 가지고 계시며 지켜주신다."

그는 주어진 고난 중에도 오직 하나님만을 바라보았고, 겸손하고 순종함으로써 주님의 형상을 닮아가는 삶을 살았다. 사랑과 용서로써 그를 팔아먹은 형들의 거짓된 삶을 이겨낸 것이다. 그러나 이방인의 나라에서 총리로 생활하면서 매일 접할 수밖에 없었던 우상 때문에 온전한 하나님의 사람이 되기에는 한계가 있었음을 부정할 수 없게 되었다.

일반적으로, 그의 인생 경로는 상당 부분 앞으로 오실 예수님을 예표하고 있다고도 설명하고 있다. 예수님을 우리의 메시아로서 끝내 받아들이지 않은 바리새인들과 같이 요셉은 시기와 질투로 가득 찬 형들에 의해 노예로 팔려갔다. 하나님께서는 그들의 사악한 행동마저도 하나님의 자녀 요셉을 훈련시키는 도구로 삼으시고 허락하신 것이었다.

"아버지! 나를 버리시나이까"

죄를 지은 사람은 하나님을 만날 수 없다. 하나님은 빛이시니 어둠과 함께 하실 수 없기 때문이다. 예수님께서도 십자가 위에서 우리의 죄를 대신 짊어지시고 빛이신 하나님 아버지와 떨어질 수밖에 없었다.

그 순간만큼은 슬피 우셨다. 그러나 슬픔가운데 구원의 소망을 가지시고 기쁨으로 하늘나라 보좌에 앉으셨다.

하나님은 우리들의 부르짖는 기도소리를 들으시고 반드시 응답하시는 자비하신 엘로힘 하나님이시다.

그러나 요셉이 울면서 부르짖은 도단에서의 기도에 대해서만큼은 침묵하셨다. 왜냐하면 하나님께서는 곧 있을 이스라엘 지역의 가뭄과 기근을 예정하시고 요셉을 이스라엘 백성을 살리시는 모퉁이 돌로 사용하실 때를 기다리신 것이다.

하나님의 뜻을 이루실 때까지 요셉의 기도에 대해 응답하지 않으셨다. 요셉으로 하여금 자신을 팔아먹은 형제들과의 화해와 이스라엘 백성을 살리시려는 하나님의 일정표에 따라 기다리게 하신 것이다.

요셉의 애굽 생활은 평탄치 않았다. 예수님께서 광야에서 40일간의 금식 기도 끝에 사단의 세 번에 걸친 유혹을 뿌리치심과 같이 요셉은 보디발의 부인으로부터 매일 매일의 유혹을 받고 뿌리쳤으며, 끊임없는 환란 중에서도 항상 하나님만을 바라보며 소망을 가졌다.

어려움 속에서도 그는 하나님의 뜻에 따라 의로움과 거룩함으로 순종함으로써 하나님의 형상을 닮아가는 삶을 살았으며 연단을 통해 이집트의 총리로 재창조될 수 있었다.^{엡 4:24}

이집트의 총리가 된 이후에는, 사망한 자의 무덤인 피라미드를 곡물 저장 창고로 부활시킴으로써 이집트 지배세력의 내세관을 바꾸고, 영생이 먼 장래의 일이 아닌 현실에서 이루어지는 실재상황임을 보여 주었다.

"내가 마시려는 잔을 너희도 마실 수 있느냐"^{마 20:22}

너희 중에 크고자 하는 자는 너희를 섬기는 자가 되라는 예수님의 말씀과 같이 요셉은 그의 십자가를 지고 감으로써 성숙된 빛의 자녀로 거듭날 수 있었다.

요셉은 형들의 배신과 모함도 하나님만을 바라보고 극복할 수 있었다. 예수님께서 권세로 대접 받으시려 하지 않고, 나약한 인간의 몸으로 태어나시고 사랑으로 사람을 섬김으로써 세상을 이기셨듯이 요셉 또한 사랑과 용서로서 형들의 거짓된 삶을 이길 수 있었다.

빛의 자녀로서 온 집안을 밝히는 소금과 등불이 되었다.

아버지 야곱은 그러한 요셉을 사실상 장자로 축복하였고, 그의 아들 므낫세와 에브라임을 야곱 자신의 아들로 삼아 12지파 중의 족장으로 삼았다.

요셉은 믿음의 조상을 본받아 하나님의 뜻과 계획에 순종하였고 고난 중에도 소망을 가짐으로 하는 일마다 잘되는 형통의 축복을 받았다. 특별한 상급을 내려 주셨다. 그는 사랑과 용서, 겸손과 절제하는 마음과 하나님께 감사와 찬양을 드림으로써 빛의 자녀로 거듭날 수 있었다.

그러나 요셉은 이집트의 총리로서 일과 중에 이집트의 거짓 신들과 가까이 하고 형상화된 이미지를 몸에 지님으로써 알게 모르게 죄를 짓고 말았다.

그래서 하나님께서는 제사장의 딸 아스낫을 미리 예비하시어 그녀를 믿음의 동역자·중보자로 삼아 가정을 주시고, 도피성을 만들어 주셨다. 또한 여호와 하나님의 품 안에서 두 아들 므낫세와 에브라임에게 큰 복을 주셨다.

요셉은 사실상 야곱 집안의 장자로서 그의 자녀 둘 모두 12지파 족장의 반열에 오름으로써 요셉의 다른 11명의 형제들에 비해 두 배의 축복을 상속받은 것이다. 그렇지만 그가 원하던 장소, 아브라함이 묻히고 이삭이 묻히고 야곱이 묻힌 열조의 땅 막벨라 굴에는 묻히지 못하였다.

우상 숭배는 그것이 비록 일과 중의 일이더라도 그림이든 조각이든, 크든지 작든지 어떠한 형태이건 하나님께서는 미워하시고 용서하지 않으신다는 것을 우리에게 보여주신 것이다.

예수님의 제자 중 베드로가 치유사역으로, 바울이 고난 중에 이방인 사역으로 예수님을 증거 하였듯이 요셉은 이스라엘 백성에 대한 구원 사역으로 앞으로 오실 예수님을 계시하고 있다.

요셉은 우상 때문에 온전한 하나님의 사람이 되기에는 한계가 있었지만 끝까지 사랑과 용서를 통해 하나님의 형상을 닮아가는 삶을 예표하고 있다.

나아가 요셉은 하나님께서 복 주실 때 교만하지 않고, 자신의 공로를 앞세우기 보다는 오히려 나약함을 자랑하고 늘 하나님과 교제하라고 우리에게 가르치고 있다.

하나님께서는 오늘도 한 인간, 한 가정, 한 나라 백성을 구하는 일에서 부터 인류 전체를 구원하시는 일까지 하나하나 세세하게 계획하시고 자상하게 준비하고 계신다.

고난을 당해 어려울 때라도 낙담하지 말고 그것을 연단의 기회로 삼고 늘 기쁜 소망을 바라보며 거듭나라고 하신다. 매일 새롭게 되라고 한다.

보라! 예전 것은 지나가고 새로운 것이 되었도다. ^{고후 5:17}

나는 매일 기도하고 있다.

하나님께서 나를 이곳 먼 미국의 땅까지 보내신 뜻은 무엇일까? 이 고통이 언제까지이니까? 묻고 싶다. 주여! 요셉과 같이 영적인 분별력을 가지고 하나님의 뜻과 계획을 알아갈 수 있도록 지혜를 주시옵소서. 그리고 이러한 고통과 시련을 통해 경건한 삶을 회복하고 매일 매일의 삶속에서 하나님께 순종하고, 사랑과 용서함으로 하나님의 영광을 드러내는 도구, 성령의 통로로 써 주옵소서.

여기 보리떡 5개와 물고기 2마리를 예수님께 드립니다.
이 많은 사람들에게 얼마나 유익하겠습니까? 비록 미미하지만
한 사람에게라도 필요한 책이 되었으면 좋겠습니다.

필자는 모태신앙인이지만 이제야 예수님과 십자가를 깨닫고 중생의 거듭남을 체험하게 되었습니다. 그러나 지금까지, 이런 고통을 겪기 까지는 온전히 주님께 나를 맡기지 못하고, 주님을 나의 구세주로 영접하지 못하였습니다. 형식적인 신앙인이었고, 교회 마당만을 밟는 신앙인이었음을 고백합니다. 그렇기에 평신도 관점에서, 법학자의 관점에서 깨달은 주님과 그 분의 사랑을 정리하고, 나의 신앙의 기초로 삼고자 이 책을 저술하게 되었습니다.

책의 출판을 위해 귀한 의견을 주신 미국 신학대학원 김정호 총장님과 여러 교수님, 이명수 목사님, 차정안 목사님 그리고 디자인에서 조판에 이르기까지 세심한 배려와 정성으로 도와주신 노영현 물가정보 회장님, 고석현 발행인과 편집자 여러분께도 머리 숙여 감사를 드립니다.

2020. 9.
미국 LA 조그만 교회에서

제 1 장

처음부터 우연은 없었다.

이스라엘 백성이 하나님과 모세에 대해 원망하므로 하나님께서 불뱀을 보내시어 징벌하시고, 모세로 하여금 청동으로 놋뱀을 만들어 장대위에 달게 하시고, 그 놋뱀을 쳐다본 자마다 모두 살게 하셨다.^{민 21:4-9}
이는 십자가 위에 들려 올려 지실 예수님을 예표한 것이다. 뱀은 악이요, 예수님은 선하시다. 첫 사람은 땅에서 나서 땅으로 돌아갔지만 둘째 사람은 하늘에서 나셔서 하늘로 돌아가셨다.^{고전 15:21} 예수님은 위로부터 오셨고, 세상에 속하지 아니하신 분이시며,^{요 8:23} 천사도 아닌 그 아래 사람으로 오셨다.^{히 2:7} 그가 사람으로 오신 이유는 고통을 당해 보았기 때문에 상처받은 치유자로서 시험을 당한 사람의 아픔을 알 수 있었고, 우리의 아픈 상처를 치료할 수 있었다.^{히 2:18}
예수님은 원래 하나님과 동일한 분이신 데도 당신의 권위를 활용하지 않으시고, 인간의 몸으로 내려오셔서 종의 신분을 받아들이신 분이시다. 예수님은 세상을 정죄하러 오신 것이 아니라 구원하기 위해 오신 것이다. 그가 짊어진 아픔은 우리의 아픔이었고 그가 짊어진 죄는 우리의 죄이었다. 우리의 허물이 그를 찔렀고 우리의 악함이 그를 파괴하였으며 그의 생명을 속죄의 제물로 내놓음으로써 그를 바라보고 믿는 자마다 유대인이든 이방인이든 하나가 되어 구원을 받게 하셨다.^{요 3:16-17}
이 모든 것은 하나님이 태초부터 결정하시고 선택하셨다.

제 1 장

모든 것을 하나님이 준비하셨다.^{창 37:1-17}

할렐루야! 아브라함의 하나님께서는 가나안 땅은 물론 이집트를 포함하여 그 주변 일대를 7년의 대기근을 통해 인간을 심판하셨다. 성경의 창세기편에는 천지창조와 사람의 죄 그리고 이에 대한 하나님의 심판과 구원의 역사가 담겨 있다. 창세기는 우주의 창조로부터 시작하여 인간 요셉의 사망으로 끝이 난다. 크고 작음을 불문하고 세세한 모든 것 하나하나까지도 하나님이 만드시고 주관하신다는 것을 보여 주신다.

주시는 이도 빼앗는 이도 하나님이시다. 모두 하나님이 결정하시고 선택하신다.^{눅 12:29-30}

하나님께서는 7년 기근을 통해 인간을 심판하시면서 이스라엘 백성을 구하시기 위한 구체적인 프로그램을 마련하시고, 그 중의 하나로 요셉의 고난과 축복을 예비해 두셨다.

이 책의 연출자는 하나님이시지만 주인공은 요셉이다.

요셉은 믿음의 소상인 아브라함과 이삭의 후손이고, 야곱과 라헬 사이의 장남으로 태어났다. 그러나 그보다 먼저 태어난 이복형들이 있었으니 르우벤, 시므온, 레위, 유다 등 10명이었다.

요셉은 형들로부터 많은 시기와 질투를 받았다. 엄마 라헬을 닮아 용모도 단정한데다가 얼굴이 곱고 미남이어서 여성들로부터 인기가 많다보니 수놈들인 형제들로부터 시샘을 받은 것은 당연하지 않았을까? 특히 아버지 야곱으로부터는 사랑을 한 몸에 받았으니 더욱 문제가 심각해졌다.

르우벤과 유다를 포함한 형들은 각기 개성적으로 생겼으나 또 다른 엄마 레아나 빌하, 실바를 닮아 그다지 인물이 뛰어나지 못했던 것 같다. 직업적으로 양치기하는 형제들이니, 특별한 재주도 있어 보이지 않는다.

반면 요셉은 달랐다. 야곱이 나이 먹어 낳은 늦둥이라고 생각할 수 있지만 꼭 그것만은 아니었다. 왜냐하면 요셉은 장남 르우벤과 6살 정도의 나이 차이밖에 없었기 때문이다.

아마도 요셉은 나이를 초월하여 형들보다는 훨씬 현명했던 것으로 보인다. 형제들간의 싸움에도 시비를 가려주고, 아버지를 대신해서 집안일을 관리하는 능력도 특출 났고 형들을 리드할 줄도 알았다. 그래서 야곱은 요셉에게 채색 옷을 입혀 주고 사실상 믿음직한 장자로 삼은 것이다. 채색으로 옷깃이 길게 늘어진 옷은 재판관의 법복과 같이 특별한 자에게만 주어진 옷이었기 때문이다. 나이가 몇 살 차이나지 않은 형들 10명에게는 막내 꼴인 요셉이 특출 나서 시샘도 있었을 것이고, 아버지의 사랑을 독차지 하고 있으니 그들 눈에는 얼마나 밉게 보였을까?

요셉은 야곱이 특히 사랑했던 두 번째 부인 라헬의 큰 아들이었다. 그런 라헬이 둘째 베냐민을 낳다가 노상에서 죽었으니 야곱은 마음이 너무나 아팠다. 그런 라헬의 잔상이 요셉의 얼굴에 남아 있었음이 분명하다. 특히 사랑했던 라헬의 첫 아들이니 야곱에게는 더 없이 측은하고 사랑스러웠을 것이다.

형제를 키우다보면 유난히 예쁜 짓을 하는 자녀에게 손이 더 가는 것은 인지상정이 아닌가? 그러면 그럴수록 다른 형제들은 그를 더욱 시기하고 질투하게 되어 있다. 그런 이치에 야곱은 모른 척했다.

요셉은 확실히 꿈의 달란트를 가지고 있었다. 꿈을 유난히 자주 꾸고 그것을 거리낌 없이 형제들에게 말하기도 하였다.

"제가 꾼 꿈 이야기를 들어보세요."

"……."

"우리가 밭 가운데서 곡식 단을 묶고 있었어요. 그런데 제가 묶은 단이 일어나 똑바로 섰어요. 그러자 형님들의 단이 저의 단을 둘러서서 절을 하는 것이었어요."

형들이 그에게 말했다.

"네가 정말 우리의 왕이 되며 네가 정말 우리를 다스리겠다는 것이냐?"

형들은 요셉의 꿈보다도 그가 말하는 태도 때문에 더 미워했다. 원래 때리는 시어머니보다 말리는 시누이가 밉다고 하지 않는가? 꿈이야 어쩔 수 없겠지만 의기양양해서 말하는 요셉의 태도가 더 얄미웠던 것이다.

"보세요. 제가 또 꿈을 꾸었는데 해와 달과 11개의 별들이 제게 절을 했어요."

꿈의 계시를 통해 요셉의 어깨 위에는 하나님께서 비상한 임무를 주셨음을 알 수 있었다.

그러나 형들의 요셉에 대한 미움은 날로 심해갔다.

"네가 정녕 우리를 다스리는지 보자. 그러나 가만 두지 않겠다."

형들은 분노하면서 틈을 노리고 있었다.

어느 날 요셉은 아버지 야곱에게도 꿈 이야기를 하였다.^{창 37:5}

"그러면 나와 네 어머니와 네 형들이 정말 네게 와서 땅에 엎드려 네게 절하게 된다는 말이냐?"^{창 37:11}

이번에는 아버지 야곱도 그를 질책하셨다. 그러면서도 아버지 야곱은 다른 아들들과 달리 요셉의 꿈을 마음에 담아 두었다.^{창 37:11} 아버지는 경솔하다고 요셉을 꾸중하기도 했지만 그의 꿈이 범상치 않음을 알았던 것이다.

야곱은 아들 요셉의 꿈 이야기를 마음에 간직해 두었다. 나라와 백성을 위해 큰일을 할 기둥이 될 것이라고 생각하였다.

하나님께서는 일찍부터 야곱의 가족 즉, 이스라엘의 백성을 대 기근으로부터 살리기 위해 요셉을 멀리 보내시기로 작정하시고, 형제들의 시기와 질투를 허락하시어 이웃나라 이집트로 보낼 것을 예비하고 준비하셨다.

아브라함도 한 때 기근을 피해 세겜 땅 가나안에서 이집트로 이주해 살았듯이^{창 12:10} 하나님께서는 야곱의 가족들을 이집트로 이주시킬 계획을 세우신 것이다. 그 가운데 요셉의 할머니 리브가의 욕심과 어머니 라헬의 실패도 우연은 아니었다.

모든 것을 하나님이 준비하고 계셨다.

제 1 장

요셉의 할머니 리브가의 욕심과 눈속임 ^{창 24장, 27장}

요셉의 족보는 이와 같다.

아브라함은 이삭을 낳고, 이삭은 야곱을 낳고, 야곱은 12형제 중 11번째로 요셉을 낳았다.

아브라함은 이삭의 아내를 맞이하기 위해 늙은 종 다메섹 사람 엘리에셀을 밧단아람으로 보낸다. 이때 제 시간에 맞추어 리브가가 우물가에 나가 그를 만났다.^{창 24:45} 하나님께서 천사를 시켜 그녀를 보내신 것이다. 이미 아브라함의 종보다 먼저 사자를 보내셨다.^{창 24:7}

그녀는 욕심이 많았음이 분명하다. 리브가는 엘리에셀이 낙타와 귀금속을 가득 싣고 신부감을 찾아 왔을 때 자신이 가야할 길임을 바로 알아차렸다.

엘리에셀이 말을 건다.

"나에게 물 한 모금 주시오."

"예 여기 있습니다."

리브가는 그에게 물을 주는데 그치지 않았다.

"그런데 약대에게도 물을 주어야겠어요."

리브가는 현명하였다. 사람이 목마른 만큼 동물도 목마를 것이라고 생각한 것이다. 엘리에셀은 리브가의 이런 자상한 행동을 보고 마음을 정했디.

"이 사람이 내 주님의 하나님께서 보내주신 신부감이 분명하다."

그래서 엘리에셀은 금 코 고리 1개와 10 세겔 금팔찌 2 개를 꺼내어 리브가에게 주었다. 그러자 리브가는 엘리에셀을 자신의 집으로 기쁘게 안내하였다.

리브가와 그녀의 오빠 라반으로부터 결혼 승낙을 받자마자 엘리에셀은 기쁜 마음에 내일이라도 빨리 가나안으로 돌아가겠다고 한다.

그러사 오빠 라반은 리브가에게 말한다.

"몇 일간 말미를 가지고 시집갈 준비를 한 다음에 따라가는 것이 좋겠다."

그러나 성미가 급한 리브가는 안달이 나 있었다.

"아니어요. 내일 당장이라도 따라갈 수 있어요."[창 24:58]

몇 일후 가나안 땅에 있던 이삭은 해가 질 때에 들에 나가 묵상을 하고 있었다. 묵상은 하나님과 대화한다는 의미이다. 성경을 읽고 하나님과 교제하며 기도를 통해 하나님께 간구하고 있었다.

"The camels are coming"

묵상하다가 고개를 들어보니 눈앞에 꿈에 그리던 상황이 현실로 다가온 것이다. 리브가가 낙타를 타고 마주오고 있었다. 이삭은 어머니 사라를 잃고 슬픈 마음이었으나 그녀를 아내로 맞이하였으니 이삭의 모든 기도가 실현된 것이었다.[창 24:64-65] 낙타는 부를 상징하고 있다. 아브라함의 믿음과 이삭의 순종을 보시고 하나님께서는 그들에게 새로운 가정과 풍요로운 재물을 주시고 복을 주셨다.[사 60:6]

믿음으로 말미암은 자는 아브라함의 자손이 된다. 따라서 하나님을 믿는 우리 또한 아브라함에게 주신 은혜와 같이 우리의 기도를 들어주시고 물질적인 축복도 함께 주실 것을 믿는다.^{갈 3:7} 아브라함은 영적인 열국의 아버지이기 때문이다.^{창 17:5} "기도하고 구한 것은 받은 줄로 믿으라."^{막 11:24}

리브가는 이삭과의 사이에 두 아들을 낳았다.

그녀는 역시 눈치가 빨랐고 현명하였다. 큰 아들 에서보다는 야곱을 더 사랑한 것이다. 하나님께서 이미 야곱을 더 사랑하신다는 것을 눈치 챘기 때문이다. 눈이 먼 이삭이 큰 아들 에서에게 말한다.

"내가 늙었으니 너에게 장자의 축복을 주고 싶구나. 네가 가서 내가 먹을 고기 국을 준비해 다오."

이삭은 사냥꾼인 에서를 더 사랑하였고, 그가 잡아온 고기로 만든 음식을 좋아 하였다.

이를 옆에서 엿들은 리브가는 급히 둘째 아들 야곱을 불러 말한다.

"네가 장자의 축복을 받아야 한다. 내가 고기 국을 준비할 테니 너는 가서 에서 형의 옷을 하나 입고오너라."

야곱에게 에서를 대신해서 장자의 축복을 받게 하려고 작정한 것이다.

장자 에서는 손에 털이 많았다. 그래서 야곱에게 에서의 옷을 입히면서 야곱에게 말한다.

"염소가죽으로 너의 손을 변장하자. 그러면 아버지께서 털 많은 형의 손으로 착각하실 거야."

욕심이 많은 그녀는 혼자 중얼 거린다.

"이 엄마는 너를 위해 저주도 감수할 수 있다."

마치 자녀들의 출세를 위해 물불을 가리지 않는 요즈음 우리 어머니들 같아 보인다. 가히 치맛바람의 원조라고 할 수 있다.

신약시대에도 치맛바람은 있었다. 세베데의 아내이자 야고보와 요한의 어머니가 예수님께 "주의 나라에서 내 아들 둘을 예수님의 좌우편에 앉혀 주소서"라고 함으로써 다른 제자들의 불만을 산 적이 있다.[마 20:21] 치맛바람은 언제 어디에든 존재하는 것 같다.

리브가의 예상은 적중하였다. 이삭은 목소리를 듣고 형 에서가 아니고 야곱일 것이라고 의심하면서도 염소가죽으로 변장하여 털이 풍성한 야곱의 손을 만져보면서 에서라고 확신하고 만다.

기어코 야곱은 이삭으로부터 장자의 축복을 받고 말았다.

뒤늦게 이 사실을 안 이삭은 큰 아들 에서에게 말한다.

"너의 동생이 거짓말하여 너에 대한 장자의 축복을 빼앗아 갔구나."[창 27:35]

"……."

그녀의 이러한 행동은 큰 아들 에서로 하여금 동생 야곱은 물론 아버지, 어머니에 대해서까지 증오심을 가지게 하였다.

그 일이 있자마자 에서는 보란 듯이 헷 족속 브에리의 딸 유딧과 엘론의 딸 바스맛을 아내로 맞이하였다. 헷 족속은 원래 가나안 땅의 후손으로 영리하고 똑똑한 민족이라고 하지만 세속적이어서 이삭과 리브가에게 큰 근심거리가 되었다.[창 26:34-35]

야곱은 장자의 축복을 받은 이후 형 에서의 눈을 피해 어머니 리브가의 권유로 외삼촌 라반의 집으로 도피하였다. 이 또한 리브가의 현명한 생각이었다. 야곱을 에서의 손으로부터 살렸기 때문이다.

제
1
장

어머니 라헬의 시기심과
우상인 드라빔의 소지 ^{창 29:16-30:24}

라반에게는 두 딸이 있었다. 큰딸의 이름은 레아였고 작은딸의 이름은 라헬이었다.

레아는 시력이 약하고 예쁘지는 않았던 것 같다. 반면 라헬은 외모가 단정하고 귀엽고 붙임성도 좋았다.^{창 29:17} 야곱은 동생 라헬을 처음 본 순간부터 깊이 사랑에 빠졌기에 그녀와 결혼하기로 마음먹고 라반에게 제의한다. 라반은 야곱에게는 어머니 리브가의 오빠이니 외삼촌이 된다.

"저에게 라헬을 주신다면 제가 외삼촌을 위해 7년간 열심히 일하겠습니다. 결혼시켜 주십시오."

"그렇다면 좋네."

그는 7년간 열심히 일했다. 그녀를 사랑했기에 7년이 몇 일처럼 느껴질 만큼 빨리 지나갔다. 7년이 되어 드디어 라헬과 결혼식을 올렸다.

결혼식을 마치고 신부와 달콤한 밤을 보낸 다음 아침 일찍 상쾌한 마음에 눈을 뜨고 옆을 보았다. 아뿔싸! 자신의 옆에 누운 신부는 라헬이 아니고 그녀의 언니 레아였던 것이다.

"내 마누라가 바뀌었어요!"

상상이 가는가? 동침하고 일어났는데 옆 자리에 누운 이가 사랑하던 동생 라헬이 아니고 언니인 레아였다. 오늘날과 같이 전기가 들어온 시절도 아니고 보름달 밝은 밤도 아니었던 것 같다. 기름 등불아래 이둡게 살던 시대, 결혼하기 전 신부의 손도 한번 제대로 잡아보지 못했던 시절이다. 요즘의 시대상황과는 사뭇 다르다고 하더라도 과연 이런 일이 가능했을까? 포도주에 취해 분간하기 어려웠을까? 어느 목사님 말씀대로라면 불이 꺼지면 미모는 사라지지만 그녀의 성품만은 남는다고 하던데 과연 레아의 성품이 라헬의 그것과 닮았었을까?

야곱은 좀처럼 이해가 되지 않았다.

라반에게 따져본다.

"저의 신부가 바뀌었습니다."

"언니보다 동생을 먼저 시집보내는 일은 우리 지방에서 하지 아니하네."

창 29:26 관습에 반해서 동생을 먼저 줄 수는 없었다는 것이다. 약속위반이다. 요셉은 오늘을 위해 얼마나 열심히 일했던가? 그토록 서로가 사랑하면서도 라헬과의 약속을 지켜왔다. 한 지붕아래에서 7년 동안이나 순결을 지켜왔다.

"········"

할 말을 잊어버렸다. 그런 관습이 있었다면 어제 오늘 생긴 것이 아닐 텐데 7년 동안 그에 대해 한 마디 귀띔도 없었잖은가?

"네가 라헬과 결혼하기를 진정으로 원한다면 7년간 더 일을 함세. 그렇게 해 준다고 서약하면 지금이라도 라헬을 주겠네."

라반은 관습을 빌미로 라헬을 미끼삼아 야곱을 머슴으로 삼아 일을 더 시키고 싶었던 것이다. 라헬을 미끼로 7년간 종으로 삼았듯이 이제 새로운 7년을 더 잡아둘 작정이었다.

"찬성하는 것으로 알겠네. 칠일만 기다리게 그럼 라헬과도 신방을 차려 줄 것이네"

결국 야곱은 7일을 기다리다가 라헬과 두 번째 결혼하였으니 자매인 레아와 라헬은 7일 차이로 야곱의 첫째, 둘째부인이 된 것이다.

야곱은 첫 번째 부인 레아와의 사이에 루우벤, 시므온, 레위, 유다를 낳았다. 레아는 위의 세 아들 이름을 지으면서 모두 남편 야곱에 대한 간절한 사랑의 마음을 담아 남편의 마음이 라헬로부터 자신에게 돌아오기를 기대하였다. 그러나 별 소용이 없자, 넷째 아들을 낳고 "내가 이제는 여호와를 찬송하리다"라는 의미로 그의 이름을 유다라고 지었다.

결국 남편에 대한 미련보다는 하나님에 대한 사랑이 참 사랑임을 깨달았다. 동생 라헬에게 빠져있는 남편 야곱의 마음을 자신에게 돌이키기에는 역부족이라는 것을 안 것이다.

하나님께서는 레아가 이렇게 남편으로부터 사랑받지 못함을 보시고 긍휼이 여기사 레아의 태를 열어 주셨으나 라헬의 태는 닫으시어 애를 낳지 못하게 하셨다.

라헬은 시기심으로 자신의 여종 빌하를 야곱에게 시집보낸다. 그래서 여종의 몸을 빌어 단과 납달리를 얻게 되자 라헬은 기뻐하였다.

그러자 레아 또한 경쟁심으로 여종 실바를 야곱에게 바쳐 그녀를 통해 갓과 아셀을 얻는다. 종의 몸을 빌어 또 다른 자식을 얻게 되자 승리감에서 기뻐하였다.

레아의 큰 아들 르우벤이 이런 분위기를 눈치 챈 것일까? 어느 날 합환채[1] 한 송이를 어머니 레아에게 가져다주었다. 당시 르우벤은 5살이 채 안된 정도의 어린아이였으므로 그것이 임신특효약이라는 것을 몰랐을 것이다.

---

1 달콤한 향기를 뿜는 것(아 7:13)으로 최음제나 진통제로 사용되었다.

그러자 이를 본 라헬이 그것을 사신에게 달라고 부탁한다. 라헬 자신이 얼마나 임신하고 싶었는지를 여실히 드러내고 있다.

레아는 라헬에게 그것을 건네준 댓가로 야곱과 동침하니 오히려 잇사갈, 스불론, 디나를 연이어 출산할 수 있었다.^{창 30:15}

그러자 더욱 화가 난 라헬은 언니에 대한 시기와 질투심으로 울면서 하나님께 기도한다.

"주님 어찌하여 저에게 이렇게 가혹한 벌을 주십니까? 저에게도 태를 열어 주시어 아들을 주소서"

하나님께서는 라헬의 기도를 듣고 그녀를 불쌍히 여기시어 애기를 가질 수 있도록 그녀의 태를 열어 주셨다.^{창 30:22} 합환채 때문이 아니었음이 분명하다.

라헬은 첫 아들을 낳고 기쁜 마음으로 그 아들의 이름을 요셉이라고 하였다. 요셉은 "여호와께서 내게 아들을 하나 더 주시기를 바란다."는 의미이다.

욕심을 가진 것이다.

그렇지만 그녀는 하나님께 큰 죄를 짓고 있다는 것을 깨닫지 못하였다. 야곱과 함께 자신의 아버지 라반의 집을 떠나면서 라반이 소중히 여기던 드라빔[2]을 몰래 들고 나온 것이다. 그것이 자신의 가족에게 복을 주고 액운을 막아줄 것이라고 믿고 몸에 지니고 나온 것이다. 아버지 라반의 눈을 속일 수 있었으나 하나님은 모든 것을 다 알고 계셨다.

큰 것이든지 작은 것이든지 그것이 경배의 대상이 되고 섬김의 대상이 되면 자신이 만든 우상이 된다. 라헬은 타락한 욕망으로 겉으로는 하나님을 믿는다고 하면서 속으로는 우상인 드라빔을 더 경배한 것이다. 하나님을 영접하는 것이 아니고, 가짜 신을 대접하면서 자기중심으로 하나님을 믿은 것이다.

---

2 집안의 수호신

풍부하게 주신 은혜에 감사할 줄 모르고 오히려 자기의 이익을 위해 신을 이용하려 한 것이기도 하다. 그녀의 영혼이 교만해졌기 때문이었다.

여로보암은 솔로몬의 아들 르호보암에게 반역하여 북 왕국을 창설한 다음 북 왕국의 국민들이 제사를 드리기 위해 남 왕국의 예루살렘 성전으로 올라가는 것을 보고 두려워하였다. 그래서 그는 금송아지 두 개를 만들어 벧엘과 단에 두고 제사장을 두어 북 왕국 백성들로 하여금 그곳에서 경배하도록 하였다. 그는 자신의 욕심을 채우기 위해 하나님을 우상화하고 말았다. 금송아지는 여로보암이 만든 하나님이었던 것이다.^{왕상 12:28-33}

이러한 우상숭배는 하나님이 제일 싫어하신다. 그래서 하나님께서는 십계명 중 첫 번째로 이 계명을 주셨다.
"나 외에는 다른 신들을 네게 두지 말라. 너는 너를 위하여 새긴 우상을 만들지 말고 위로 하늘에 있는 것이나 아래로 땅에 있는 것이나 땅 밑 물속에 있는 것의 어떤 형상도 만들지 말며 그것들에게 절하지 말며 그것들을 섬기지 말라."^{신 5:7-9}
라헬은 아쉽게도 하나님께 큰 죄를 지었고, 베들레헴 인근 지역에서 둘째 아들 베냐민을 낳다가 노상에서 죽어 아브라함과 이삭이 묻힌 곳이 아닌 에브랏 길가 모퉁이에 묻히고 만다.^{창 48:7}

제 1 장

리브가는 용서받았고, 라헬은 용서받지 못했다.

　리브가는 시력을 잃은 남편 이삭에게 둘째아들 야곱을 큰 아들 에서로 눈속임하여 야곱으로 하여금 장자의 축복을 받게 하였다. 과연 이러한 리브가의 행동은 하나님으로부터 용서받을 수 있었을까?

　이삭은 고기를 좋아하여 사냥꾼인 에서를 좋아하였고, 리브가는 야곱을 더 사랑하였다.

　야곱이 집에서 죽을 쑤고 있는데 사냥에서 돌아온 에서가 배고파 어쩔 줄 모른다.

　"내가 피곤하고 배고픈지라 붉은 죽을 먹게 한 사발 빨리 다오"

　야곱이 대답한다.

　"장자의 명분을 나에게 팔아라. 그러면 주겠다."

　형에게 거래하자는 것이었다.

"내가 배고파 죽겠다는데 장자의 명분이 내게 무슨 유익이 있겠느냐? 네가 가져가고 나한테 죽이나 다오."

에서는 엄청난 실수를 하고 만다. 지금 당장 배고프다는 이유로 장자권을 경시하는 발언을 하고 만 것이다.

주어진 권리를 경시하는 자는 권리위에 잠자는 자와 같이 보호받지 못한다.

에서는 장자의 권리는 하늘에서 내신 것이기 때문에 말 한마디에 바뀐다고 생각하지는 않았을 것이다. 그러나 하나님께선 들으신다. 아무 말이라도 쉽게 뱉어서는 안 되는 이유가 여기에 있다.

야곱은 다시금 다짐을 받는다. 현명했다.

"오늘 내게 맹세하라."

에서는 쉽게 생각하고 말했지만 야곱은 이를 귀중히 여긴 것이다.

맹세까지 받아 확인도장을 받은 셈이다.

그래서 하나님께서는 에서를 미워하시고 야곱을 사랑하셨다.

에서가 축복의 장자권을 함부로 경시하였고, 야곱은 이를 귀중히 여김으로써 현명하게 행동하였기 때문이다.

하나님께서는 일찍이 아담의 큰 아들 가인의 제사는 받지 않으시고 아벨의 제사를 기뻐 받으신 분이시다. 합당하지 않으면 쳐다보지도 않으시는 분이시다.

"한 민족이 다른 한 민족보다 강하니 형이 동생을 섬기게 될 것이다."^{창 25:23}
리브가는 임신 중에 여호와의 말씀을 이미 들었다. 그래서 리브가는 에서를 제치고 야곱에게 장자의 축복을 받게 할 요량으로 이삭에게 눈속임을 한 것이다.

하나님은 야곱을 사랑하셨으므로 리브가의 그러한 눈속임을 오히려 현명하다고 생각하셨을 지도 모른다. 우리의 짧은 지식으로는 다 이해할 수 없지만 하나님께서는 관대하심으로 리브가의 그런 행동을 포용하시고 용서하셨을 것이다.

그래도 합당하지 않은 그녀의 행동 때문이있을까? 그녀는 안타깝게도 사랑하는 아들 야곱을 죽기까지 다시는 보지 못하였다. 그러나 하나님은 그녀의 자손에서 메시아 예수님을 내셔서 영광의 반열에 오르게 하셨다

한편 요셉의 어머니 라헬은 어떤가?

그녀는 야곱과 함께 자신의 아버지 라반의 집에서 탈출하면서 그 집안의 우상인 드라빔을 훔쳐가지고 나왔다. 집안의 길흉화복을 드라빔에게 의지한 것이었다.

그런데 첫 번째 정착지인 세겜 땅에서 그곳 청년으로부터 언니 레아의 딸 디나가 강간을 당하자 그녀의 오빠인 시므온과 레위가 세겜 사람들을 칼로 죽이고 말았다.

그래서 피의 보복을 우려한 나머지 라헬을 포함하여 그 가족 일행은 모두 벧엘로 피신하게 된다.

라헬은 그때서야 아무런 소망도 능력도 없는 드라빔을 포함하여 몸에 지니던 조그만 소품과 형상물들을 상수리나무 밑에 묻어 버렸으나[창 35:4] 때는 이미 늦고 말았다.

결국 라헬은 야곱과 함께 벧엘을 떠나 에브랏 곧 베들레헴에 이르기 전에 둘째 아들 베냐민을 낳다가 노상에서 죽고 만다. 그는 그가 시기하고 질투하던 언니 레아가 죽어 묻힌 곳, 아브라함이 묻히고 이삭이 묻힌 막벨라 굴이 아닌 베들레헴 근교 길가에 묻히고 만다.[창 48:7]

하나님께서는 우상을 몸에 지니고 있던 라헬을 끝내 버린 것이다.

그녀가 죽은 뒤, 우상숭배 때문에 차꼬를 차고 끌려가는 후손 므낫세 왕의 처량한 모습을 길가 무덤 속에서 지켜보아야 했다. 그녀는 그녀의 무덤에서 약 1,500 키로 미터나 떨어진 바벨론까지 이방인의 땅으로 끌려가는 자손들의 모습을 보고 통곡하였을 것이다.[왕하 21:16, 대하 33:11] 하나님께서는 우상숭배를 가장 싫어하신다.

비록 몸에 지니는 조그만 조각상이라도 소홀히 넘어가지 않으신다.

요즘 교인들 중에는 부적을 몸에 지니는 사람들이 있다고 한다. 하나님을 믿는다고 하면서 아들딸 잘되기만을 위해 저주받을 각오를 한 것일까? 하나님께서는 절대로 두 마음을 허락하지 않으신다.

주님께서 사마리아 여인에게 말씀하셨다.^{요 4:22}
"너희들은 알지 못하는 것을 믿어 허상이 되었다."
그것이 언약궤이든 놋 뱀이든, 작은 것이든 큰 것이든 우러러보면 맹목적인 신뢰와 충성을 드러내는 것이 되고 그것이 경배의 대상인 우상이 되는 것이다. 하나님은 살아계시고 영원하신 분이시며, 당신을 형상화하는 것 어느 것이라도 다 미워하시는 이유가 거기에 있다.^{렘 10:10}

요셉은 할머니 리브가의 현명함은 이어받아 다행이지만 우상 때문에 실패한 어머니 라헬의 허물마저도 이어받고 말았으니 안타까울 따름이다.
하나님은 질투하는 분이시고 소멸하는(consuming fire) 불과 같으시다. 아버지, 어머니의 허물은 자식 3, 4대까지 갚게 하신다.^{신 4:24, 5:9}

제 1 장

형제 12명은 서로 협력할 줄 몰랐다.

어머니 레아와 라헬이 서로 시기하고 질투하면서 경쟁적으로 12명의 아들을 낳았으니 그 형제들이 하나님의 사랑 안에서 온전한 교육을 받고 자랄 수 있었겠는가?

요셉의 형제들의 나이를 계산해 보자.

야곱은 레아와 결혼하고 7일 후에 라헬과도 결혼하였으며, 빌하와 실바도 부인으로 맞이하였다. 밧단 아람에서 네 명의 부인 사이에 12명의 아들과 딸(디나)을 낳았다. 물론 그 이후 고향 땅으로 돌아와 막내 베냐민을 낳았지만 일단 빼고 계산해 보자.

야곱은 라헬이 12번째 요셉을 낳았을 때에 라반에게 말했다.

"외삼촌에게 일하고 얻은 처자를 내게 주시어 내 고향 나의 땅으로 가게 하소서."창 30:25

자신이 외삼촌에게 해준 일은 외삼촌이 다 잘 아시고 계신다는 말을 덧붙인다. 약속대로 7년을 모두 채워 일했으니 이제 고향으로 돌아가겠다는 것이다.

그렇다면 약속한 7년 동안 12명의 아들딸을 낳은 것이니 장남 르우벤과 12번째 요셉 사이의 나이 차이는 많아야 6년 밖에 되지 않은 셈이다. 그 사이에 10명의 자녀를 낳았으니 4명의 부인을 통해 약 6개월에 한명씩 자녀를 얻은 꼴이다.

첫째부인인 레아는 시므온, 레위, 유다, 잇사갈, 스불론, 디나 등 7명을 거의 1년 터울로 매년 낳았을 것이다. 레아가 유다를 낳은 이후에 세 번째, 네 번째 부인인 빌하와 실바가 단, 납달리, 갓, 아셀을 순차적으로 낳았고, 마지막으로 둘째 부인인 라헬이 요셉을 낳았다.

그렇다면 요셉이 이집트로 팔려갈 때를 기준으로 나이 17세에 르우벤은 23세, 그 사이 형들은 22세부터 18세, 아셀이나 디나의 경우 17세 요셉과 동갑일 수도 있다.

그들은 모두 하나님을 믿는 독실한 가정에서 태어났으니 모태신앙인셈이다. 모태신앙이 무엇인가?

어머니 태로부터 주님께 맡겨진 자이고, 태어나면서부터 주님을 나의 하나님으로 영접한 자가 아닌가?[시 22:10] 그럼에도 그들은 형제간에 우애가 부족하였다. 오히려 서로는 경쟁하고 시기와 질투하는 사이였다. 태어났을 때부터 레아와 라헬 두 어머니의 경쟁적인 출산을 보고 자랐으니 자연스럽게 시기와 질투를 보고 배운 것이다.

나이도 고만고만하니 얼마나 자주 싸웠을까?

필자도 6남매 중의 셋째로 형들과 2살 터울이고 학교를 일찍 들어가다 보니 특히 10세에서 20세 전후까지는 형제끼리 많이 싸운 것으로 기억한다. 학교 입학의 순서가 뒤바뀌고 친구들도 겹치고 해서 또래라고 생각하고 특히 더 많이 싸운 것 같다.

요셉이 나이 17세에 이르렀을 때 그의 10명의 이복형들은 그를 단돈 은 20세겔[3]에 팔아버린 것이다. 얼마나 미웠으면 동생을 노예로 팔아버릴 수 있을까? 평소 사분오열하던 그들이 악한 행동에서만큼은 의기투합할 수 있었던 것이다.

---

3 1세겔은 11.4g, 당시 은 1세겔은 일반 노동자의 4일 임금에 해당했다.

형들의 이런 시기와 질투는 서로 경쟁하던 어머니들의 뱃속 태아 때부터 그들의 본성으로 자리 잡았음이 분명하다. 가히 사람의 태교가 태아의 영적 성장에 얼마나 중요한지 태아의 정신세계에 얼마나 큰 영향을 미치는지 실감하게 한다.

하나님께서는 원수 마귀들에게도 같은 햇빛과 물을 주시어 사랑을 베푸셨다. 철따라 양식도 주셨다. 그러나 그들은 하나님을 믿는다고 하면서도 서로 사랑할 줄 몰랐고 모태신앙인에도 불구하고 서로 미워하고 조롱하며 학대하였다.

그들에게 제대로 된 가정교육을 시키지 못한 아버지 야곱의 잘못이 크다.

가정교육이 잘된 집안에서 자란 사람은 말이나 행동에 항상 조심한다. 반면에 그렇지 않은 집안에서 자란 사람은 만나자 말자 반말하고, 막말을 서슴치 않는다. 밥을 먹을 때에도 윗사람이 숟가락을 들기도 전에 자기가 먼저 숟가락을 들고 먹는다. 맛있는 반찬은 일단 자기 그릇에 가져다 놓고 먹는다. 이웃집을 상대로 이유 없이 고소고발을 일삼고, 상대방 건물의 높이를 재고 불법으로 손을 댄 부분은 없는지 찾아 고발하기 바쁘다. 함께 사랑하며 살아갈 줄을 모른다. 여호와께서 그에게 "너의 이웃은 짐을 함께 나눠질 동료가 아니냐? 왜 혼자 짐을 지려느냐?"고 꾸짖고 계신다.^{민 11:17}

요셉의 형제들은 형제애를 모르고 서로 시기와 질투함으로써 형제간에 사랑할 줄을 모르고 협력할 줄도 몰랐다.

"하나님을 사랑하는 자는 또한 그 형제를 사랑할 찌니라."^{요일 4:21}

눈에 보이는 너의 형제를 사랑하지 못하면서 어찌 눈에 보이지 않는 하나님을 사랑한다고 할 수 있겠는가? 오늘도 하나님께서는 형제간의 우애가 없는 우리들 모두에게 엄중히 경고하신다.

제1장

야곱과 요셉의 실수 또한 미리 예정되었다.

요셉은 교만하지 않았지만 신중하지도 못했다. 요셉은 17세가 되어 어엿한 청년임에도 아직 마음은 신체만큼 성숙하지 못한 것 같다. 형들에 대한 배려심이 부족하였다.

요셉은 아버지 야곱의 사랑을 받아 색동 채색 옷을 입고 다님으로써 형들로부터 시기를 많이 받았다. 세상은 악해서 배신은 가장 가까운 사람으로부터 시작된다는 것을 몰랐다. 아벨은 그의 형으로부터 살해당하기까지 하지 않았는가?

요셉은 형들의 잘못에 대해 아버지께 고자질하기도 했다. 한 두 번이 아니었다. 요셉은 형들의 잘못을 보면 그대로 자기 아버지에게 전하고 또 전했다고 한다.^{창 37:2} 그의 배다른 형들과 나이 차이가 거의 없어 서로 경쟁한 것이었다. 특히 노예 출신인 빌하와 실바 그리고 그들의 소생인 단, 납달리, 갓, 아셀 형들에게는 무시도 하였을까?

요셉은 원래 맑고 깨끗한 심령을 가진 사람이었다. 그래서 다른 사람 특히 형들을 무시할 줄은 몰랐을 것이다. 다만 성격이 곧은 사람이었으니 그들의 잘못에 대해서는 참을 수 없었을 뿐이었다. 그래서 자신이라면 그런 행동을 결코 하지 않을 것이라고 판단하고 아버지께 고자질하였을 것으로 보인다.

그러니 누구든지 자신의 판단기준에 의해 신불리 다른 형제를 정죄하려 해서는 안 된다. 사람마다 가치관이 다르고 자신의 판단기준이 절대적으로 공정하다고 할 수도 없기 때문이다.

사람들은 자신의 義를 올바른 지식으로 생각하는 경우가 많다. 바울은 유대인들이 하나님의 의를 모르고 자신의 의를 앞세워 하나님의 의에 불복종하고 있다고 지적한다.롬 10:2-3

고자질 그 자체만으로도 좋은 태도는 아니다. 형제에 대한 관용이 없고 사랑이 부족했기 때문이다. 요셉이 자신의 정직함을 드러내 보이기 전에 형제들을 사랑으로 감싸줄 수도 있었을 것이다. 요셉에게는 그것이 부족했다.
자칫 시기와 질투를 부리는 형들 사이에서 살아가는 그 만의 생존전략이었을 수도 있다. 형제들 중에는 11번째이면서 이복동생이니 그렇게 해서라도 아버지의 사랑을 독차지 하고 싶었을 지도 모른다.

6형제 중 셋째인 필자도 어렸을 때 부모님의 관심을 얻으려고 아픈 척을 많이 했다. 어머니께서는 없는 살림이지만 아픈 척하는 아들에게 그날만큼은 쌀밥을 많이 얹어 주셨다. 형들로부터 줄줄이 옷을 내리받아 입다보면 새 옷을 입어보기가 어려웠다. 그래서 나만의 방식으로 아랫배 사이즈를 키우기도 했다. 어느 날 어머니가 나에게 큰 사이즈로 새 옷을 한 벌 사주셨다.

야곱의 잘못도 크다. 요셉의 고자질에 대해서는 한번 쯤 경고를 하거나 타일러 줄 필요도 있었다. 형제끼리 화목하지 못한 행동을 타일러 줄만도 한데 그러지 않았다. 십자가의 종축은 하나님과 나와의 관계이고, 횡축은 형제와 이웃의 관계이다. 하나님과 나와의 관계만으로 십자가는 존재할 수 없다. 형제간의 화목이 없으면 십자가도 없다는 것을 야곱은 잠시 잊은 것 같다.

엘리 제사장은 번제물을 먼저 먹기도 하고, 시중드는 여인과 동침하기도 한 자녀들의 잘못을 혼내지 않고 제대로 가르치지 않다가 하나님으로부터 징벌을 받았다. 그 집안에 영원토록 노인이 없게 하셨고, 하나님 면전에서 그를 쫓아내시고 사무엘을 그를 대신하여 선지자로 삼으셨다.^{삼상 2:32}

야곱은 요셉이 노년에 얻은 아들이요 사랑하는 라헬의 첫 아들이니 여느 아들보다도 편애하고 말았다. 그래서 그를 위해 채색 옷을 지어 주었는데 그 옷은 아버지로부터 장자의 특권을 받았음이요 요셉에게는 자랑의 표식이었지만 형제들에게는 차별이고 불공정의 극치이었다.

르우벤은 서운했을 것이다.

"장남은 나인데 아버지는 이미 요셉을 장남으로 삼으셨을까?"

비록 요셉이 똑똑하고 정직하다고는 하지만 그럴 수는 없다고 생각했다. 시므온과 레위는 급한 성격에 동조하고 말았다.

"때가 오면 요셉을 같이 혼내주자."

배고픈 것은 참을 수 있지만 배 아픈 것은 참지 못하는 게 사람이다. 요셉에 대한 야곱의 과도한 자식 사랑이 요셉은 물론이고, 다른 형제들에게도 마음의 상처를 주고 있다는 것을 야곱은 생각하지 못했다.

제 1 장

요셉의 고난은 사전에 경고되었다.

모든 것이 예정되어 있었다.

야곱은 먼 길 세겜 땅까지 풀밭을 찾아가 양들을 돌보고 있을 자식들 10명이 궁금하였다. 그래서 요셉에게 형들이 잘 있는지, 양들은 어떤지 보고 오라고 심부름을 시켰다.

요셉은 아버지의 말씀을 잘 따랐다. 몇 차례 형들의 잘못을 고자질해 온 만큼 이번에도 임무를 제대로 수행할 것이라는 생각도 했을 것이다. 큰 거 한 건 잡아서 아버지에게 고자질할 욕심도 있었을 것이다. 그러나 그것이 자신을 얽맬 올무임을 몰랐다.

하나님은 지혜 있는 자들로 하여금 겸손하지 못하면 자기 꾀에 빠지게 하시는 분이시다. 고전 3:19, 욥 5:13

요셉은 형들을 만나러 가면서 색동저고리 채색 옷을 입고 가는 실수를 저지르고 말았다. 마치 상급기관인 감독관의 지방순시나 현장지도방문과 같은 옷차림을 하고 간 것이다. 일하는 복장이나 좀 더 수수한 복장으로 바꾸어 입고 갔어야 했다. 아마도 당시는 외투가 하나밖에 없었는지는 모르지만 요셉은 확실히 이 때 만큼은 겸손할 줄 몰랐던 것이다. 세상의 쓴맛을 몰랐다고나 할까?

요즈음 젊은이들을 보는 것 같다. 부모님으로부터 많은 재산을 받고 좋은 대학에서 높은 교육까지 받았으니 겸손할 줄을 모른다. 특히 가난한 자가 갑자기 부자가 되면 교만해 지기 쉽다. 가난한 시절 자기가 받았던 서러움을 자식에게는 물려주지 않으려 했던 아버지 세대는 아들 교육을 경쟁위주로 가르치셨다.

아버지 세대는 한정된 파이를 가지고 남보다 앞서지 않으면 제대로 먹을 수가 없었다. 그래서 아들들에게 파이를 키우기보다는 있는 것을 빼앗아 먹는 방법만을 가르쳐 준 것이다. 현대는 특히 자기 PR 시대이다. 그래서인지 자신의 스팩을 자랑하고 자신의 값어치를 높이기 위해 혈안이 되어 있다. 그러나 스스로 자신의 이름을 높이려 해서는 안 된다. 하나님을 사랑하면 그 사람은 하나님도 알아주신다는 것과^{고전 8:3} 이를 위해 하늘나라에 특별한 상급을 예비하시고 계신다는 것을 알아야 한다. 특별한 상급은 높은 곳에 있는 것이 아니다. 낮은 자세로 섬기는 곳에 있다는 것을 예수님을 믿는 우리가 그들에게 모범으로^{by example} 가르쳐 주어야 한다.^{롬 12:16}

겸손은 자기 자신의 화려한 경력과 능력에 눈을 감고, 자신의 교만을 드러내기보다는 자기와 다른 사람의 생각과 사고를 존중해 주는 것이다. 상대방의 결점과 죄 뿐만 아니라 적대감에도 눈감아 줄 수 있어야 한다.

교만이 오면 욕이 오지만 겸손한 자에게는 지혜를 주신다.^{잠 11:2}

하나님 앞에서 자신을 내려놓고 마음 속 가장 깊은 곳에 감추어진 생각까지 드러내면 교만은 꺾이고, 누구나 자신의 부족함과 야비함을 진실로 깨닫고 겸손하게 된다.^{강요Ⅲ, 451면}

하나님께서는 어두움에 감추어진 것들을 드러내고 마음 깊은 곳의 생각까지도 드러내 보이신다.^{고전 4:5} 그렇게 되면 자기의 공로는 모두 사라지고 철저하게 가난하고 부족한 자가 되어 겸손하게 하나님의 자비를 받아들이게 된다.

"겸손과 여호와를 경외함의 보상은 재물과 영광과 생명이다."^{잠 22:4}

겸손한 마음은 하나님을 나의 주님으로 받아 드리고 축복을 받는 첫걸음이 된다는 점을 깨달아야 한다.

하나님께서는 나를 낮추시고 시험하사 마침내 복을 주신다.^{신 8:16}

요셉은 아버지 야곱의 말에 순종할 줄을 알았고, 일찍부터 아버지의 신앙을 본받아 하나님을 알았다고 하지만 제대로 섬길 줄을 몰랐다. 그래서 하나님은 겸손할 줄 모르는 그에게 고난을 허락하셨다. 하나님께서는 그의 약점을 고쳐 강하게 하시려고 시험을 허락하셨다.

요셉은 자신이 겸손하지 못하므로 마음이 강퍅해져서 결국 우물 구덩이 나락에 빠질 때까지 자신의 허물과 형들의 시기와 증오심을 미처 깨닫지 못했다. 여러 차례 형들의 경고가 있었음에도 진심으로 받아들이지 못한 것이다.

하나님께서는 고난을 주시기 전에 반드시 사전에 경고하신다.

가인에게도 사전에 경고하셨다. 그의 제사를 받아들이지 않으시면서 선을 행치 아니하면 죄가 된다고 분명히 경고하셨다. 그러나 가인은 이를 받아들여 회개하지 않고 오히려 시기함으로써 아벨을 죽이고 말았다.^{창 4:7-8}

하나님의 경고를 알고도 고치지 않는 사람은 가인과 같이 그의 심령이 그만큼 완악하기 때문이다.

유다의 시드기야 왕은 예레미야로부터 유다가 바벨론의 침공을 받아 망할 것이라는 예언을 듣자 사람들이 보는 앞에서 그의 목에 나무고랑을 채우기도 하고,^{렘 20:2} 예언서를 읽으면서 그 두루마리를 칼로 베어 불사르기도 하였다.^{렘 36:23} 그것도 모자라 그를 뚜껑 있는 웅덩이에 빠뜨리기도 하였지만 한때는 양심의 가책을 받기도 하였다. 그래서 예레미야를 다른 사람 몰래 만나 그 예언이 확실한지 물어보기도 하였다.^{렘 37:16-17} 그는 결국 하나님의 경고를 무시하고 자기 뜻대로 살다가 예루살렘이 함락되는 날 군사들과 함께 밤에 샛문으로 도망가다가 발각되어 자기 눈앞에서 아들들이 살해되고, 그는 눈이 뽑힌 채 사슬로 결박되어 포로로 끌려가는 수모를 겪어야 했다.^{렘 39:4}

요셉은 아버지 야곱을 통해서도 경고를 받았다.

"나와 네 어머니와 네 형들이 참으로 네게 절하겠느냐?"

아버지는 요셉에게 꿈에 대해 함부로 말하는 것을 보고 신중하지 못하다고 꾸짖었던 것이다.

이것만이 아니다. 요셉은 아버지로부터 "형들이 제대로 양들을 돌보고 있는지, 게을리 하다가 양들을 잃어버린 것은 아닌지?" 형들의 동태를 살펴보고 오라는 심부름을 받았다.

그러나 그 길은 요셉 자신의 기나긴 고난의 여정이 되었다. 앞으로 펼쳐질 요셉의 고난을 예고한 것이었다.

요나는 "일어나 니느웨로 가서 외치라!"욘 1:2 는 여호와의 말씀을 거역하고 반대편 스페인으로 가는 배를 타고 도망가다가 폭풍우를 만났다. 배 밑창에서 잠을 자고 있던 요나는 선장으로부터 "일어나 네 하나님께 외치라!"는 말을 듣는다.욘 1:6 하나님께서는 이방인인 선장을 통해서도 그에게 거듭 경고하신 것이다.

우리 인생의 삶에도 사전에 그러한 경고음은 있어왔다. 하나님은 결코 사전 경고 없이 고난을 주지 아니하시기 때문이다. 그것을 알아보지 못하는 것은 우리의 마음이 강퍅해진 탓이다.

요셉은 남부 헤브론 골짜기에서 출발하여 북부 세겜 지역에 힘들게 도착하였다. 그곳까지 거리는 약 90km 정도이다.

그러나 형들은 이미 그곳을 떠난 이후였다. 주변사람들에게 수소문하여 형들을 따라가기 위해 세겜에서 북서쪽으로 약 30km이상 떨어진 도단까지 물어물어 찾아가야했다.

헤브론에서 도단까지 2일간은 밤새 꼬박 걸어야 했다. 요셉은 형들을 찾아 고난의 길을 가야했듯이 형들로부터 수난을 당하고 먼 길을 떠나야 할 길임을 그는 알아차리지 못했다.

제 1 장

요셉은 예정된 고난의 길로 나간다.창 37:18-28

멀리서 혼자 오는 것을 보고 둘째형 시므온과 레위 등 형들은 그를 죽이기로 작당하고 있었다.

'잔해하는 칼'이라는 명칭의 둘째형 시므온이 말한다.

"저기 꿈쟁이가 온다. 자, 우리가 그를 죽여 이 구덩이들 가운데 하나에 처넣고 맹수가 그를 삼켜 버렸다고 하자. 그의 꿈이 어떻게 되나 어디 한번 보자."

셋째형 레위가 거든다.

"채색 옷을 입고 오는 것 보니 우릴 심판하러 오는구나. 너는 우리를 모함해서 아버지를 현혹시키려는 정탐꾼이 맞다. 죽어 마땅하다."

마치 대제사장과 백성의 장로들이 예수님을 죽이려고 함께 의논함 같아 보였다.마 27:1

이 말을 듣고 장남 르우벤이 깜짝 놀라 만류한다.

"아니다. 아무리 미워도 그를 죽이지는 말자."

르우벤은 그에게 손대지는 말자고 하면서 그냥 구덩이에 던져 놓자고 제안한다. 나중에 자신이 요셉을 구해 아버지에게 돌려보낼 속셈이었다. 그의 소극적인 성격과 리더십의 부족을 여실히 드러낸 것이다.

한편 옆에 있던 유다는 때마침 이스마엘 상인들이 길르앗에서 오는 것을 보고 말한다.

"우리가 동생을 죽이고 그 피를 숨긴다고 얻는 것이 뭐가 있겠냐?"

형제들의 눈치를 본다. 가인이 아벨을 죽이고 땅에 묻었으나 땅이 그 위에 잦았던 피를 드러내 발각된 것을 두려워했을까?^{욥 16:18} 죽이는 것에 마음의 부담을 가지고 있던 시므온도 고개를 끄덕끄덕 한다.

곧이어 유다는 말한다.

"그는 우리와 살과 피를 나눈 형제가 아니냐? 손대지 말고 그를 이스마엘 사람들에게 팔아 버리자."

형제에 대한 연민의 정을 살짝 드러낸다. 사랑의 리더십을 보여주고 있다.

시므온이 대답한다.

"그러자. 죽이는 것보다는 멀리 팔아버리면 돌아올 수도 없을 것이고 돈도 생기니까...."

곧이어 구덩이에서 건져진 요셉은 그들에게 하소연한다.

"저는 정탐꾼이 아닙니다. 형님들의 동생 요셉입니다."

하소연을 마다하고 형들은 그의 채색 옷을 벗기고 손을 뒤로 꽁꽁 묶어 이스마엘 사람들에게 은 20세겔을 받고 팔아버렸다.

그런 다음 형들은 계획대로 염소 새끼를 죽여 그 피를 요셉의 채색 옷에 묻혔다. 요셉을 팔아넘기는 동안 르우벤은 그 자리에 없었다. 장자인 르우벤은 왕따 당한 것이었다.^{창 37:29}

20세겔의 은은 어떻게 분배되었을까?

당시 건장한 노예는 은 30세겔에 매매되었다고 한다. 그런데 20세겔을 받았다면 아직 요셉이 나이 어린 탓이었다. 형들은 자기들 10명이 2세겔씩 나누어 가지면 충분하다고 생각하였을 것이다.

르우벤은 뒤늦게 그 사실을 알았고 이를 묵인하는 대가로 자신의 몫인 2세겔을 받았을 것이다.

만일 르우벤이 받지 않았다면 남은 돈 은 2세겔 때문에 형제들 간에 불씨가 되었을 것이 분명하기 때문이다. 비밀이 오래가지 못하고 탄로 나면 큰일이지 않은가? 그것을 안 유다는 형 르우벤에게 강제로라도 2세겔을 건네주어 받게 했을 것이다.

그 이후 유다는 형제들을 떠나 세겜 땅으로 갔다. 동생 요셉을 죽이자고까지 한 형제들의 증오가 미웠고, 스스로도 자제하지 못하고 동생을 먼 나라까지 팔아넘겨 버렸다는 죄책감도 있었기 때문이었다.

잘못을 따지자면 요셉의 잘못도 크다. 형들이 자신을 미워하고 있고, 몇 차례 경고를 받았음에도 무시해 버리지 않았는가? 이를 눈치 챘다면 아무런 대책 없이 호랑이굴에 뛰어들었겠는가?

아무런 생각도 대비책도 없이 그 먼 곳까지 갔으니 누구하나 도와줄 수도 없었고, 요셉을 불쌍히 여기는 형제가 한 명도 없었다는 점을 보아도 더욱 그렇다.

어려운 일을 당하면 직장 동료나 이웃들은 물론 형제들마저도 등을 돌린다. 자신들에게 해가 되지 않을 것임에도 따뜻한 위로 한 마디 전할 줄을 모른다. 그러나 그들을 탓할 것은 아니다. 이 모든 이웃의 등 돌림에 대해서는 평소 자신의 처신을 반성하면서 스스로 안고 가야할 부끄러움으로 생각하여야 한다.

요셉은 발에 차코를 차고 그의 몸은 쇠사슬에 매인 채 끌려가면서 얼마나 간절히 기도하였을까?[시 105:18] 한 번도 떨어져 보지 않았던 아버지 곁을 떠나 먼 나라로 끌려갈 때 얼마나 무섭고 외로웠을까?

"내 하나님이여, 내 하나님이여, 왜 나를 버리셨습니까? 어찌 나를 멀리 하여 나를 돕지 아니 하시며 내 신음 소리를 듣지 아니하시나이까?"[시 22:1]

마치 십자가 위에서 우리 죄를 대신해 짊어지시고 하나님 아버지와 떨어질 수밖에 없었던 예수님의 울부짖음과도 같아 보인다.

요셉은 아버지 야곱처럼 울면서 기도드리고 하나님 여호와께 애절하게 매달려 보았다. 그러나 하나님께서는 응답하지 않으셨다. 형들의 시기와 질투를 요셉에 대한 연단의 수단으로 허락하셨기 때문이었다. 하나님께서는 요셉을 당신 아들의 형상을 닮게 하시려고 미리 정하시고 많은 형제들 가운데 맏아들이 되게 하시기 위함이었다. 사랑과 공의로 거룩함을 회복하게 하시려고 요셉에게 고난을 주신 것이다.

하나님께서는 요셉의 기도에 끝내 침묵하셨다.

그러나 요셉은 믿었다.

"나를 통해 여호와의 말씀이 응할 때까지라 그 때까지 하나님께서는 나를 결코 떠나지 않으실 것이다."[창 28:15, 시 105:19]

"I will never leave you nor forsake you."

하나님께서는 요셉에게 소금언약으로 말씀하고 계셨다.

〈Keynote〉
그의 꿈이 어떻게 되는지를 보자

"꿈꾸는 자가 오는 도다. 그를 죽여 한 구덩이에 던지고 우리가 말하기를 악한 짐승이 그를 잡아먹었다 하자. 그의 꿈이 어떻게 되는지를 우리가 볼 것이니라 하는지라."^{창 37:19-20}

창세기 37장부터 50장까지는 요셉에 관한 이야기를 기록하고 있다. 요셉은 형제들의 시기와 질투로 인해 은 이십 세겔에 이스마엘 대상들에게 팔려 애굽으로 간다.

요셉의 일생은 사소한 사건 하나하나가 우연이라고 하기에는 너무나 정교하게 계획되고 진행되었다. 그래서 우리는 하나님께서 모두 예비하신 것이라고 믿는다.

요셉은 그의 십자가를 지고 많은 시간 동안 고난 속에 살았다. 요셉은 하나님의 사람으로서 모든 일이 하나님의 시간표대로 결정되고 이루어진다는 것을 차츰 알게 되었다.^{롬 8:28, 엡 1:10, 11}

그는 스가랴 선지자를 통해 말씀하신 "불로써 은을 제련시키고, 금처럼 시험한다"고 하신 말씀을 알고 있었다.^{슥 13:9}

"네 꿈이 어찌되는지 보자."

그런 일이 있은 이후 요셉의 형제들은 막상 그의 꿈이 어떻게 되는지를 전혀 생각하지 않은 것 같다. 생각이 있었다면 당시 정기적으로 다니는 silkroad 대상들을 상대로 요셉의 안부를 물어볼 만 한데 이에 대해 성경은 침묵하고 있기 때문이다. 형제들은 요셉을 그렇게 팔아 처분한 뒤에는 그의 꿈에 대해서 잊어버린 것이다.

모든 것은 하나님의 역사하심이니 그의 꿈이 어떻게 되는지 보자!

― 제 2 장 ―

요셉의 형들은 도구로서 충실하였다.

예수님은 나사로를 잃고 슬퍼하는 마리아와 마르다에게 죽은 지 4일이나 되어 썩어 냄새가 나는 나사로를 살려내 보이심으로써 하나님의 영광을 드러내셨다.
"나는 부활이요, 생명이니 나를 믿는 사람은 죽어도 살겠고, 살아서 나를 믿는 사람은 영원히 죽지 않을 것이다." 요 11:25-26, 42
죽음은 생명 그 자체이신 그분을 지배할 수 없으며, 그분 안에 있는 사람들을 지배하지 못한다. 고전 15:54-55 그분은 살아 계시기 때문에 우리는 살고 있고, 그분은 생명이시기 때문에 우리에게는 영원한 생명이 있다.
마르다가 생각한 영원한 생명은 사후에 얻게 될 미래의 것이었다. 그러나 예수님께서는 영생에 관한 것이 개인적인 관계이며 장래의 일이 아니라 눈앞에서 이루어지는 실재라는 점을 보여 주셨다. 그럼에도 바리새인들은 이 사건을 계기로 예수님을 죽이려고 모의하게 된다. 마 27:1
그들이 예수님을 부정하는 이유는 간단하다. 욕심이 많고 자기중심적인 바리새인들은 그들의 기득권을 빼앗길 것을 두려워했기 때문이었다.
예수님께서는 상속자인 아들을 죽인 포도원의 농부이야기를 비유로 말씀하시고, 재차 자신이 교회의 머릿돌임을 보여 주심으로 그분을 거부하는 자들에게 무슨 일이 일어날 것인지를 경고하셨다.
"하나님 나라를 너희에게서 빼앗아 그 나라의 열매 맺는 백성에게 줄 것이다." 마 21:43
예수님께서는 가지는 무성하나 열매를 맺지 못하는 무화과나무처럼 바리새인들은 결국 죽게 될 것임을 제자들에게 가르쳐 주셨다. 마 24:32-34

제 2 장

형들의 변명은 사악함의 극치 ^{창 37:31-32}

　인간은 선천적으로 자신의 자랑은 과장하지만 잘못은 축소하고 변명하려 한다. 그러고도 티를 내지 않는다. 철저히 이중적인 모습을 보인다. 그러한 언동은 아무나 갖는 능력이 아니다. 거의 프로나 타짜들만의 행동이다.
　형들은 아버지의 눈을 속이기 쉽지 않음을 고민하였다.
　아버지 야곱이 어떤 사람인가?
　형 에서의 장자권을 기만하여 빼앗고, 사악한 라반으로부터 두 딸과 양들을 포함한 모든 재산을 가지고 야반 도주해온 사람이다. 그 이후에도 하나님을 이용하여 그들의 분함을 삭이게 하고 자신에게 유리하게 상황을 만들어 간 재주꾼이지 않은가?
　형들은 숫염소의 피를 묻힌 찢어진 채색 옷을 가지고 갔다.
　그러면서 뻔뻔하게도 아버지 야곱에게 이를 보이면서 묻는다.
　"우리가 이것을 발견하였으니 아버지 아들의 옷인가 확인하소서."

마치 아버지의 의견을 구하는 방식으로 질문한다. 혹시나 아버지가 알아차릴까 마음이 조마조마 할 터인데 그러한 담대함이 어디에서 나왔을까? 인간에게 본성으로부터 감추어진 악에서 출발하였을까?

이미 요셉은 자신들의 형제가 아니었다. 단지 아버지의 아들일 뿐이었다.

때로는 호칭이 중요하다. 나이가 몇 살 위라면 형님으로 깍듯이 대접해 드리자. 학창시절, 군대 갔다 오면 20대 중반이 된다. 대학교 재학 중인 후배들은 그를 형님이라고 하지 않고 "아저씨"라고 부른다. 그들보다 겨우 3-4살 위인데도 동료 학생으로 취급하지 않는 것이다. 내가 대학교수로 임용되었을 때, 일부 교수는 나를 같은 대학 출신이지만 야간대학 출신이라는 이유로, "형님"도 아닌 "아저씨"라고 불렀다. 이 또한 동료교수로 보지 않는 행동이다. 지성인이 아니고 소인배들일 뿐이다.

다시 이야기로 돌아 가보자. 채색 옷을 본 순간 야곱은 망연자실하고 만다.
"내 아들의 옷이 아니냐. 악한 짐승 놈들이 그를 잡아먹었구나."
야곱은 요셉이 동물에게 잡아 먹혀 죽은 것이라고 단정하고 만다. 단순히 찢겨진 옷만을 보고 속단하고 말았다. 그들의 예상은 적중한 것처럼 보인다.

아들이 군에 입대하면 집에서 입고 간 사복은 우편으로 각 가정에 돌려보내진다. 이것을 받아본 우리의 어머니들은 2-3일 동안 우셨다. 몇 달 후면 아무 일도 없었던 것처럼 휴가를 나올 것임에도 훈련을 받으면서 고생할 아들이 마냥 불쌍했던 것이다.

아버지의 요셉에 대한 일방적인 사랑이 그의 눈을 잠시 어둡게 한 것이다. 그들은 요셉에 대한 평소 아버지의 측은한 심정을 이용한 것이다. 사악함의 극치다.

제 2 장

유도신문에 빠져버린 야곱 ^{창 37:33-35}

　　그들은 요셉을 팔아먹은 것이었다. 그래서 차마 짐승에게 잡혀 먹었다는 말 자체도 꺼내지 못했다. 아무래도 야곱 아버지를 속일 자신이 없었기 때문이었다. 그러기에 아버지로 하여금 그것을 기정사실로 받아들이게 할 방법을 택한 것이다. 자신들의 변명을 자제함으로써 티를 내지 않고, 아버지가 당신 스스로 이를 기정사실로 받아드리게 하였으니 이것이 일타 쌍 피, 손 안대고 코 풀면서 아버지의 입까지 더럽혔으니 계략이 적중한 것이다.

　　증언 당사자가 부지불식간에 사실관계를 인정하게 하는 고도의 신문기법, 그것이 유도신문이다. 그래서 우리 형사소송 규칙은 증인신문을 청구한 자에게 증인신문 방식으로 당해 증인에 대해 "예"를 유도하는 취지의 유도신문을 할 수 없게 하였다. ^{형소규칙 75조2항} 증언을 왜곡하고 사실을 왜곡할 수 있기 때문이다.

예수님의 무고하심을 알고 풀어 주려는 빌라도에게 바리새인들은 소리친다.

"이 사람을 놓아 주면 당신은 가이사 왕 편이 아니다."요 19:12

얼마나 간교한 모함인가? 달변인가? 감탄할 일이다. 머뭇거리는 빌라도에게 가이사의 적인 예수님과 한 패거리라면 너도 가이사 왕과 적이 된다고 협박한 것이다.

그들은 권력 세계의 추한 모습을 이용할 줄 알았던 것이다. 절대 권력자의 눈치를 보고 줄 서는 빌라도의 허를 찌르는 그들의 사악한 지혜와 계략을 드러낸 것이다.

예수님을 죽이기 위해 혈안이 된 바리새인들은 그래도 가방끈이 충분히 긴 사람들이었다. 그들의 스승인 서기관(랍비)은 모세오경을 암송할 줄 아는 사람들이잖은가? 그에 비해 요셉의 형들은 그렇지도 못한 3D 업종의 양치기일 뿐이었다.

형들이 먼저 짐승에게 요셉이 잡혀 먹혔다고 거짓말을 하였다면 야곱은 바로 추가 신문에 들어갔을 것이다.

"요셉이 잡혀 먹을 때 너희들은 무엇했느냐?"

"......"

"짐승들에게 잡혀 먹혔다면 채색 옷에 피만이 아니라 흙도 묻었을 것이고 늑대라면 늑대의 털도 묻어 있었을 것이다."

"......"

"옷에 반항 흔적이 없다. 많은 맹수가 달려들었다면 옷이 온전하지 않을 것이고, 더 산산조각이 났을 것이다. 결정적으로 시체는 찾아보았느냐?"

"왜 말들이 없냐? 이제라도 가서 그의 남은 뼈라도 찾아보자."

반대신문과 협박이 밤새 이어졌을 것은 뻔한 이치다.

하여간 야곱이 자초지종을 묻고 아들들의 태도를 조금이라도 살폈더라면 수상한 점을 여럿 발견했을 것이다. 그들의 유도신문에 빠졌다고 하더라도 이상한 점은 많기 때문이다. 그러나 야곱은 슬퍼할 줄만 알았지 냉정함은 없었다.

에서로부터 장자권을 빼앗을 때에는 에서의 허기진 상태를 이용할 줄도 알았다. 재차 확인도장까지 받아둔 신중함도 보였다. 어머니 리브가의 도움으로 장자의 축복을 받았을 때도 그것이 어떤 의미인지, 얼마나 무서운 일인지도 알았던 사람이다. 그러나 라반의 집에서 7년 동안 라헬 하나만을 바라보고 종노릇하듯 일한 것을 보면 똑똑한 사람은 아니었나보다.

오히려 아내인 레아와 라헬이 자신들의 아버지에게 "남편을 일시키고 삯을 갈취하고 우리를 팔아먹은 것이 아니냐?"고 반문하지 않았는가? 야곱은 순진하다고 할 수 있을지는 몰라도 현명한 사람은 아니었던 것일까?

하여간 요셉의 사고에 대해 더 이상의 예리한 질문은 없어 보인다. 나이가 들어서 둔해졌을까?

| 제 2 장

형들의 거짓말은 적중하였다.

    그들은 특별히 교육을 받은 것도 아니다. 유도신문이 무엇인지도 모르는 단순히 양을 치는 목자들일 뿐이다.

    양들은 시력도 나쁘고 잘 속기 때문에 양을 치는 개들이 옆에서 뛰어다니면 그게 목자인줄로 착각하고 개를 따라간다고 한다. 그래서 양들을 잡으려면 개를 앞장세워 좁은 골짜기로 몰아넣으면 된다.

    아주 간단하다. 상대하기가 너무 쉽다. 죽을 때 모습을 상상해 보라. 다른 짐승은 죽음 앞에서 발악을 한다. 그러나 양들은 조용히 기다리면서 죽음을 맞이한다.

    그와 같이 단순한 양들을 상대로만 하던 그들이 어떻게 아버지 야곱을 감쪽같이 속일 수 있었을까? 유도신문이라는 어려운 신문기법을 어떻게 알았을까? 그런 거짓말하나도 하나님의 계획아래 주어진 것이었을까?

    그들은 머리를 맞대고 궁리하였을 것이다. 아버지 야곱이 스스로 체념하도록 하기 위해서는 어떤 변명이 좋을까?

해답은 모든 것을 아버지 야곱의 판단에 맡기자는 것이었다. 자기들이 고민할 것은 아니라고 생각한 것이다. 고난이나 환난에 처했을 때 스스로 해결하려 하기 보다는 하나님께 모든 것을 맡기라는 가르침대로 자신들 또한 아버지 야곱에게 맡겨버린 것이다.

"아버지 아들의 옷인가 확인하소서"

사악한 그들의 생각은 적중하였다. 그들의 거짓된 행동에 야곱은 눈을 감았기 때문이다.

과연 야곱은 정말로 요셉이 죽었다고 생각하였을까? 꿈의 달란트를 가지고 여호와 하나님의 계시를 받았던 요셉이 과연 죽었다고 생각하였을까?

아니다. 야곱의 생각은 달랐다. 요셉에 대한 형들의 시기와 질투를 이미 알고 있었다. 아버지인 야곱 자신도 요셉에게 절을 하더라는 요셉의 꿈 이야기를 듣지 않았던가?

야곱은 요셉의 꿈을 잊지 않고 기억해 두었다. 계시의 영을 통해 요셉은 포도나무와 같이 담장을 넘어 풍성하게 열매를 맺을 것으로 알고 있었다.^{마 11:27}

야곱은 아들들의 거짓말을 더 이상 문제 삼지 않고 하나님께 모든 것을 맡겼던 것이다. 그들이 변명하지 않고 아버지 야곱에게 맡겼듯이 야곱 또한 요셉을 하나님께 맡긴 것이다.

요셉을 통해 하나님께서 큰 영광을 이루시리라는 믿음을 가지고 있었다.

제 2 장

르우벤은 장자권을 잃게 되었다.^{창 37:29-30}

요셉을 죽이자는 동생들의 말에 큰 형 르우벤은 죽이지는 말자고 그들을 타일렀다. 그러면서 나중에 구할 요량으로 요셉을 일단 구덩이에 던져 넣자고 제안한다. 그래서 형제들은 요셉을 마른 우물 구덩이에 빠뜨렸다.

르우벤은 장자로서, 지도자로서의 관대함은 어느 정도 갖추었으나 리더십이 부족하였다. 동생들의 눈치를 보며 동생들의 악행을 포기시키지는 못한 것이다. 그래서는 안 된다고 훈계할 줄 몰랐다.

세상을 살면서 악행을 멈추게 할 수 있는 지위에 있음에도 그들의 소극적인 자세로 수수방관하다가 더불어 망한 사람도 많다.

빌라도는 예수님께서 죄가 없다는 사실을 알았으므로 충분히 풀어줄 수 있는 위치에 있었다. 그날 아침 그의 처 무속인으로 부터 이 사건에 관여하지 말라는 간청도 들었다.

"당신은 의로운 사람에게 상관하지 마소서."^{마 27:19}

그러나 그는 용기부족과 책임회피로 대야에 물을 받아 손을 씻는 정도에 그치고 말았다.

"나는 이 사람의 피에 대해 아무런 죄가 없다."^{마 27:25}

그러나 그는 세상 끝날 까지 예수님을 죽였다는 말을 들어야 했다. 결국 그는 성전금고에 손을 대는 만행까지 저지르다가 예수님이 돌아가시고 부활하신 때로부터 2년 후 해직되고 귀양을 가서 자살하고 말았다. 안타까운 일이다.

아들들의 부정행위를 눈감아 주다가 하나님의 징계를 받은 엘리 제사장도 그랬다. ^{삼상 2:32} 부하직원들의 장부 조작을 CEO가 만류하지 못해 회사 전체가 위기에 처한 기업도 종종 보게 된다.

르우벤은 훗날 이집트에서 요셉의 시험으로 3일간 감옥에 들어가게 되자 그는 제일 먼저 동생들을 탓하는 찌질 함마저 보인다.
"내가 그때 죄를 짓지 말라고 하지 않았느냐?"
책임감마저도 없고 구차한 변명으로 위선적인 태도를 보이고 있다.
하나님은 거짓말을 하는 위선적인 태도를 싫어하신다.
사울왕은 아멜렉을 진멸하되 아무것도 남기지 말라는 하나님 말씀을 어기고 만다. 자신의 판단으로 아멜렉의 아각 왕을 살려두었고, 살찐 소와 보석들을 일부 남겨둔 것이다.
이를 경고하는 사무엘에게 사울은 변명한다.^{삼상 15:15}
"하나님께 좋은 음식으로 제사 올릴 생각에 살찐 것들을 남겨 두었소."
모두 거짓말이다.
하나님은 좋은 음식보다도 명령에 거역하는 것을 더 싫어하신다. 그리고 하나님께서는 인간의 변명을 듣고 적당히 넘어가지 않으신다. 사울은 이 변명으로 인해 그의 나라를 잃어버리고 하나님으로부터 버림받았다. 하나님이 그를 떠나신 것이다. 더 이상의 축복은 없었다. 사울은 거듭된 변명으로 하나님으로부터 특별한 심판 즉, '말씀의 고갈'의 징벌을 받았다.^{암 8:8-9}
아담 또한 선악과를 따먹지 말라는 하나님의 명을 어겼다.

이를 문책하는 하나님께 변명한다.

"하나님이 나와 함께 하게 하신 여자가 나무 실과를 주어서 내가 먹었나이다."

오히려 하나님께서 여자를 만들어 주신 것에 대해 원망하였다.^{창 3:12}

최근 자식들이 공부를 하지 않는다고 혼내면 나를 왜 이렇게 낳아 주셨냐고 항변하는 아이들도 있다고 한다. 어처구니없는 일이다. 하나님은 터무니없는 변명을 싫어하신다.

이러한 르우벤 보다는 차라리 유다의 처신이 모두에게 더 유익했을지도 모르겠다.

"그에게 손대지 말고 그를 이스마엘 사람들에게 팔아 버리자."

동생을 죽이는 것에 대해 차마 두려움을 가지고 있던 시므온이나 레위도 이에 동조하였다. 유다의 말 한마디로 여러 사람의 마음이 편해졌으니^{창 37:20-28} 르우벤을 대신해서 넷째인 유다가 사실상 장자로서의 리더십을 가지게 된 것이다.

장자권은 이삭이나 야곱, 요셉의 시대에는 매우 중요한 의미를 가졌다. 아버지의 축복을 받을 권리이며, 재산권을 다른 형제보다 2배로 상속받고,^{겔 47:13} 족장으로서 가문의 후계자로서 가족을 거느리고 제사장의 역할도 겸하였다.

그래서 유다는 사실상 장자로서 아브라함의 언약 즉 하나님으로부터 자손이 번성하리라는 축복을 받고, 메시아 예수님의 탄생으로 이어지는 영광을 가지게 된 것이다.

성경은 한 그릇 음식을 위하여 장자의 명분을 판 에서와 같이 망령된 자가 없도록 하라고 경고하고 있다.^{히 12:16}

에서는 이러한 장자권의 중요성을 모르고 오히려 이를 무시한 채 붉은 죽 한 대접에 장자권을 팔아먹을 정도로 소홀하고 어리석은 사람이었다. 그래서 하나님께서는 에서를 미워하고, 이를 귀중하게 여긴 현명한 야곱을 더 사랑하신 것이다.

르우벤 또한 이러한 장자로서의 리더십을 가지지 못하고 동생들의 만행을 적극적으로 만류하지 못하였다. 동생들의 악행을 사후 방조까지 한 잘못도 크다.

역시 르우벤은 유부녀에 대한 성적 호기심에 빠져 자신의 서모인 빌하와 동침함으로써 아버지 야곱에 대해 엄청난 모독죄를 저지르고 만다.^{창 35:22, 신 22:30}

결국 넷째인 유다에게 실질적인 장자의 권리를 빼앗기고 만 것이다.

"먼저 된 자로 나중 되고, 나중 된 자로 먼저 된다."는 성경대로 이루어진 것이다.^{막 10:31}

하나님께서는 리더십도 부족하고 오히려 형제들에게 책임을 전가하는 장남 르우벤을 버리고 유다를 택하신 것이다.

죄책감에 고향을 떠나 순례자의 길을 걸어온 유다에게 이스라엘의 장자로서의 권한을 주시고^{창 49:8-10} 가장 큰 지파의 조상이 되어^{민 1:26-27} 다윗과 예수님으로 이어지는 땅과 하늘의 왕권을 주시기로 선택하셨다.^{창 46:28; 룻 4:18-22; 마 1:3-6} 유다가 사실상 장자로서 형인 르우벤, 시므온, 레위를 포함한 동생 모두를 철저히 통제하게 된 것이다. 그래서 요셉에 대한 그들의 만행이 오랜 기간 소문 없이 감추어 질 수 있었다.

제 2 장

하나님은 왜 요셉이 아닌 유다를 택하셨나? 창 38장

창세기 38장은 유다의 가계에 대한 내용이 기록되어 있다. 왜 요셉에 관한 기록인 37장과 39장 사이에 유다의 이야기를 끼워두었을까?

아브라함은 믿음의 조상이다. 그래서 그의 아들 이삭은 물론 손자 야곱의 신부까지 모두 믿음이 있는 자신의 고향 밧단 아람에서 데려 왔다. 그래서 야곱의 자식들은 모두 믿음의 가정에서 믿음 가운데 자랄 수 있었다.

두 아들 즉, 요셉은 이집트로, 유다는 가나안 땅 세겜으로 떠났으나 두 사람의 행실은 너무나 달랐다.

요셉의 일생은 이집트로 팔려가고, 감옥소에도 들어갔지만 하나님께서 항상 함께하셔서 신실하고 경건한 생활을 할 수 있었다. 그러나 유다는 그렇지 않고 한때 친구의 유혹에 빠져 어둠에서 타락하기도 하였다.

유다는 자기 형제들을 떠나 '히라'라고 하는 아둘람 사람에게 갔다. 거기에서 가나안 사람 '수아'라는 사람의 딸을 만나 그녀를 아내로 맞아들이고 동침하였다. 믿지 않은 사람과 결혼한 것이다. 창 38:1-2

유다는 믿음이 없는 '히라'를 친구로 두었으니 차츰 믿음보다는 세상에 관심을 가지고 유혹에 빠져 살게 되었다. 자기중심으로 살면서 유혹에도 빠진 죄 많은 사람이었다. 입술로는 하나님을 믿는다고 하면서도 스스로 결정하고 판단해서 행동하는 것은 하나님을 제대로 섬기는 자세가 아니다. 자기중심의 믿음을 갖는 것은 인간의 어리석음에서 나온 것이다. 그러한 믿음은 사울과 웃시아 왕과 같이 참 진리를 이해하는데 장애가 되었다. 세상에 휩쓸린 유다도 친구 따라 강남에 간 것이다.

하나님은 혈통을 중시하셨다. 그래서 '계대결혼'이라고 하여 형이 죽으면 동생이 형수를 부인으로 삼아 형의 후사를 이어주도록 하였다.

요즈음 젊은이들의 생각을 짚고 넘어가자. 최근 일부 젊은이들 중에는 결혼하여 아들딸을 낳아 하나님 뜻대로 자손을 남기기보다는 필요에 따라 동거하면서 자식을 낳지 않기도 한다. 동거하면서 정을 나누지만 대를 이어갈 신성한 책무는 소홀히 하는 것이다. 이는 하나님의 뜻이 아니다.

그렇게 혈통을 중시하시는 하나님이 어떻게 장남 르우벤이 아닌, 구원자 요셉도 아닌 탕자 유다의 후손으로 메시아를 보내셨을까?
왜일까?
하나님께서는 태초부터 이를 계획하셨다. 하나님의 축복은 유다의 행실에 의하지 않고 하나님의 선택에 있음을 보여 주신 것이다.
"원하는 자로 말미암음도 아니요 달음박질하는 자로 말미암음도 아니요 오직 긍휼히 여기시는 하나님으로 말미암음이라." 롬 9:16
4복음서 중 하나인 마태복음을 보자.
"아브라함은 이삭을 낳고 이삭은 야곱을 낳고 야곱은 유다와 그 형제들을 낳고, 유다는 베레스를 낳았다." 마 1:1-3

베레스는 과연 누구인가?

유다의 아들이지만 며느리 다말의 아들이기도 하다. 유다의 큰 아들 엘은 악하므로 일찍 죽었고, 둘째아들 오난은 자신의 잘못된 판단으로 아브라함의 자손이며 다윗의 자손인 예수 그리스도의 족보에서 빠지고 만다.^{마 1:1-2} 하나님께서는 유다의 두 아들을 모두 버리시고, 유다가 며느리 다말과 동침하여 난 자식 베레스를 영광의 반열에 올려놓으셨다.

인간의 이성으로는 도저히 이해하기 어렵다. 어찌 시아버지가 며느리와 동침하여 낳은 자손으로 예수님을 보내실 수 있을까? 야곱의 큰 아들 르우벤도 아니고, 구원자 요셉도 아니었다.

하나님의 깊으신 뜻을 피조물인 인간이 어찌 이해할 수 있으랴.

제 2 장

다말은 주어진 소명에 충성을 다했다. 창 38:6-30

유다의 큰 아들 '엘'은 다말을 신부로 맞이하여 결혼하였으나 워낙 사악한 사람이었다. 믿음이 없는 어머니로부터 사악함만을 배웠으니 하나님께서는 그를 죽도록 내 버려두신 것이다.

유다는 둘째 아들 '오난'으로 하여금 한때 형수이던 다말과 결혼하여 큰 아들의 혈통을 이어가게 하였다.

"시동생으로서의 의무를 행하고 네 형의 자손을 이어주어라."

그러나 오난은 태어날 아이가 자기의 자손이 되지 못할 것을 알고 그녀의 침소에 들 때마다 형의 자손이 생기지 않도록 정액을 땅에 쏟고 말았다.

오난은 큰 죄를 지었다. 아버지의 명령에 순종하지 않은 것이다.

이러한 '계대결혼'은 죽은 형의 후사를 잇게 함으로써 이스라엘 중에서 후사가 끊어지지 않게 하라는 취지였다. 훗날 모세의 명령으로 문서화되었고, 만약 이에 위반되면 그 집안은 '신 벗기운 자'의 집으로 멸시 당하였다. 신 25:6, 10

오난은 하나님의 뜻을 거역한 것이나. 하나님께서는 이미 유다를 통해 메시아를 내시기로 작정하셨다. 그런데 오난은 이를 거절하고 하나님의 뜻을 거역하였다. 결국 오난은 택함을 받지 못하고 계시를 받지 못한 사람이 되었다.

다말은 무책임한 남편 오난과 사뭇 달랐다. 다말은 자신이 유다의 집안에 시집을 왔으니 유다의 후손을 이어야 한다는 강한 책임의식을 가진 사람이었다. 하나님께서 두 번째 남편까지 버리셨지만 그녀는 대를 이어가는 책임에 충실하였다.

그래서 그녀는 큰일을 계획한다. 시아버지 씨앗이라도 받아서 대를 잇자. 그러나 그러한 다말의 생각은 자신을 희생하는 것이었다. 만약 자신의 선한 취지를 입증하지 못하면 간음죄로 돌에 맞아 죽을 수도 있었다. 그런 위험을 안고 그녀는 자신의 충성심을 보이기 위해 길거리로 나섰다.

유다는 자신의 아내가 죽자 자기 친구 히라와 함께 딤나로 갔다. 다말은 시아버지가 딤나로 오신다는 말을 듣고 창녀의 복장을 하고 성문 앞에서 시아버지 유다를 유혹하였고, 유다는 그녀가 며느리인줄을 모르고 동침하고 말았다.

믿음의 자손 유다가 이런 유혹에 쉽게 빠질 수 있었던 것은 친구 히라도 한 몫을 했을 것이다.

"부인이 죽었으니 얼마나 외로우냐? 우리 오늘 술 한 잔하고 기나긴 밤 회포라도 풀자"

"아니, 그럴 수는 없지."

"누구한테 들으니 부인이 죽으면 정조의무도 없어진다고 하더라."

온갖 유혹을 다했을 것이 뻔하다.

성경은 기록하고 있다.

"나쁜 친구들이 좋은 습관을 망쳐 버린다."^{고전 15:33}

따라서 자신의 뜻과 반대의 행동을 하는 자는 사귀지 말며^{살후 3:14} 악한 사람은 내 쫓으라고 하였다.^{고전 5:13}

그러나 어쩌겠느냐. 자신이 선택한 친구이니…
　마약, 도박, 매춘하는 친구를 자신이 통제할 수 없다면 그 친구를 버려라. 하나님 아버지 앞에서 정결하고 흠이 없는 경건한 생활을 하여야 한다. 이를 위해 세상으로부터 자신을 지켜 물들지 않도록 하기 위함이다.^{약 1:27}

　다말은 현명하였다. 시아버지 유다와 동침하면서 훗날을 기약하고 대비하였다.
　"동침의 대가로 당신의 도장과 허리띠 그리고 손에 갖고 있는 지팡이를 저에게 주소서."

　그것들은 유다의 모든 능력이고 실질적으로 그 자신이었다. 도장은 계약에 사용하는 권세의 표식이요 허리띠는 자신을 버티는 건강이었다. 당시 지팡이에는 모두 개인의 문양이 새겨져 있어서 신분증과도 같았다. 그의 자격이고 능력이요 위엄의 상징이었다.

　모세의 지팡이를 보라! 그의 지팡이는 하나님의 지팡이였고, 권능을 의미하였다.

　마귀는 우리의 모든 것을 빼앗으려 한다. 처음에는 유혹으로 우리의 눈을 어둡게 하고 조금 씩 조금 씩 생각과 영혼을 썩게 한다. 결국 우리의 생명까지 모든 것을 빼앗아야 직성이 풀린다. 들릴라를 보라. 삼손은 들릴라의 유혹에 빠져 하나씩 하나씩 양보하지만 결국 그는 눈을 잃고 모든 권능과 힘을 잃고 지하 감옥에서 맷돌을 돌리는 신세가 되었다. 유혹의 끝은 사망일뿐이다.^{삿 16:4-31}

　유다는 내일 돈으로 계산할 요량으로 그것들을 주고 그녀와 동침하였다. 그러나 다말의 생각은 달랐다. 유다는 경솔하였다. 유다는 자신의 모든 것을 주고 하룻밤 사랑을 구하고 말았지만 다말은 하룻밤사이에 만리장성을 쌓았던 것이다. 석 달쯤 지나서 유다는, 며느리 다말이 창녀 짓을 하다가 임신을 하였다는 소문을 듣게 된다. 유다는 전후사정 이야기를 들으려 하지 않고, 그녀를 끌어다가 불에 태워 죽이라고 한다.^{창 38:24}

그의 행동은 얼마나 위선적인 태도인가? 얼마나 어리석은 행동인가? 우리는 남의 허물을 보려고 눈을 크게 뜨고 정죄하려하면서 막상 자신의 눈에 박힌 대들보는 무시하고 산다. 감추고 변명하기까지 한다.

유다는 자신이 한 부정한 일을 감추고 며느리 다말의 행위에 대해서는 불에 태워 죽이라고 정죄하고 있다.

"남을 쉽게 판단하지 말라. 그러면 너희도 판단 받지 않을 것이다. 남을 정죄하지 말라. 그러면 너희도 정죄 받지 않을 것이다. 용서하라. 그러면 너희도 용서받을 것이다."눅 6:37

유다는 자신의 허물에 대해서는 뒤에 감추고 며느리의 잘못만을 보고 있었다. 그녀는 통쾌하게 보복한다.

"이것들의 주인 때문에 임신하였소."

다말은 담대히 유다가 동침의 대가로 주고 간 도장과 허리띠와 지팡이를 내어 놓는다. 유다의 위선적인 태도를 적나라하게 드러내 보였다.

여기서 우리가 주목할 일은 역시 믿음의 자손인 유다는 다말을 탓하거나 자신의 잘못을 감추려하지 않고 오히려 자신을 회개하였다는 점이다.

"그녀가 나보다 옳도다."창 38:26

그렇게 해서 유다는 베레스를 낳고 대를 이을 수 있었다. 베레스를 통해 그 후손으로 예수님을 보내시어 인류를 구원하신 것이다. 모든 것이 하나님께서 택하시고 계획하셨다.

⟨Keynote⟩
가라지도 허용하시는 하나님

세상에는 고기어망이나 타작마당과 같이 썩은 고기, 가라지도 섞여서 산다. 하나님께서는 우리를 보호하시면서도 우리를 강하게 변화시키기 위해 가라지를 사용하신다. 우리는 어려움 없이 편하게 살기를 원하나 가라지로부터 시련이 없으면 예수님의 형상으로 닮아 갈 수가 없다.

히스기야 왕의 뒤를 이은 므낫세는 아버지가 부숴 버린 신당을 다시 세워 우상을 숭배함으로써, 하나님으로부터 청동 쇠사슬에 묶여 바벨론의 포로로 잡혀가는 징계를 받았다.^{왕하 21:16,대하 33:11} 하나님께서는 이방인을 도구로 삼아 심판하시기도 하셨다.

하나님께서는 가나안 땅에서 블레셋 다섯 방백, 가나안족, 헷족, 아모리족, 브리스족, 히위족, 여브스족 등을 남겨 두시어 이스라엘 백성들의 심판의 도구로, 전쟁을 가르치는 연단의 도구로 사용하셨다.^{삿 3:1} 이방인도 하나님의 섭리 안에 있음을 나타낸 것이다. 바울의 가시처럼 때로는 그들을 통해 이스라엘을 징계하셨다.

같은 취지로 하나님께서는 요셉의 형제들의 시기와 질투를 허락하시어 요셉에게 고난의 길을 가게 하시고 이스라엘을 구하게 하셨다.

제 3 장

십자가를 지고 가는 요셉

하나님께서는 포도원의 주인과 같이 선지자를 보내 이스라엘 백성들에게 경고하였음에도 그들은 한 마음으로 멍에를 끊어버리고, 속박을 벗어 던져 버렸다.
극기야 아들 예수님을 보내시어 이사야서의 예언이 성취되었음을 선포하셨음에도 오히려 바리새인들은 화를 내고 예수님을 회당에서 끌어내 산의 벼랑에서 그를 던지려고 하였다.^{렘 5:5, 눅 4:28}
"나와 아버지는 하나이니라."^{요 10:30}
그러자 유대인들은 신성모독을 이유로 예수님을 십자가에 매달고 만다.^{요 10:33} 세상에 빛이 오셨으나 그들은 자신의 악한 행동이 드러날 것이 두려웠다. 그래서 그들은 빛 대신 오히려 어둠을 더 사랑한 것이었다.^{요 3:19-20}
예수님께서는 이미 모세가 광야에서 놋 뱀을 들어 올렸듯이 인자도 들려 올려 져야 할 것이라고 말씀하셨다.^{요 3:14}
"너희는 인자를 든 후에 내가 그인 줄을 알고, 또 내가 스스로 아무것도 하지 아니하고 오직 아버지께서 가르치신 대로 이런 것을 말하는 줄도 알리라."^{요 8:28}
당신의 권능으로 이를 거부할 수 있었다. 그럼에도 하나님 아버지의 뜻에 순종하여 모든 것을 받아 들이셨다.
"아버지여! 만일 아버지의 뜻이거든 이 잔을 내게서 옮기시옵소서. 그러나 내 원대로 마옵시고 아버지의 원대로 되기를 원하나이다."^{눅 22:42}

제3장

요셉의 도단에서의 기도에는 침묵하셨다.

    기도에 대한 응답은 반드시 주신다. 그러나 하나님은 우리의 일정에 맞추지 않으시고 하나님의 일정에 따라 때를 결정하신다.

    특별히 다니엘이나 엘리사의 기도에 대해서는 즉시 응답해 주셨다.

    "네가 기도를 시작할 즈음에 명령이 내렸다"^{단 9:23}

    다니엘은 하나님으로부터 크게 인정받은 사람이었다. 역시 다니엘은 이 모든 축복이 자신의 의로운 행위 때문이 아니라 거저주시는 하나님의 은혜임을 이미 알고 있었다.

    성경에는 "바로, 즉시"(*immediately*)라는 표현이 자주 등장한다. 예수님께서 문둥병자의 머리에 손을 대시자 즉시 그가 나음을 받았고, 물에 빠진 베드로를 구하실 때에도 즉시 손을 뻗어 그를 구해주셨다. 그러나 가라지는 즉시 뽑지 않으시고 추수할 때까지 놓아두셨다.^{마 8:3, 14:31, 13:30} 가라지를 뽑다가 알곡도 함께 뽑힐 것을 걱정하신 것이다.

엘리사의 도단에서의 행한 기도 또한 즉시 응답을 받았다. '불 병거' 천사들을 바로 보내시어 아람 군인들의 눈을 멀게 하셨다.^{왕하 6:8-23} 그러나 같은 장소인 '도단'에서 요셉이 종으로 팔려가면서 눈물로 드렸던 기도에는 응답이 없었다.^{창 42:21} 짐승의 이빨로 찢겨진 듯한 요셉의 옷을 붙들고 야곱은 여러 날 동안 울었다. 아들딸들이 그를 위로했지만 그는 이들의 위로를 거절하였다.

"아니다. 내가 슬피 울며 내 아들을 만나러 음부로 내려 갈 것이다"

자식을 먼저 보낸 아비지의 심정을 읽을 수 있다. 아들을 먼저 보낸 부모는 자식을 땅에 묻지 못하고 가슴에 묻는다고 한다.

사건현장에서 아들딸을 먼저 보낸 우리의 어머니들은 당신이 자식을 죽였다고 슬피 통곡하신다. 도움이 필요한 시간에 당신이 곁에 있어주지 못해 자식들이 죽었다는 죄책감을 가지는 것이다. 그것이 부모의 심정이다.

야곱은 요셉을 자신이 죽였다고 생각한 것이다. 짐승으로부터 습격을 당했을 때 아버지가 현장에서 구해주지 못한 것을 안타까워한 것이다. 그를 혼자 그 먼 길까지 가라고한 것을 크게 후회하였다.

하나님 아버지께서는 더 큰 영광을 위하여 시간이 필요하셨다. 하나님께서는 이스라엘 지역에 오랜 가뭄과 기근을 기다렸다가 마침내 요셉을 이스라엘 백성을 살리시는 모퉁이 돌로 사용하셨다. 자신을 팔아먹은 형제들과의 화해와 이스라엘 백성을 살리시는 때를 기다리셨다가 응답을 주시기로 작정하신 것이다.

우리는 예수님께서 죽은 자 가운데 살리신 나사로를 기억한다. 마리아는 오빠 나사로가 병이 들어 눕자 예수님께 빨리 오셔서 치료해달라는 전갈을 보낸다. 그러나 예수님께서는 이틀이나 늦게 오셨다. 병든 자를 치유함 보다는 죽은 자를 살리시는 것이 더 큰 영광이기 때문이었다. 그 시간까지 예수님께서는 기다리신 것이었다.

하나님께서는 우리의 기도에 대해 가장 적절한 시기에 응답하신다. 때로는 더디 응답하시어 우리들의 공로를 자랑하지 못하게 하신다. 자세를 낮추고 겸손하게 하늘만을 바라볼 때 비로소 다가가 일으켜 세워 주신다.

다윗은 일찍이 고백하였다. 여호와께서는 "말씀이 응할 때"까지 그분의 뜻과 계획에 따라 맞추어 가신다.

그 때까지 그분은 말씀으로 우리를 단련시키신다.^{시 105:18-19} 우리의 사정을 우리보다 더 잘 아시는 분이시니 주님이 보시기에 최고로 알맞은 시간에 손을 내밀어 우리의 고난을 해결해 주신다.

우리의 필요가 아닌 그 분의 영광을 드러내시기 가장 적절한 시간을 기다릴 뿐이다.

"내가 너를 제련했지만... 나를 위해서, 오로지 나를 위해서 내가 이렇게 하고 있는 것이니라."^{사 48:10-11}

결코 그분의 사랑을, 그분의 영광을 헛되지 않게 하신다. 하나님께서는 그날까지 지켜 주실 것을 우리는 잘 알고 있다.^{딤후 1:12}

제 3 장

연단의 기회로 삼아 더 열심히 찬양하였다.

요셉은 이집트로 끌려가 바로의 신하로서 바로의 신임을 받는 경호대장 보디발의 집에 팔려갔다. 경호 대장은 왕과 왕궁의 경호가 으뜸 임무이지만 왕에 대해 죄를 지은 중죄인을 가두는 감옥소의 관리업무도 주관하고 있었다.

요셉은 이집트의 왕과 가장 가까이 있는 주인의 집에 머물면서 자신의 일에만 충실하였다. 때로는 눈물로 회개하였다. 자신의 철없던 행동을 회개하고 주어진 환경에 대해 하나님 여호와께 낱낱이 고하고 간절히 기도드렸다.

회개는 은혜를 받는 기회가 된다. 회개함으로써 자신의 죄를 사함 받고 자신의 죄가 가려지는 복을 받게 된다. 홍수가 범람하고 재앙이 닥치더라도 그에게 미치지 않게 하신다.^{시 32:5-7} 오히려 여호와께서는 그를 긍휼히 여기시고 지경을 넓혀 주신다.

차츰 보디발은 요셉의 권한을 확대시켜 주었다. 그리고는 마침내 보디발 자신의 부인이외, 그 집에 있는 사람이건 가축이건 모든 것을 그의 관리 하에 두게 하였다. 요셉은 그의 재산의 최고 관리자가 된 것이다. 그는 주어진 일에 충성을 다해 보디발의 충신이 되었다.

믿는 사람과 믿지 않는 사람은 어려운 일이 닥칠 때 차이가 드러난다. 요셉은 믿음이 충만한 자로 평소 행동에서도 남달랐다.

믿는 자는 하나님은 공의로운 분이시며 한 없이 엄하시다는 것을 잘 알고 있다. 그래서 하나님의 진노하심을 자초하지 않을까 우려하여 자신의 처신을 항상 조심한다. 자칫 하나님의 명령을 거역하면 환난에 빠질 수 있다는 것을 알고 두려워하기 때문이다.

그러면서 어려운 고난에 처해있을 때에도 하나님의 영광을 드러낼 해결책도 예비해 두셨다는 것을 경험으로 체득하고 있다. 그렇기에 고난이 닥치면 하나님을 뵙고 기적을 이룰 수 있는 연단의 기회로 삼는다.

하나님께서는 어느 순간, 아무리 사소한 사건이라도 임하셔서 지극히 일상적인 삶의 세세한 대목들까지도 보살피신다. 모든 사람의 계획과 선택에 이르기까지 모두 관여하시고, 역사하신다는 것을 굳게 믿고 산다.

하나님은 시간과 공간을 초월하시어 우리들의 머리카락 숫자도 헤아리시는 분이시기 때문이다.^{눅 12:7}

반면 믿음이 부족한 자는 하나님이 함께하시면 고난이 없을 것이라고 생각한다. 그래서 고난이 닥치게 되면 쉽게 무너지고, 조급한 나머지 하나님을 떠나 사단의 유혹에 빠지고 만다. 주변을 탓한다. 자기의 부모를 탓한다. 아담도 하와를 탓했다. 하와는 뱀을 탓했다. 그들은 쉽게 넘어지지만 일어나는 것은 너무 어려워한다. 하나님을 제대로 영접하고 있지 못한 증거이다.

요셉은 시련을 단련으로 알고 순종하였다. 현재의 고난은 구제책이 미리 예정되어 있는 하나님의 훈련이라는 것도 알고 묵묵히 받아 들였다.

선한 일을 하면 즉시 상을 받고 나쁜 일을 하면 바로 벌을 받게 된다면 성실이나 겸손, 절제의 덕성은 없었을 것이다.

요셉은 응답이 더디면 더딘 대로 기다리며 순종하고 살았다. 응답이 더디면 아직 하나님 때가 되지 않았다고 생각하였다.

하나님께서는 좀 더 동행하고 싶으신 거라고 생각했다. 그것이 믿음이다.

"네 믿음이 너를 구원했다."$^{막\ 5:25-34}$

믿음이 기적을 낳고, 믿음이 더 나은 믿음을 이끌어 낸다. 진리를 모르는 자는 손에 쥐어줘도 모른다. 요셉의 형제들이 그랬고, 바로 왕, 보디발이나 감옥의 간수장도 그랬다. 요셉은 항상 여호와께서 함께하시니 모든 일이 형통하게 되었다. 손을 대는 것마다 복이 있었다.

"기름을 내 머리에 부으셨으니 내 잔이 넘치나이다."$^{시\ 23:5}$

요셉의 주인 보디발 또한 요셉과 함께하시는 여호와께서 그가 하는 일마다 잘되게 복 주신다는 것을 직접 눈으로 확인할 수 있었다.$^{창\ 26:4,\ 39:3}$ 성령으로 무장된 인격, 그래서 하나님께서 복 주시는 사람은 누구라도 쉽게 알아 볼 수 있기 때문이다.

요셉이 보디발의 눈에 들어 그를 섬기자 보디발 또한 집안일을 맡기고 그가 가진 것을 요셉에게 모두 관리하게 하였다. 상대방을 믿고 맡긴 만큼 일이 순조롭게 진행되었다. 요셉 때문에 보디발의 집 전체에도 복을 주셨다. 보디발의 집과 들판 모든 것에 축복이 있었다.$^{창\ 39:5}$

그러나 보디발은 여호와를 주님으로 섬기지는 못하였다. 그 이유가 무엇일까? 보디발이 너무 완악했기 때문인가? 아니다. 하나님이 택하지 않으셨기 때문이다. 성령으로 인도함을 받은 자만이 하나님의 아들이라고 부를 수 있는데$^{롬\ 8:14}$ 그는 성령을 받지 못하였다.

에디오피아 환관도 하나님이 택하셔서 그로 하여금 성경 이사야를 읽게 하시고, 빌립을 보내 성령으로 세례를 주게 하시지 않았는가?$^{행\ 8:27}$

반면 보디발은 끝내 구원을 받지 못하였다. 빛의 자녀 요셉을 종으로 부리면서도 그로부터 구원의 메시지를 받아들이지 못했다. 하나님이 택하시지 않으셔서 진리를 보고도 깨닫지 못한 것이다.

요셉은 믿는 사람으로서 하나님을 위해 살아야 할 책임, 곧 그분을 믿을 뿐 아니라 그분을 위해서 고난도 받아야 할 책임을 잘 알고 있었다.$^{빌\ 1:29}$

요셉은 고난 중에도 더 열정적으로 하나님께 찬양과 예배를 드림으로써 하나님께서 항상 기뻐하시고 그와 함께하셨다.

이스라엘 왕 요아스는(Jehoash), 하나님께서 그를 죽이려는 아달랴로부터 6년간 지켜 주셨다가 왕으로 삼아주셨음을 감사드리면서 초반에는 하나님의 뜻에 따라 행동하고, 하나님을 열정적으로 찬양하였다. 그러나 차츰 감사함을 잊어버리고 오만해지자 그 후에는 변절하기까지 하였다. 엘리사는, 요아스 왕에게 화살을 손으로 집어 땅을 치라는 하나님의 말씀을 전한다. 그러자 왕은 의례적인 행사정도로 여기고 만다. 열정이 식었기 때문이었다. 그는 화살을 집어 들었으나 땅을 세 번 형식적으로 내리치고 만 것이다. 하나님의 사람인 엘리사가 안타까워 말했다. "대여섯 번 더 열심히 땅을 내리쳤으면 아람군대를 완전히 멸망시킬 수 있었을 것입니다." 왕하 13:17-19

요아스는 교만해진 나머지 하나님에 대한 열정을 더 이상 드러내지 못함으로써 나라의 소망을 불살라 버리고 말았다.

예배는 그리심 산이나 시온산도 아니요 예배하는 자가 영과 진리로 예배할지니 하나님께서는 신령과 진정으로 예배드리는 것을 즐겨 받으신다. 요 4:24
초심자와 같은 뜨거운 열정으로 예배드리는 것을 더 기뻐하신다.

제 3 장

요셉은 믿음의 조상으로부터
순종과 평화를 배웠다.

믿음의 조상 아브라함은 하나님의 뜻에 따라 가나안 땅으로 갔으며, 명령과 계명과 율례와 법도를 지켜 순종하므로 하나님께서 복을 주셨다.^{창 26:5}

그의 아들 이삭은 "그곳에 머물러라."는 하나님의 말씀에 순종하여 흉년에도 그랄 지역을 떠나지 않았다. 때로는 블레셋 사람들로부터 시기를 받아 아브라함이 파 놓은 우물을 메꾸어 버리는 해코지를 당하였고, 아비멜렉으로부터 그 지역을 떠나라는 말을 듣고도 그랄 골짜기로 옮겨 그곳에서 우물을 파고 살았다. 그리고 그랄의 양치기들로부터 재차 시비를 받자 다시 인근 브엘쉐바로 옮겨 또 다시 그곳에서 우물을 파고 정착하였다.

사막 광야에서는 물이 있어야 농사를 짓고 양과 약대를 키우고 자신과 종들도 먹고 살 수가 있었다. 당시 그 지역은 지하 100미터 이상 150여 미터 정도를 파고 들어가야 물이 솟아날 정도이었으니 우물 하나를 파는 것이 얼마나 어려운 일이었는지를 짐작할만하다. 그래서 우물은 재산 1호이었다. 그는 평화를 사랑하였기에 그런 우물을 포기하고 불평 없이 물러날 수 있었고, 끝까지 인근 가나안 땅에 머물러 순종하고 살았으므로 하나님께서는 더 복을 주신 것이다.^{창 26:15-33}

우리가 자식들에게 무엇을 빼앗길 때 즐거운 마음으로 주지 않는가? 사랑이 있으면 빼앗기더라도 아깝지 않다. 가난한 자가 너의 재산을 빼앗으려하면 어쩔 수 없이 빼앗기지 말고 오히려 기쁜 마음으로 축복하면서 주라. 예수님의 이름으로 재산을 빼앗기면 하늘나라에 영원히 썩지 않는 복을 쌓는 길이 된다. 거저 축복을 받았으니 거저 나누어 주어야 하지 않겠는가? $εὐλογία$

요셉은 조상 아브라함의 믿음과 이삭의 순종을 이어받았다. 모든 일이 하나님의 뜻에 의해 일어나고 덤으로 끼워 파는 참새 한 마리도 하나님의 허락이 없으시면 땅에 떨어지지 않는다는 굳은 믿음의 소유자였다. 롬 8:28, 엡 1:10, 11

믿음은 하나님께서 하신 언약을 말씀대로 성취하신다는 것을 확신하는 것이요, 하나님의 뜻에 순종하며 따라가는 것이 믿음의 시작이요 완성이다.

기드온이나 다니엘, 스데반의 경우에는 영원한 생명에 대한 확신으로 죽음의 두려움을 극복할 수 있었다. 행 7:55 믿음의 조상들은 하나님이 살아 역사하심과 그분 뜻에 순종하면 크게 상을 주신다는 것을 믿었다. 하나님께 시선을 고정하면 능력도 주신다는 것을 알고 있었다. 행 7:4, 창 12:5

"주의 말씀은 내 발의 등이요 내 길의 빛이니이다." 시 119:105

요셉은 차츰 하나님께서 그때그때마다 해야 할 말과 지혜를 주신다는 것도 알게 되었다.

하나님과 함께 동행하면서 어떠한 시련도 이겨내지 못할 것이 없고, 이루지 못할 일이 없다는 것을 경험을 통해 알게 되었다. 눅 21:15

예수님은 하나님의 말씀에 순종하셨다. 십자가 위에 매달리시기 전 하나님 아버지께 간절히 기도드렸다.

"이 잔을 내게서 옮기시옵소서. 그러나 내 원대로 마옵시고 아버지의 원대로 되기를 원하나이다."

예수님께서는 자신을 낮춰 모진 고난과 수난을 당하시고 십자가에서 돌아가심으로써 예수님 자신이 하나님께 절대적으로 순종하셨다. 눅 22:42, 빌 2:8

그리고 제자들에서도 모든 족속들을 제자로 삼아 예수님께서 말씀하신 것을 모두 지키도록 가르치라고 하시면서 순종을 강조하셨다.$^{마\ 18:19-20}$

우리가 하나님의 말씀에 순종하면 하나님은 모든 고통과 역경을 이겨낼 힘을 주시고 하나님의 뜻을 이루어 가신다.

문둥병환자가 예수님 앞에 무릎을 꿇고 말한다.

"주여 원하시면 저를 깨끗하게 하실 수 있나이다."$^{마\ 8:1-4}$

내 뜻이 아니라 주님의 뜻을 구하고 있다. 주님의 절대적인 주권을 인정한 것이다.

하나님의 절대적 주권을 인정하고 순종하면 우리를 하나님 보좌 앞으로 끌어 올리시고 하나님의 관점에서 바라볼 수 있도록 합당한 능력을 주시고 완전히 새로운 사람으로 재창조하셔서 사용하신다.

심령이 가난한 자는 복이 있나니 자신을 낮추고 절대적으로 하나님께 의지할 때, 우리를 하늘나라 백성으로 삼으시고 예수님 안에서 하나님의 영광을 드러내는 도구로 사용하신다.$^{마\ 5:3}$

⟨Keynote⟩
하나님의 처방은 놀라우시다.

하나님의 처방은 세상의 눈으로만 보면 고통이고 불명예이지만 영의 눈으로 보면 큰 축복이 되는 경우가 많다.

빌레몬의 노예이던 오네시모가 주인 몰래 그의 곁을 떠나 도망을 갔지만 믿음의 형제 바울 사도를 만나 구원을 얻었고, 그의 주인인 빌레몬에게 다시 돌아가 그의 영원한 믿음의 동역자가 되었다.

오네시모가 빌레몬을 잠시 떠나게 된 것은 그를 빌레몬의 곁에 영원히 두려는 하나님의 깊은 뜻이었으니 빌레몬에게 얼마나 큰 축복이고 사랑이겠는가? 하나님의 놀라운 역사하심이었다.^{본 1:15-19}

평소 증오하던 형제로부터 잠시 떨어짐은 요셉에게는 큰 재앙이었으나 7년 기근을 통해 평생 함께 살아갈 형제로 거듭나게 하시고, 이스라엘 민족을 보존하는 역할을 하게 하셨으니 하나님의 처방은 놀랍기만 하다.

앞으로 주어질 축복과 영광을 생각하면 지금 현재의 고난은 아무 것도 아니다.

제 4 장

빛의 자녀로서 시험에 빠지지 않았다.

그 후 예수께서 성령에 이끌려 광야로 가셔서 마귀에게 시험을 받으셨다. 40일 밤낮을 금식 하신 후에 예수께서 배가 고프셨다. 시험하는 자가 예수께 다가와 말했다.
"당신이 하나님의 아들이라면 이 돌들에게 빵이 되라고 말해 보시오."
예수님께서 말씀하셨다.
"성경에 기록됐다. 사람이 빵으로만 사는 것이 아니라 하나님의 입에서 나오는 모든 말씀으로 산다."
그러자 마귀는 예수를 거룩한 성으로 데리고 가서 성전 꼭대기에 세우고 말했다.
"당신이 하나님의 아들이라면 뛰어내려 보시오. 하나님이 너를 위해 천사들에게 명령하실 것이다. 그러면 천사들이 손으로 너를 붙잡아 네 발이 돌에 부딪히지 않도록 할 것이다."
예수님께서 마귀에게 대답하셨다.
"성경에 또 기록됐다. 주 네 하나님을 시험하지 말라."
그러자 마귀는 다시 아주 높은 산꼭대기로 예수를 데리고 가 세상 모든 나라와 그 영광을 보여 주었다. 그리고 마귀가 말했다.
"당신이 만약 내게 엎드려 경배하면 이 모든 것을 당신에게 주겠소."
예수께서 마귀에게 말씀하셨다.
"사탄아, 내게서 물러가라! 성경에 기록됐다. '주 네 하나님께 경배하고 오직 그분만을 섬기라.'
그러자 마귀는 예수님을 떠나갔다." 마 4:1-11

제 4 장

요셉은 보디발의 아내로부터 유혹을 받았다.^{창 29:17}

    요셉의 조상 아브라함이나 이삭은 부인인 사라나 리브가의 아름다움 때문에 생명의 위협을 느낄 정도이었다. 그래서 뭇 사람들에게 자신의 부인이 아니고 누이나 여동생이라고 하지 않았는가? 사실대로 남편이라고 하면 자신을 죽이고 부인을 빼앗아 갈 것을 두려워했다고 한다.
    어머니 라헬 또한 사랑스럽고 예뻤다. 오늘날 우리들의 기준과는 사뭇 달랐겠지만 지적인 얼굴에 섹시함까지 갖추었을 것임이 분명하다. 야곱이 그녀를 아내로 맞이하기 위해 7년간의 종살이를 마다하지 않았는가? 얼마나 미인이었는지를 상상해 볼 수 있다. 요셉의 아버지 야곱도 털이 많은 형 에서와 달리 손이나 피부가 고왔다고 한다.

요셉이 할미니 사라나 리브가, 어머니 라헬의 미모를 빼 닮았다면 남자로서 얼마나 매력적이었을까? 출중한 외모에 얼굴과 손, 피부가 고왔으니 얼마나 많은 여성들로부터 구애를 받았을까?

성경에는 기록되어 있지 않지만 요셉은 보디발 집안의 수많은 여인들로부터도 유혹을 받았을 것이다. 그 중의 주인 보디발의 아내[4]로부터는 거절할 수 없는 유혹의 압박을 받았다. 요셉 인생의 최대의 위기를 만난 것이다.

주인의 아내는 세상 캐라에 빠져 만족할 줄을 몰랐다. 온갖 축제로 풍요로운 생활을 즐기고 그의 남편 보디발 또한 왕의 친위대장이어서 궁중 연회의 화려함에도 익숙하였을 것이다. 그녀의 남편이 세상 2인자의 권력을 쥐고 있으니 그녀의 욕망과 욕정은 끝이 없었을 것이다.

그러나 인간은 쾌락에 빠지면 빠질수록 마음은 공허함만이 남는다. 연예인들이 마약을 하는 이유도 여기에 있다. 화려한 공연이 끝난 후 닥쳐오는 공허함을 잊기 위함이다. 특히 보디발의 부인은 배우자에 대해 서로간의 사랑마저 부족한 것으로 보인다. 그녀의 남편 보디발로부터는 만족을 느끼지 못하고 오히려 공허함만 남았던 것이다.

우리 형법상 간통죄가 존재하였을 당시 경찰로부터 간통죄로 구속 송치된 피의자를 조사하던 계장은 짓궂은 질문을 하곤 했다. "고소한 당신의 부인이 상간자보다 더 멋있고 예쁘던데요?" 이에 대해 대다수 피의자들은 부부생활의 공허함을 이유로 꼽았다. 남편으로부터 자상한 말 한마디, 아내로부터 오늘 하루를 살아도 고맙다는 말 한마디 듣고 싶었다고 호소했단다. 생활이 윤택해지고 재물이 풍부해질수록 만족할 줄 모르고 서로가 더 각박해진 것이다. 치열한 세상 속에서 쾌락에 빠져 죄를 짓는 것도 공허함을 달래려는 그들만의 몸짓이었다.

---

[4] 성경은 하나님 자녀를 무고한 그녀를 저주받을 영혼이라고 하여
그녀의 이름을 기록하지 않고 있다.

"나와 같이 자자."

여인은 날마다 청하였다. 요셉은 거절하고 또 거절하였다.

"주인께서는 집안에 있는 것들에 대해 제게 전혀 간섭하지 않으시고 자신이 가진 모든 것을 제게 맡기셨습니다. 이 집에서 저보다 큰 사람이 없습니다."

"……"

"내 주인께서 제게 허락하지 않으신 것이라고는 마님밖에 없는데 마님은 주인의 아내이기 때문입니다."

"나도 주인이고 이 집에서 내가 너보다 더 크다."

"맞습니다."

"그러니 나랑 자자. 명령이다."

"제가 따를 수 없습니다. 어떻게 그렇게 악한 짓을 저질러 하나님께 죄를 짓겠습니까?"^{창 39:6-9}

요셉은 담대히 뿌리쳤다.

"하나님께서는 간음하는 자는 돌로 쳐 죽이라고 하셨소."

요셉은 신전의식을 가졌던 것이다. 그는 어두움으로부터 밝음을, 거짓으로부터 진실을, 죽음으로부터 영생을, 보이는 것으로부터 보이지 않는 것을 구별하는 능력을 가지고 있었다. 이것이 영적 분별력이다.

하나님이 창조하셨으니 겉과 속이 다를 수 없었다. 영적 분별력을 가진 사람으로서 어둠에서 거짓된 행동을 하고, 보이는 것에 쾌락을 느끼고 죄를 지어 사망을 택할 수는 없었다. 하나님이 함께 하시니 하나님이 싫어하시는 죄를 지을 수 없다는 것이다.

"지으신 것이 하나도 그 앞에 나타나지 않음이 없고, 우리의 결산을 보실 이의 눈앞에 벌거벗은 것 같이 드러나느니라."^{히 4:13}

자기를 믿고 모든 소유를 자신에게 맡긴 주인을 배신할 수가 없었고, 무엇보다도 하나님께 죄짓는 것을 더 두려워하였다. 그는 마귀의 시험에 결코 빠지지 않았다.

우리는 인생을 통해 여러 번 배신을 당하고 산다. 머리털이 검은 짐승은 키우지 말라는 말이 있다. 가장 가까운 사람으로부터 배신을 당한다는 의미이다.

국회의원으로 몇 번 당선되다보면 이를 도와주던 보좌관으로부터 지역구를 넘겨달라는 말을 듣는다고 한다. 교수를 하다 보니 제자로부터 교수시켜달라는 압력도 받았다. 그렇다고 상관이고 스승인 국회의원이나 지도교수를 상대로 투서질하고, 이메일 상 개인정보를 함부로 뒤져 언론에 제보하고 해코지까지 할 것은 아니다. 아무런 꿈과 소망이 없는 노예보다도 못한 파렴치한 행동일 뿐이다.

제 4 장

요셉의 거절은 보디발에 대한 사랑의 실천이었다.

요셉은 자신을 믿고 모든 것을 맡긴 보디발을 배신할 수 없었다.

인간의 욕구에서 보면 그녀의 요구에 잠깐 굴복하면 좀 더 편안함과 권세를 누릴 수도 있었다. 하루 종일 집안에서 일을 하여야 하는 노예로서는 마님의 명령에 따르는 것이 더 유익했을 지도 모른다. 하루 종일 얼굴한번 볼 수 없는 명목상의 바깥주인보다는 매일매일 함께하고 경제력까지 쥐고 있는 안방마님의 말을 듣는 것이 더 나았을 것이다.

모세는 애굽의 왕이 될 수도 있었다. 자신의 어머니였던 바로 왕의 딸은 영향력이 컸기 때문이다. 그러나 그는 그 자리를 박차고 일어나 출애굽에 앞장섬으로써 하나님의 영광을 드러낼 수 있었다.

요셉 또한 달랐다. 하나님을 사랑했고, 하나님의 도구로서 하나님의 영광을 드러내라는 귀중한 소명을 기억하고 있었다.

그의 행동은 하나님에 대한 사랑이 그의 개인적인 신앙에 그치지 않았다는 증거이다. 만약 하나님에 대한 믿음이 그 자신에게만 머물렀다면 보디발에게는 선한 이익이 되지 않았을 것이다.

바울이 감옥에 갇혔을 때 지진과 함께 감옥 문이 열려 도망갈 수도 있었음에도 그는 그 자리에 머물러 있었다. 그래서 죄수들이 도망간 것으로 알고 칼을 뽑아 자살하려던 간수를 살릴 수 있었다.^{행 16:18:27} 당시 죄수를 놓친 간수는 중형에 처해졌기 때문이다. 바울의 사랑으로 목숨을 건진 간수가 바울로부터 세례를 받고 가족모두와 함께 믿음으로 하나가 되었음은 물론이다.

참다운 신앙인의 삶은 자기의 이익에 머무르는 자기중심적인 신앙이 아니고 하나님 중심의 신앙을 갖는 것이다. 예수님께서는 우리에게 이웃과 하나가 됨으로써 하나님의 영광을 드러내는 특권을 주셨다.^{요 17:22} 부르심을 받은 자는 아침 일찍 교회에 나가 주차 봉사를 하고, 공동체가 먹을 식사 준비를 하고 설거지를 하면서 기쁜 마음으로 한다. 네 이웃에게 선한 이익이 되며 이웃과 하나가 될 수 있기 때문이다.

여호람 왕 시절 이스라엘은 오랜기간동안 아람군대에 의해 포위되어 굶주림으로 인해 극한 상황에 처하게 되었다. 그러자 하나님께서는 큰 군대와 말, 병거소리를 보내시어 아람군대로 하여금 혼비백산케 하여 도망가게 하셨다. 왕궁에서는 이를 전혀 모르고 있었다. 아람군대가 도망갔다는 이러한 기쁜 소식을 왕궁에 전한 사람은 다름 아닌 문둥병자들이었다.^{왕하 7:3-11} 그들은 이미 영적으로 죄를 짓고 아무 것도 기대할 수 없는 사람들이었다. 그러나 하나님께서는 그들에게 양심의 가책을 가지게 하시고, 이 기쁜 소식을 왕궁에 전하는 것이 선한 행동이라는 것을 깨닫게 하셨다. 가장 낮은 자들마저도 이웃을 사랑함으로써 그들과 하나 되어 하나님의 영광을 드러내게 하신 하나님의 처방은 놀라우시다.

또한, 요셉은 남의 여자를 탐하지 말라는 계명을 지켰다. 결혼은 하나님의 은혜로운 생명을 이어가는 성스러운 제도이며 그 잠자리를 더럽히는 음행하는 자나 간음하는 자는 하나님께 죄를 짓는 것이다. 하나님께서는 음란한 사람들과 간음하는 사람들을 반드시 심판하신다.^{히 13:4}

요셉은 그러한 행동이 하나님의 진노를 사게 된다는 것을 잘 알고 있었다. "내가 어찌 이 큰 악을 행하여 하나님께 죄를 지으리까?"^{창 39:9}

무엇보다도 하나님의 명을 거역하는 것은 믿는 자로서는 가장 부끄러운 행동이 되기 때문이다.

하물며 이방인인 그랄 왕 아비멜렉도 하나님의 명을 거역하지 못하였다. 아브라함의 처 사라를 누이로 알고 데려간 아비멜렉에게 "만약 네가 그녀를 아브라함에게 돌려보내지 않으면 너와 네게 속한 사람이 다 죽게 될 것"이라고 경고하셨다.^{창 20:7} 다음날 아침 그는 사실의 전모를 알고 하나님을 두려워 한 나머지 아브라함을 꾸짖고 그의 처 사라에게 은 1,000세겔을 주어 아브라함에게 돌려보냈다.

요셉의 행동은 하나님의 영광을 드러내는 길이었다. 등잔대 위에 있는 등불과 같이 온 집안을 비추었고, 그의 선한 행실은 하늘에 계신 우리 아버지께 영광이 되었다.^{마 5:14-16} 하나님에 대한 믿음과 사랑이 자신에게 그치지 않고 네 이웃을 사랑하라는 행함의 실천이고 결실이었다. 요셉은 보디발의 가정을 귀하게 여기고 그의 잠자리를 더럽히지 않았다. 그것이 자신을 믿고 모든 것을 맡긴 보디발에 대한 최소한의 예의이었고, 이웃으로서 보디발에 대한 사랑의 실천이었다. 반면 보디발의 부인은 탐욕과 욕정으로 요셉의 빛 앞에 그 자신을 숨기고 말았다. 그녀는 자신의 부끄러움을 숨기기 위해 허위로라도 그를 고발하고 만 것이다. 그녀는 이웃을 사랑할 줄 몰랐다. 아니 이웃을 자신의 욕망을 채우는 수단으로만 생각한 것이다.

우리 주변에는 개인적으로는 신앙심이 독실하다고 하지만 이웃을 전혀 배려하지 않은 사람도 있다. 이웃을 위해 자신의 조그만 불편도 감수하지 않는 것이다. 오히려 법과 원칙을 빌미삼아 이웃을 고소 고발하여 고통을 주는 사람도 있다. 이웃을 시기하고 질투하고 있다. 진정으로 하나님을 믿는 자의 행동이 아니다.

제4장

요셉은 간절한 마음으로 기도하였다.

요셉의 이집트 생활은 새로운 도전이었다. 17세 나이는 한국의 고등학교 2-3학년 연령대이다. 한국 땅에서 경쟁이 싫어 비행기에 몸을 싣고 끌려가듯이 유학길을 떠나는 한국 학생들을 생각해 보자. 부모를 잘 만나 호강하는 셈 치고 가는 유학이라고 하지만 문화적인 충격은 어쩔 수 없이 그들에게도 고통으로 다가온다.

그러나 대다수 우리의 자랑스러운 젊은 학생들은 어려운 상황 하에서도 도전정신과 인내심으로 유학생활을 잘 버티지 않는가? 형제들의 시기와 질투로 노예로 팔려간 요셉의 상황과는 비교도 안 되겠지만 요셉 또한 젊은 나이인 만큼 새로운 도전 정신으로 보디발의 명령에 충실하면서 최고의 관리직까지 영전할 수 있었다.

한편으로는 보디발의 부인의 요청마저 들어 준다면 자신의 지위를 확고히 구축할 수도 있었다. 그러나 요셉은 하나님이 주신 사명에 충실하여 현실적인 욕구와 헛된 꿈을 접었다.

젊은 시절의 호기심은 자신을 발전시키는 원동력이 된다. Albert Einstein은 자신의 성공비결을 묻는 말에 자신의 특별한 재능이 아니라 유달리 많은 호기심에 있었다고 자평한 적이 있다.

호기심! 요셉의 나이도 어엿이 성년을 지난 20대 중반에 접어들었으니 여성의 신체에 대해서도 호기심이 많을 나이였다. 아직 결혼하지 않은 젊은 청년으로서는 성적 매력에 도취할 만하고, 남의 부인에 대한 호기심도 많았을 나이였다. 그러나 그는 육체적인 유혹을 잘 이겨낼 수 있었다. 강인한 자제력이 없었다면 쉽지 않았을 것이다.

일부 유학생 중에는 자제력이 부족하여 나락으로 떨어진 사례를 종종 볼 수 있다.

마약에 빠지고 도박에 빠지고 동성연애나 변태적인 성적행위에 빠져 자신은 물론 가족 전체를 패가망신한 사람도 많다.

예수님께서는 썩지않는 현세의 몸으로 부활한다는 것을 보여주심으로써 우리에게 영과 혼을 다하여 우리의 몸을 깨끗이 보전하기를 가르치고 계신다. "그리스도가 강림하실 때까지" 우리의 육체를 온전히 유지하기를 권면하고 계신다.

하나님께서는 아담과 이브를 만드셔서 남녀를 구분하셨다. 최근 인권단체나 법학자들은 성적 정체성, 성별 주체성이라는 단어를 자신의 성적 지향을 인정하는 성적지향 정체성등과 혼용함으로써 매우 혼란스럽다. 우리의 몸은 그리스도가 거하시는 성전이다. 문란한 성적 행위로 더럽혀져서는 안 된다. 동성연애, 동성결혼은 하나님께서 주신 남녀의 성적 정체성을 해치는 행위이다. 이를 합법화하는 그 어떠한 행동에도 우리가 반대하는 이유가 여기에 있다.

성령으로 조명을 받은 그리스도인은 자신들의 영혼이 저주받도록 방치해서는 안 된다. 다시 말해 사단의 시험에 빠져서는 안 된다.

죄가 길어지고 상습화될수록 치유함을 빚기는 더욱 어려워진다. 그래서 예수님께서도 포도원의 나무를 비유하시면서 은총의 기간을 주어 회개하라고 하셨다. 상습적인 죄는 가슴에 새겨진 문신과 같이 좀처럼 지우기가 어려워지기 때문이다.

믿음이 부족하면 아무것도 이룰 수 없다. 간절한 기도와 확신은 심지어 장기간의 불치병도 낫게 한다. 예수님은 믿음이 부족한 우리들을 끝내 버리지 아니하시고, 오늘도 꾸짓으시며 "간절한 회개와 기도"를 드리라고 가르치신다.^{막 9:29}

성전 앞 미문에 앉아 있는 앉은뱅이는 매일 그랬듯이 베드로에게 손을 내밀어 동냥을 구걸한다. 그러자 베드로가 그에게 자신을 똑바로 보라고 명령한다.^{행 3:3}

"Look at me!"

그러자 그 사람은 베드로에게 무언가 기대하면서 응시하였고 베드로는 비로소 예수님의 이름으로 기적을 일으킬 수 있었다. 하나님만을 똑바로 응시하면서 간절히 바라지 않으면 아무것도 얻을 수 없다.

빛의 자녀인 요셉 또한 보디발의 처의 거듭된 유혹으로부터 벗어나게 해 달라고 간절한 마음으로 하나님을 바라보며 기도드리고 의지하였다.

성령으로 시작하였는데 육으로 끝낼 수는 없지 않은가?

기도를 할 때 간절한 마음으로 기도드려야 한다.

12년 간 혈루병으로 고통을 받던 여인과 같이 예수님의 옷자락이라도 잡으려는 간절한 심정으로 매달려야 한다.^{눅 8:43} 중풍환자의 친구들이 지붕을 뚫고 그가 누워있는 침대를 예수님 앞에 내리는 심정으로 간절히 기대하고 의지하여야 한다.^{마 2:5}

유다 왕 히스기야는 앗수르의 왕 산헤립으로부터 신성모독의 편지를 받아 들고 통렬한 마음에서 하나님 성전에 가 그것을 펼쳐 보이지 않았는가?$^{왕하\ 19:14}$ 우리가 부당한 세금고지서를 받거나 억울한 형사고소장, 민사소장을 받았을 때 하나님 전에 찾아가 그것들을 펼쳐 보이고 간절한 마음에 하나님께 호소하는 것도 좋은 방법이 될 수 있다.

하나님만을 바라보면서 기도하기 위해서는 교회의 기도실이나 기도원을 찾는 방법도 있겠지만 생활가운데 조용한 곳이라면 어디든 좋겠다. 히스기야는 죽기 전에 벽을 바라보고 기도하였다.$^{왕하\ 20:2}$ 스스로가 벽을 바라보고 문을 닫고 조용히 앉아 기도하는 것도 좋은 방법이 될 것이다.$^{왕하\ 4:33}$

제 4 장

요셉은 유대인의 선민의식을 갖지 않았다.

 요셉은 일찍 아버지 야곱으로부터 그 조상의 신인 하나님을 믿는 선민이라는 우월의식을 배웠을지도 모른다. 그러나 차츰 이집트에서 노예로 살면서 자신의 곁에서 일하는 사람들과 다를 것이 없는 하나님의 피조물이라는 사실을 알게 되었다.

 특히 자신의 부인인 아스낫과 함께 비록 민족은 달라도 같은 포도나무의 가지가 되고 지체가 된다는 사실을 알면서 이러한 선민의식을 버렸음이 분명하다. 그에게 성령 하나님께서 지혜를 주시고 빛으로 조명해 주신 덕택이었다.

 그에게는 하나님을 믿는 민족이라는 자부심보다는 하나님에 대한 믿음 자체가 축복으로 다가왔다. 그에게 자부심은 히브리인이라는 민족성에 있지 않고 오로지 하나님께서 선택해 주신 특별한 은총에 있다는 것을 깨달았다.

요셉은 이방인 바로 왕 앞에 나가 바로의 꿈을 풀이해 주면서 "하나님이 이 일을 정하셨습니다."고 말할 수 있었던 것도 하나님에 대한 믿음에 있었기 때문이요 자신이 히브리인이라는 자부심을 가진 것은 아니라는 반증이기도 하다. 노예의 신분으로 감히 히브리인임을 자랑할 수 있었겠는가? 자랑한들 무슨 유익이 있겠는가?

오히려 외국에서 이방인으로 사는 동안에는 가끔 자신의 국적이나 민족성을 숨기고 싶을 때도 있다.

일본인들은 식민지 시절 우리 조상을 '조센징'이라고 불렀다. 조선민족에 대한 멸시 천대이었다. 극히 일부라고 생각하지만 일본을 다녀온 유학생 중에는 반일감정을 가진 학생이 있을 정도이다. 반면 미국을 다녀 온 학생은 대다수 친미파가 된다는 말이 있다. 현지에서 살아보면 우리의 이웃인 일본이 한국 사람을 비롯하여 동양 사람들에 대하여 갖고 있는 차별의식이 심하다는 것을 피부로 체험할 수 있었기 때문이다. 그래서 내가 일본에 근무할 당시 나이어린 내 아들들은 대중교통 안에서는 말을 전혀 하지 않았다. 한국말을 하지 않고 가만히 있으면 일본인과 비슷해 보여 시비 걸어오지 않았기 때문이다. 이러한 일본 사람의 민족성과 아세안들에 대한 차별의식은 일본의 번영에 장애물이 되고 있음이 분명하다.

요셉은 당시 이웃나라에서 팔려온 종의 신분이었으니 얼마나 많은 차별과 조롱, 부당한 처우를 받고 억울해 하며 슬퍼하였을까? 자신을 강간하려 했다고 요셉을 허위로 고소한 보디발의 아내의 말 속에도 여실히 드러나고 있다.

"우리를 웃음거리로 만들려고 이 히브리 사람을 데려왔나 보구나."

그녀는 히브리의 민족성을 거론하여 조롱하고 있다. 그녀의 남편에게도 히브리인 종이 자신을 희롱하였다고 거짓 눈물을 흘리기까지 한다.

한편 요셉은 술 관원장이 감옥소에서 풀려날 때 그에게 자신의 민족성을 드러내면서 '히브리인'이라는 말을 꺼냈다. 그것은 히브리인이라는 특권의식에서가 아니라 거짓된 삶을 살지 않는 하나님의 사람, 하나님을 믿는 사람이라는 것을 강조하고 싶었을 뿐이다.

민족성은 자신이 거론하면 교만이요 다른 이가 거론하면 비방이 되는가? 그렇지는 않다. 누구든지 민족성을 강조하고 그에 대해 자부심을 가지게 되면 결국은 분열과 갈등을 초래하게 된다. 민족성을 지나치게 강조하는 것은 신앙인에게 넘어지게 하는 장애물이 될 뿐이다.

민족성만이 아니라 우리나라의 고질적인 풍토병의 하나로서 지역성이 있다. 나는 6.25때 월남가족으로 호남지역에서 살다가 초등학교 5학년 때 서울로 올라왔다. 법조인이 되어 속칭 TK(대구 경북)정권 때에는 호남출신으로, 호남정권 때에는 비호남으로 분류되어 불이익만 받았다. 기독교계에도 그런 움직임이 있으랴?

유대인이다, 이방인이다 구별할 것이 아니다. 하나님을 믿으면 하나님은 한 분이시오 세례도 하나이고 예배도 하나인 것처럼 예수님 안에서 둘이 하나가 된다.

〈Keynote〉
예비하시고 우리의 믿음을 보신다.

예수님은 자신의 이름 때문에 앞으로 핍박받게 될 제자들에게 위로하시면서 당부하신다.

"너희가 붙잡혀 가서 재판을 받게 될 때에 무슨 말을 할까 미리 걱정하지 말라. 때에 맞게 너희에게 주시는 말만 하면 된다. 말하는 분은 너희가 아니라 성령이시다."막 13:11

무교절 첫날, 유월절 양을 잡는 날에 제자들이 예수님께 유월절 음식을 어디에 장만할 지를 물었다. 예수님께서는 제자 두 사람을 보내시며 말씀하셨다. "성안으로 들어가면 물동이를 이고 가는 사람을 만날 것이다. 그를 따라가거라."막 14:13 이미 예수님께서는 유월절 음식을 준비할 처소와 제자들을 안내할 사람도 미리 준비해 놓으셨다. 그래서 안내할 사람이 제자들을 찾아왔고, 제자들은 예수님의 말씀대로 그를 따라만 가면 만사가 형통하였다.

모세가 하나님의 명을 받고도 애굽으로 가기를 주저하면서 "나는 입이 뻣뻣하고 혀가 둔한 자입니다."라고 말할 때 하나님께서는 "내가 네 입과 함께 있어 할 말을 가르치리라."고 말씀하셨다.출 4:10-15 아론에게 미리 계시하시어 준비해 놓으셨다.

하나님은 우리의 기도를 들으시고, 우리의 요구가 아닌 우리의 믿음을 보시고 결정하신다. 아브라함에 대한 그날의 시험과 같이 하나님은 우리의 마음을 시험하신다. 하나님은 우리를 시험하시고 우리의 믿음을 기다려 우리에게 주실 사명과 축복을 예비하시고 보여주시는 여호와 이레의 하나님이시다. Yahweh Yireh 한손에 그리심산의 축복을, 다른 한손에 에발산의 저주를 가지고 우리를 지켜보시고 저울질하신다. 여호수아가 여리고 성과 아이성을 치고 이스라엘 온 백성에게 축복과 저주의 메시지를 전달하는 장면을 연상해보라.수 8:33-35 하나님은 우리의 것을 빼앗아가는 하나님이 아니시며 시험 중에도 우리와 함께 계시면서 우리를 지켜주시고 베푸시는 사랑의 하나님이시다.

제 5 장

준비된 사람 요셉

예수님은 사람들에게 멸시를 당하고 버림을 받았을 뿐 아니라 고통 중에 사셨다. 사람들이 그를 보고서 얼굴을 가릴 만큼 그는 멸시를 당하셨고, 우리마저도 그를 무시해 버렸다. 그러나 사실 그가 짊어진 아픔은 우리의 아픔이었고 그가 짊어진 죄는 우리의 죄이었다.
우리는 그가 맞을 짓을 해서 하나님께서 그를 때리시고 고난을 주신다고 생각했다. 그러나 사실은 우리의 허물이 그를 찔렀고 우리의 악함이 그를 짓뭉갰다.
그가 책망을 받아서 우리가 평화를 누리고 그가 매를 맞아서 우리의 병이 나은 것이다. 우리는 모두 양처럼 길을 잃고 제각각 자기 길로 흩어져 가 버렸지만 여호와께서는 우리 모두의 죄악을 그에게 지우시고 그를 공격하셨다.
학대를 받고 괴롭힘을 당했지만 입을 열지 않으셨다. 마치 도살장으로 끌려가는 어린 양처럼, 마치 털을 깎이는 잠잠한 어미 양처럼 그는 침묵하셨다.
강제로 끌려가 엉터리 재판을 받고 처형을 받았지만 땅에서 그의 생명이 끊어지는 것을 보고서 그가 당하는 것은 내 백성의 죄악 때문이라고 중얼거리기라도 한 사람이 우리 세대 가운데 누가 있느냐? 사 53:3-8

제 5 장

요셉은 감옥소에 갇히게 된다.^{창 39:20}

    요셉은 강간미수죄로 법정에 섰다. 요셉은 과연 적극적으로 자신의 권리를 주장하며 자신의 억울함을 호소하였을까? 요셉은 떳떳하였다.

    성경에는 술 맡은 관원장에게 억울하니 풀어달라고 부탁하는 것 이외 그의 억울함을 호소한 구체적인 자료는 기록되어 있지 않다.

    바울은 자신의 무죄임을 입증하기 위해 쉽사리 무리들과 타협하지 않았고, 감옥 생활이 더 길어지더라도 로마황제에게 억울함을 상소하였다.^{행 25:11} 재판 절차 없이 매질을 한 재판관으로부터 사과도 받아냈다. 적극적으로 자신의 무죄를 변론한 것이다.

    바울 시대의 로마법정에서와 같이 요셉의 이집트 법정에서도 피고인에게 충분한 변론이나 반대신문권이 보장되었는지는 모른다. 그러나 주어진 사실 관계만으로는 강간미수죄를 인정하기에 부족했음이 분명하다.

    그럼에도 요셉이 장기간의 징역형에 처해진 것을 보면 요셉이 크게 다투지 않은 것으로 보인다. 오히려 구차하게 변명하지 않은 것으로 보인다. 차라리 가야할 길이라면 수갑을 차고 가겠다는 생각이 들었다. 자포자기는 결코 아니다. 고통가운데 또 다른 길이 열릴 것이라는 확신이 들었기 때문이다.

사람이 한 번 넘어지면 일어나기 어렵지만 자주 넘어지면 대수롭게 생각하지 않는다. 자신의 형들에게 배신당하여 한번 넘어졌는데 이까짓 못난 여자한테 배신당했다고 다시 일어나지 못하겠느냐는 생각이 든 것이다.

다만 자신을 믿고 있는 보디발에 대한 의혹만은 풀고 싶었다. 보디발에게 만큼은 자신의 무고함을 밝히고 싶었다.

"부인이 증거로 들고 있는 내 윗옷은 무엇을 말합니까? 그것은 부인이 오히려 나를 유혹하려한 증거라는 것입니다. 내가 부인을 강간하려 했다면 내 속옷을 들고 있어야 합니다. 아니 부인의 옷이 찢겨져 있었겠지요."

그러나 보디발은 이미 자기의 아내가 어떤 여자인줄 알고 있었다. 물론 요셉의 진실함에 대해서도 익히 알고 있었다. 그래서 그는 아내를 성추행하려 한 잡범으로 고소된 자임에도 불구하고 요셉을 자신이 관리하는 특별감옥에 수용하였던 것이었다. 국가의 반역죄나 왕의 명령에 거역한 자들을 수감하는 고급 감옥에 가두어 둔 것이다.^{창 39:20} 그 곳은 왕의 신하로서 막중한 임무를 가졌던 떡 굽는 관원장이나 술 맡은 관원장이 수용된 곳이 아닌가?

당시 강간죄는 사형에 처할 만큼 무서운 죄이었다. 남편이 있는 여자가 간음한 경우 또한 돌로 쳐 죽이지 않았는가? 요셉은 이미 누나인 디나가 강제추행을 당하자 형들이 한 끔찍한 피의 복수를 보았다. 디나를 추행한 세겜이 디나를 사랑하여 가진 것을 모두 주겠다고 다짐하고, 시키는 대로 할례까지 하였는데도 요셉의 형인 시므온과 레위는 끝내 세겜을 비롯하여 그의 아버지 하몰과 그 족속 남자들까지 모두 죽이고 말았다.^{창 34:25-29}

인간의 성생활은 하나님의 선한 목적인 생명의 창조와 관련이 있다. 특히 그 당시는 남성위주의 혈족과 가족관계의 보존이 중시되었다. 혈통이 중시되었다. 그래서 부정한 성행위에 대해서는 엄한 벌이 부과되었다. 우리나라도 형법상 간통죄가 존재하던 시절에는 일단 인정이 되면, 간통한 자와 상간 자는 모두 구속되었고 재판에서도 징역 8월의 실형에 처해지는 무서운 죄이었다. 누구에게나 예외가 없을 만큼 법집행 자체도 엄했다.

아내가 남편과 아들들을 포기하고 친정으로 가버리자 법률상 이혼하지 않은 상태에서 남편은 새 아내를 맞이하여 동거하게 되었다. 전처가 1년이 지난 후 그 집에 찾아와 보니 새로운 여자와 동거하고 있으므로 남편과 그 동거녀를 간통으로 고소하였다. 고소내용은, 남편과 새 부인은 1년 동안 동거하면서 수 백회에 걸쳐 간통하였다는 혐의이었다. 경찰의 구속 영장신청에 대해 필자는 영장신청을 기각하면서 장문의 기각사유를 달아야 했다. 인정되면 지위고하를 막론하고 구속 기소할 죄명이었으니 검사가 경찰의 영장신청에 대해 기각하는 것도 신중할 수밖에 없었다.

우리 사회에 미투 운동이 확산되면서 성범죄에 대한 사회적 관심이 높아가고 있다. 그러나 당사자 간의 대립된 진술을 명백히 가려 진실을 규명하는 데에는 현실적인 어려움이 많다. 입증방법은 어느 것 하나 녹녹한 것이 없기 때문이다.

필자는 여름방학동안 학교캠프 현장에서 동료 남학생으로부터 강간을 당하였다는 내용으로 고소된 사건을 송치 받아 남학생을 구속기소한 적이 있었다. 증거로서는 피해 여학생의 허벅지 양쪽에 난 시퍼런 멍과 그에 부합하는 피해자의 진술이었다. 서로 좋아서 했다는 남학생의 거듭된 주장을 단순히 변명으로 일축하고 기소하고 말았다. 그런데 아뿔싸! 법원에서 무죄판결이 나고, 법무부로부터 수사검사로서 과오가 중하다는 취지의 벌점도 주어졌다. 피의자의 변명을 반박하는 등의 증거수집을 더 했어야 했는데 수사를 충분히 다하지 못하였다는 것이다. 재판 과정에서 허벅지의 멍은 성행위 과정에서 자연스럽게 생길 수 있다는 의사의 진술도 있었지만 자세히 들여다보니 피해자의 진술번복이 주된 이유이었다. 피해자와 가해자는 후에 결혼하기로 합의하였으리라 에둘러 위안을 삼아본다. 그러나 법정에서 당사자가 말을 바꾸어버리면 검사의 당당하던 모습은 사라지고 초라함과 세간의 따가운 시선만 남게 된다. 그래서 수사는 진술에만 의존할 것은 아니라는 것이다.

은밀하게 이루어지는 성범죄의 경우에는 검사든 피고인이든 입증과 반증이 너무 어렵다. 차라리 그런 가해자, 피해자를 만나는 것보다 오래전 죽은 자가 낫고 아직 출생하지 않아 그런 사람을 만나지 않은 자가 오히려 더 복이 있을 것이다.

요셉은 매일 매일 보디발의 아내로부터 유혹을 받기 보다는 감옥 생활이 더 나을 것으로 생각했을 수도 있다.

바울은 자신이 무죄를 적극적으로 다툼으로써 오히려 로마 법정에 서서 로마인들에게 기독교 신앙을 전할 수 있었다. 율법학자들이 바울을 율법으로 죽이려 하였으나 바울은 말씀으로 다시 살아날 수 있었다.

그러나 요셉은 자신을 적극적으로 변호하지 않고 감옥에 투옥됨으로써 감옥에서 술 관원장을 만났고, 그의 소개로 바로 왕의 꿈 풀이로 훗날 총리까지 오르는 영광을 얻지 않았는가?

하나님의 처방은 참으로 오묘하시다. 그때그때 하나님께서는 계획대로 유리한 방법으로 모든 일을 처리해 가신다. 인간의 지혜로는 선뜻 이해하기 어렵다.

제 5 장

시련은 연단의 기간이었다.^{창 39:20}

요셉은 감옥소에서도 긍정적인 삶을 살아간다. 그곳은 친위대장 보디발의 집 근처에 있었다. 보디발은 요셉의 무고함을 알았고 성실하였기 때문에 곁에 두고 요셉에게 또 다른 중책을 부과한 것이다. 요셉으로 하여금 바로 왕의 측근들인 술 맡은 관원장과 떡 빚는 관원장의 시중을 들게 하였다.

요셉은 이 모든 것이 하나님 아버지의 역사하심이라는 것을 알았다. 하나님이 그를 보호하시고 동행하셨기 때문이다. 하나님은 사람을 겉과 속이 다르게 만들 이유가 없지 않은가? 그래서 사람은 마음에 생각한 것이 표정으로 나타나게 마련이다. 하나님이 함께 하시니 하나님이 싫어하시는 죄를 지을 수 없었다.

보디발 또한 이러한 비밀을 알았다. 여호와께서 그와 함께하시고 그가 하는 일마다 잘되게 해 주신다는 것을 알고 있었다.^{창 39:3}

요셉이 보디발의 아내로부터 유혹을 받고도 끝내 자제하였음에도 감옥소에 갇히게 된 것은 요셉에게 있을 찌꺼기를 걸러내는 과정이었다. 하나님께서 자신을 애굽의 통치자로 삼기 위해 단련시키고 계신다는 것을 요셉은 믿음으로 알고 있었다.

사울은 다윗에 대한 시기심과 두려움으로 그를 죽이려 하였다. 그럴수록 그는 왕으로서 리더십을 점차 잃어갔고 영적으로도 하나님으로부터 버림받은 자되었다. 그러나 다윗은 10여 년 동안 그로부터 쫓기면서도 하나님만을 의지함으로써 하나님의 사람으로서 점차 왕이 될 준비가 되어 갔다.

현재의 고난은 장차 우리에게 나타날 영광에 비교하면 아무 것도 아니다.^{롬 8:18} 저녁에는 울음이 깃들일지라도 아침에는 기쁨이 올 것이다.^{시 31:5} 요셉은 잠시 있을 환난을 두려워하지 않았고 앞으로 받을 지극히 크고 영원한 영광만을 바라보았다.^{고후 4:17}

제 5 장

보디발의 부인은 끝내 회개하지 않았다.

　하나님께서는 보편적 사랑을 베풀어 주셨다. 믿는 자만이 아니라 믿지 않는 자에게도 때에 따라 햇빛과 물, 그리고 양식을 주시고,^{시 145:15} 온갖 좋은 선물과 온전한 은사를 주신다.^{약 1:17} 농부에게 추수하는 방법도 가르쳐 주셨다.^{사 28:29} 이러한 은총은 하나님께서 주시는 믿음의 씨앗이다. 따라서 누구도 하나님이 안 계신다는 변명을 하지 못하게 하셨다.
　성경은 요셉을 고발한 이후 보디발의 부인에 대한 더 이상의 이야기를 기록하지 않고 있다. 하나님은 하나님의 자녀를 해치는 자에게는 진노하신다.
　그런데 성경은 보디발의 아내에 대해 더 이상 말이 없다. 그렇다면 그녀는 회개함으로 용서함을 받았을까?

그렇지는 않은 것 같다.

하나님께서 뿌려놓으신 믿음의 씨앗에 의해 그녀도 양심의 가책을 받았을 것이다. 그녀가 탐욕과 욕정으로 타락하면 할수록 양심의 가책으로 그녀의 마음은 타들어 갔을 것이다. 그러나 그녀는 눈을 감고 말았다.

그녀의 교만한 행동을 보아서는 요셉을 감옥소에 처넣고도 분이 풀리지 않았을 것이다. 자신이 무슨 행동을 했는지, 얼마나 큰 죄악을 저지른 것인지, 그로 인해 당하는 사람의 아픔은 어떨지 전혀 알고 싶지 않은 것이다. 그저 자신의 감정이 중요하고, 자신의 뜻대로 따르지 않은 자에게 화풀이하였을 뿐이다.

배운 척하고, 가진 척하는 자칭 지식인이라고 거드름 피우면서도 약한 학생들로부터 술이나 얻어먹고, 어린 학생을 시켜 동료 교수를 고발하게 하는 그런 부류의 교수도 있다. 그들의 마음은 시기심과 증오심으로 가득 차 동료와 이웃을 사랑으로 맞이할 마음의 여유가 없는 자들이다.

그녀의 진술이 거짓임을 잘 알고 있는 보디발은 그녀에게 요셉을 나중에라도 용서해주기를 바랬는지도 모른다. 그러나 술 맡은 관원장이 출소한 이후에도 2년 동안이나 요셉이 계속 구금된 것을 보면 보디발의 부인이 끝내 진술을 바꾸어 주거나 회개하지 않은 것으로 보인다.

하나님께서 회개하지 않은 그녀를 계속 살려 두셨다면 또 다른 영혼에게 시련을 줄 필요가 있으신 게다.

왜냐하면 주님은 각 사람에게 행한 대로 반드시 갚으시되 하나님의 자녀를 해친 자에게는 특히 엄중히 갚으시기 때문이다.[5] 골 3:25

---

[5] 불의를 행하면 불의의 보응을 받는다고 성경은 말한다.

제 5 장

대제사장과 바리새인들도 회개하지 않았다.^{마 27:62-66}

　　보디발의 부인의 모습은 마치 대제사장과 바리새인들이 예수님을 십자가 위에 매달고도 화를 삭이지 못함과 같아 보인다. 그들은 그들의 권위를 유지하기 위해서 예수님의 존재를 철저히 부인하고 싶었다. 시기심과 질투심뿐이었다.

　　만약 예수님의 말씀대로 3일 만에 다시 살아난다면 큰일이라고 생각하고 있었다. 그들의 마음에도 예수님의 부활에 대한 두려움이 있었던 것이다.

　　그들은 끝내 자신들의 잘못을 뉘우치고 회개할 줄을 몰랐다. 이튿날, 곧 예비일 다음날이 되자 대제사장들과 바리새파 사람들이 빌라도에게 가서 말했다.

　　"자기가 3일 만에 다시 살아날 것이라고 말한 것이 기억납니다. 그러니 3일째 되는 날까지는 무덤을 단단히 지키라고 명령해 주십시오."

빌라노가 묻는다.

"진짜 살아날까요?"

그들은 대답한다.

"아니지요. 죽은 사람이 살아날 수가 있습니까? 그는 거짓말쟁이입니다. 그래서 그 제자들이 어떤 일을 저지를지 모릅니다. 만약이라도 그의 제자들이 와서 시체를 훔쳐가 놓고는 백성들에게 '그가 죽은 사람 가운데서 살아났다'라고 말할지도 모릅니다."

빌라도는 믿지 못한다는 표정이다.

"시체가 없어진 것만으로 살아났다고 할 수 있습니까? 신경과민이십니다."

"시체가 없어지면 살아나서 하늘로 올라갔다고 우길 것이고, 그러면 처음보다 더 나쁜 결과를 가져올 것입니다."

그들은 이미 예수님이 부활하실 것과 그 이후 하늘나라의 영광스런 보좌 우편에 앉으실 것을 알고 두려워했던 것이다.

"기독교가 원래 영생을 믿는 종교가 아니던가요?"

"그러나 아직까지 살아난 사람은 없습니다."

그들은 스스로 그들의 믿음 자체를 부정하고 만 것이다.

"아니 그렇게 철통같이 경계하고도 부활하거나 시체가 없어지면 그 때는 어찌합니까?"

빌라도가 재차 묻는다.

"그럴 리 없습니다. 확실히 지켜만 주십시오."

그들은 끝까지 억지를 쓴다.

"알았소. 뜻대로 해 드리리다. 다만 나중에 다른 말하지 않도록 직접 경비병들을 데리고 가 할 수 있는 한 단단히 무덤을 지켜보시오"

빌라도는 시기심과 질투심에 가득 찬 그들의 눈과 행동을 보고 그저 놀랄 뿐이었다.

대제사장과 바리새인들은 가서 직접 돌을 봉인하고 경비병들을 세워 무덤을 단단히 지키게 하였다. 그들은 그들이 하는 행동이 어떤 죄악인지 몰랐다. 알려고도 하지 않았다. 그들은 이미 마음이 강퍅해졌기 때문이다.

하나님께서는 이집트 땅에서 고통 중에 있는 이스라엘 백성의 부르짖음을 들으시고 그들을 출애굽하게 하여 구하기로 작정하셨다. 여호와 하나님께서는 파리와 메뚜기, 우박 등의 재앙을 보내시어 몇 번에 걸쳐 경고하셨음에도 바로 왕은 물러설 줄을 몰랐다. 그는 살아있는 생물을 신으로 믿었고, 자연현상을 신으로 믿고 의지하였기 때문이었다.

그러나 그 모든 것이 하나님의 주권적 통치하에 있다는 것을 그는 몰랐다. 하나님께서는 완악한 모습을 보이던 그에게 10번째 재앙을 내리신다. 이집트에서 처음 난 것을 모두 치신 것이다.

바로왕은 자신의 존재만큼이나 사랑하던 아들을 잃고 나서야 비로소 깨달은 것이다. 모든 것을 하나님이 주관하시고 그가 믿는 신들은 아무런 소용이 없다는 것을 알았다. 하나님께서는 그때까지 인내하셨고, 섭리 안에 두시고 지켜보고 계셨던 것이다.출 7:14-12:36

이집트의 재앙은 이스라엘 백성의 의로움 때문이 아니고 바로 왕과 이집트인들의 사악함 때문이었다.

"죄의 대가는 사망이다."롬 6:23

바로는 하나님의 절대적인 권능을 눈으로 확인하고도 이스라엘 백성을 다시 쫓아갔다. 그의 완악함 때문이었다. 바로는 홍해의 기적 앞에서 자신의 무력함까지 경험하게 된다. 그러나 때는 늦었다. 누구든지 자신의 잘못을 회개하지 않고 하나님의 경고를 무시하면 결국 그 끝은 사망일뿐이다.

제 5 장

감옥소에서도 새로운 삶과 인연을 예비하셨다. 창 40:4

요셉은 어떤 환경에서든 하나님을 믿으니 그가 하는 모든 일이 선으로 바뀌어 좋은 결실을 맺고 만사가 형통하였다. 하나님의 부르심을 받은 요셉은 감옥소에서도 항상 좋은 태도를 가졌다.

"진실하고 경건하고 의롭고 거룩하고 사랑하고 칭찬하라." 빌 4:8

비록 상황이 나빠지더라도 개의치 말고 초지일관 좋은 태도를 가지고 항상 감사하라는 바울의 옥중 서신의 내용이다. 바울이 죽기 전 갇혀있던 감옥은 인간 생지옥이었다. 흙속의 무덤과 같이 썩어져 죽어가는 장소이었다. 그럼에도 바울의 편지에는 슬픔이나 낙담이 없다. 오직 감사함뿐이었다.

하나님이 함께 하시니 요셉은 항상 정직하고 경건하게 살았다. 한 입으로 두 말 할 수는 없었다.

성령께서는 그에게 지혜를 주셔서 하나님만을 바라볼 수 있는 새로운 눈을 주셨다. 성령께서 빛으로 오셔서 영적인 시야를 넓혀 주신 것이다. 따라서 요셉은 거룩한 삶을 살았다. 거룩하다는 것은 구별된 삶을 말한다. 깨끗함과 더러움, 순종과 불순종, 밝음과 어두움을 구별함으로써 하나님의 말씀을 순종하며 세상과 함부로 타협하지 않고 당당히 맞서 살았다. 믿음으로 소망을 바라보고 살았다.^{레 11:1-19}

성령하나님이 우리 안에 거하지 않으시면 우리는 거룩함을 잃게 되고 삶의 방향성을 잃고 헤 매이게 된다. 성령이 없으면 십자가의 사역도 소용없고 죄인에게 아무런 구원의 역사도 이루어지지 않는다. 성령의 조명 없이는 말씀도 아무런 능력이 없다. 아무 것도 이룰 수 없게 된다.

그리스도 예수 안에 있는 자들에게 하나님은 권면하신다.

"성령을 소멸하지 말라."^{살전 5:17-19}

요셉은 항상 주어진 은사에도 기뻐하였다. 비록 상황이 나빠지더라도 감사하고 기뻐하였다. 오히려 자신에게서 성령이 소멸될까 걱정하였다.^{살전 5:16} 쉬지 않고 기도하였다. 그에게는 언제나 하나님이 꿈을 통해 환상을 보여 주시고 계시하셨다.

또한 매사에 감사하였다. 감사는 즉시 하였다. 그렇지 않으면 사단에게 감사하는 마음을 빼앗길까 두려워했다. 화목제를 드릴 때 감사의 예물인 화목제물의 고기는 그날 나누어 먹게 한 이유도 거기에 있다. 그 다음날까지 조금이라도 남기면 썩어 가증한 것이 되고 말았다.^{레 7:15-18}

이웃과 서로 사랑하며 칭찬하며 화목할 줄도 알았다.

이웃을 사랑하되 네 몸같이 사랑하여야 한다. 사랑은 입으로만 하는 것이 아니다. 손과 발로 그들에게 실질적인 도움을 주어야 한다. 이웃이 추위에 떠는데 편하게 지낼 수 있는가? 마음에 생각나는 것이 있으면 무엇이든 바로 시행하라. 여호와께서 너와 함께 계신다.^{대상 17:2-3}

부정적인 생각, 나쁜 태도 또한 성령을 꺼리고 소멸하게 한다.

나쁜 마음을 실천하지 않아도 생각만으로도 성령을 소멸케 한다.

요셉은 부정한 이익으로부터, 육신의 탐욕으로부터 벗어남으로써 비로소 자유로운 삶을 살 수 있었다. 참된 진리, 거룩한 삶이 그를 자유롭게 하였다.요 8:31-32 감옥소의 간수장도 차츰 이러한 요셉을 신뢰하고 사랑하게 되었다. 간수장은 요셉에게 점점 많은 권한을 주었고, 그에게 한번 맡긴 것에 대해서는 조금도 간섭하지 않았다. 물론 최고 책임자인 보디발의 도움도 컸을 것이다.

하나님의 자녀인 요셉에게는 하나님께서 그가 하는 일마다 함께하시고 형통하게 하여 주신다는 것을 그들은 알았기 때문이었다.창 39:23

진리를 따르는 자에게는 등잔대 위의 등불과 같이 빛으로 돌아온다.

그래서 그의 행위가 모두 하나님 안에서 이루어진 것임을 분명히 드러내 보여 주셨다.요 3:21

그렇다. 하나님을 믿는 자의 행위는 모두 하나님께서 주관하시니, 그의 행위마다 형통하게 함으로써 하나님의 영광이 드러나는 것이다. 그래서 보디발이든 감옥소의 간수장이든 자신의 모든 일과 근심거리를 하나님의 종 요셉에게 맡기고 자신의 무거운 짐을 내려놓을 수 있었다. 그래서 하나님이 개입하시어 이 짐들을 맡아 해결의 능력과 복을 주신 것이다.

"네 짐을 여호와께 맡기라."시 55:22, 마 11:28

하나님께서는 어떤 어려운 환경도 좋은 환경으로 바꾸어 주시고 합력하여 선을 이루신다. 룻의 경우를 보라. 남편이 죽고 시어머니 나오미와 함께 극심한 가뭄으로 고난에 처해있을 때 그녀에게 보아스를 보내시어 그의 밭에서 이삭을 주워 연명하도록 환경을 만들어 주셨다.룻 2:15-16

초대교회에서 가난한 사람들을 위해 빵을 남겨두었다가 성만찬이 끝나면 나누어 주었듯이 보아스로 하여금 이삭을 남겨두어 자신의 축복을 가난한 이웃과 나누게 한 것이다.고후 9:5 εὐλογία

제 5 장

요셉은 두 관원장의 꿈을 풀이해 준다. 창 40:7-22

    요셉은 감옥소에서 애굽의 왕 바로의 술 맡은 관원장과 떡 빚는 관원장을 만나 그들의 시중을 들면서 국가의 법률과 국정 운영, 궁중예법 등에 관해 듣고 배우는 수련과정을 거치게 된다.

    하나님께서는 장차 나라의 큰일을 맡게 될 요셉을 위해 두 관원장을 예비해 두셨고, 이것을 통해 요셉에게 하나님이 항상 함께 계신다는 것을 보여주셨다. 요셉에게 영의 눈을 뜨게 하시고 하늘나라 비밀을 차츰 알게 하셨다.

    술 맡은 관원장과 떡 맡은 관원장은 한때 바로 왕의 생명을 책임지던 사람들로서 바로가 매우 신뢰하고, 그 만큼 높은 지위에 있던 사람들이었다.

요셉은 두 관원장들이 침울해 있는 것을 발견하고 말을 건다.

"오늘은 두 분의 얼굴빛이 왜 그리 안 좋으십니까?"

그들이 대답했다.

"우리가 꿈은 꾸었는데 꿈을 풀이해 줄 사람이 없구나."

요셉이 그들에게 말했다.

"꿈을 풀이하는 것은 하나님께 달린 일이 아니겠습니까? 꿈꾸신 것을 제게 말씀해 보십시오."

요셉은 계시의 영과 함께하는 달란트를 받았다. 평소 꿈을 하나님이 주시는 환상으로 생각한 요셉으로서는 당연히 두 관원장의 꿈도 하나님이 계시해 주시기위해 보여 준 환상이라고 생각했다.

"아들과 또 아버지를 계시하려고 아들이 택한 사람 외에는 아버지가 누구인지 아는 사람이 없다."마 11:27, 눅 10:22

여호와 하나님께서는 요셉에게 꿈의 계시를 해석하는 능력도 주셨다.

술 맡은 관원장이 먼저 꿈 이야기를 했다.

"꿈속에서 내 앞에 포도나무가 하나 있는 것을 보았네. 그 나무에 가지가 셋 달렸는데 싹이 돋고 곧 꽃이 피더니 금세 포도송이가 열리는 것이었네. 내 손에 바로의 잔이 들려 있기에 내가 포도를 따서 바로의 잔에 짜 넣었네. 그리고 그것을 바로께 드렸네."

요셉이 말했다.

"이 꿈은 이런 뜻입니다. 가지 셋은 3일을 뜻합니다. 3일 안에 바로 왕께서 관원장님을 풀어 주시고 관원장의 지위를 회복시켜 주실 것입니다. 전에 하시던 대로 바로의 손에 잔을 올려 드리게 될 것입니다."

요셉은 일이 잘 풀리면 자신을 기억해 달라는 말도 빠뜨리지 않았다.

"석방되시면 제게 은혜를 베풀어 저를 이 감옥소에서 내보내 주십시오."

요셉은 현실적인 권력과 타협하려 한 것은 아니었다. 모든 일은 하나님이 주관하시기 때문이다. 다만 자신이 억울하기 때문에 혹시나 기회가 된다면 관원장으로 하여금 바로 왕에게 이야기해 달라는 정도이었다.

예수님께서는 십자가에 매달린 채 회개하는 죄인 중 한사람에게 말씀하셨다.

"오늘 네가 나와 함께 낙원에 있을 것이다."눅 23:43

예수님은 만물을 컨트롤하시는 권위와 권세를 가지신 분이시며 하나님의 대언자이시고 대제사장이시다. 그래서 그러한 말씀을 하시는 것이 가능했던 것이다. 그러나 술 맡은 관원장은 그런 권한이 전혀 없지 않은가?

요셉의 꿈 풀이가 좋은 것을 보고 떡 굽는 관원장도 요셉에게 부탁하였다.

"나도 꿈을 꾸었는데 보니까 내 머리 위에 떡 바구니 세 개가 있었네. 맨 위에 있는 바구니에 바로께 드릴 온갖 빛은 떡들이 있었는데 새들이 내 머리 위에 있는 그 바구니의 떡을 먹어 버렸네."

요셉이 말했다.

"음.....저는 잘 모르겠습니다."

"아니 금방 술 관원장의 꿈에 대해서는 시원하게 말해 주지 않았느냐."

"예, 그렇지만 제 가슴이 답답해지는 데 왜 그러는지 모르겠습니다."

"부탁하네, 나도 좀 속 시원하게 풀어다오."

요셉은 애써 진정하고 말하기 시작한다.

"분명하지 않지만 허락하신다면 말씀드리겠습니다."

"……"

"세 바구니는 3일입니다."

"그렇지"

떡 관원장은 3일 안에 자신도 석방될 것을 기대하였다.

"3일 안에 바로께서 관원장님의 목을 베고 몸을 나무에 매달 것입니다. 그러면 새들이 관원장님의 살을 뜯어먹을 것입니다."

떡 관원장은 소스라치게 놀랐다.

"그래서 내가 교수형에 처해진다는 거야. 이** 네가 뭘 안다고..."

갑자기 요셉의 목을 쥐고 힘껏 조른다.

"미안합니다. 잘 못 해석한 것 같기도 하구요. 3일 후면 바로의 생일이니 그 때 한번 보시죠...."

3일 후 바로의 생일이었다.

바로는 모든 신하들을 불러 잔치를 베풀었다. 바로는 그의 신하들 앞에서 보디발에게 술 맡은 관원장과 떡 굽는 관원장을 불러들이라고 명령하였다. 바로는 술 맡은 관원장을 원래의 직위로 복귀시켜 바로에게 술잔을 바치게 하였다. 그러나 떡 굽는 관원장은 중한 죄가 인정되므로 교수형에 처하라고 명령하였다.

요셉이 풀이한 대로 실현되었다. 성령으로 그에게 예지를 넣어 주신 것이다.

떡 굽는 관원장이 교수형에 처해지는 장면을 바라보고 있던 술 맡은 관원장은 자신의 목을 만지면서 무엇을 생각하였을까?

"요셉 저 사람의 능력은 어디까지일까? 과연 놀랍기만 하구나"

감탄하였을 것이다. 그런 요셉을 과연 잊어버릴 수가 있었을까?

| 제 5 장 |

하나님의 종 요셉도
한때 사람에 의지하려 하였다.^{창 40:23}

    요셉은 출소하는 술 관원장에게 은혜를 베풀어 달라고 부탁한다. 바로 왕에게 이야기해서 자신을 감옥소에서 나갈 수 있도록 선처해달라고 한다.

    그의 주장은 진실하였다.

    "나는 히브리 땅에서 끌려왔는데 여기에서 감옥소에 갇힐 만한 일은 결코 하지 않았소."

    자신이 히브리 사람임을 들먹여 교만함을 드러낸 것이 아니요, 오로지 유일하신 하나님 아버지를 믿는 사람으로 겉과 속이 다르지 않다는 점을 부각하였을 뿐이다.

    그의 말이 새로운 증거를 가지고 주장하는 내용이라면 재심청구라도 받아 볼 수 있겠지만 이미 보디발의 처가 말했듯이 히브리 사람이라는 주장만으로는 새로운 주장이라고 할 수 없게 되었다. 따라서 술 관원장이 도와준다면 절대 권력자인 바로 왕의 특사로 풀려날 수 있기를 바랄 뿐이었다.

하나님의 뜻이라고 생각하면서도 하나님이 일을 역사하실 때에는 막상 사람을 통하여 하시지 않는가? 요셉은 사람인 관원장의 선의를 믿기로 한 것이다. 그러나 그가 감옥소를 나간 이후에도 2년간 아무런 소식이 없었다. 요셉은 하루하루를 손꼽아 가면서 기다렸을지도 모른다. 2년간을 인내로 기다려야했다.

그러면서 그는 무엇을 생각했을까? 하나님을 믿는다고 하면서 그는 사람을 더 믿은 것이었다. 사람에게 의지하려 한 것이다. 그는 회개하였다. 우리에게 궁금한 일, 해결하기 어려운 일이 닥치면 우리는 쉽게 점쟁이를 찾아가고, 민간요법에 의존하기도 한다. 그러나 그들은 우리의 돈에만 관심이 있을 뿐이다.

하나님의 허락 없이는 아무 일도 할 수 없다.

"열면 닫을 사람이 없고 닫으면 열 사람이 없다."^{계 3:7}

요셉은 이미 가장 가까운 형제들로부터 배신당해 팔려온 것이 아닌가? 하나님의 뜻이 관원장의 의사에 따라 달라질 리가 없지 않은가?

사람의 구원은 헛되고 헛된 것이다. 믿을 수 없다. 그러나 하나님만을 의지하고 용감하게 행하면 하나님만이 우리의 대적을 밟으실 분이시다.^{시 60:11-12}

제 5 장

술 관원장의 추천은
하나님의 때를 기다려야 했다.^{창 41:9}

술 맡은 관원장은 감옥소에서 나가면서 감옥소의 일은 생각하기도 싫어서 기억에서 깨끗이 지워버렸다.

필자는 논산 28연대, 29연대 훈련소 출신이다. 두 달간의 훈련을 마치고 서울 인근으로 배치되면서 논산은 돌아보지도 않았다. 다시는 가고 싶지 않은 곳이다. 술 관원장도 같은 생각이었을까? 감옥소에서의 고통은 물론 요셉에 대한 생각까지 모두 기억하지 않고 잊어버렸던 것이다.^{창 40:23}

그러나 술 맡은 관원장은 과연 요셉을 잊어버릴 수 있을까? 자신에게는 복직의 축복을 주었고, 떡 맡은 관원장에게는 그로부터 교수형에 처하게 된다는 저주의 꿈풀이를 들었다. 떡 맡은 관원장이 실제 나무에 매달려 교수형에 처해진 장면을 생생하게 목격하였다. 천당과 지옥을 넘나든 것이다.

인생에 있어서 감옥소는 아무나 가는 곳이 아니다. 필자는 검사로서 약 20여년 수사하면서 현장에서 경험한 바 있다. 조사하면서 피의자의 관상을 보려고 했다. 이 사람을 구속할 것인지 아닌지를 그의 관상을 보고 결정하려고 했는지도 모른다. 지금 생각하면 어리석은 짓이고 교만한 행동이었다.

요즘은 구속기준이 들쑥날쑥하다고 한다. 오랜 경험을 한 변호사들도 예측하기 어렵다고 불평한다. 그래서는 안 된다. 사법은 예측가능성이 생명이다. 동일한 잣대를 원칙으로 하기 때문이다. 전에는 예측이 가능했다. 구치소에 수용중인 감방 동기들끼리 이미 선고형량까지 내다볼 정도로 예측 가능했다. 양형기준이나 구속기준이 과학적으로 정해지면 어느 정도 안정되리라고 본다.

오래 정든 계장님은 구속 송치된 피의자마다 부모의 산소를 고쳤냐고 묻기도 하고 묘 앞에 비석을 세운 적이 있느냐고 물어보곤 하였다.

비석을 세웠다고 하면 후손이 하늘로 날아야 하는데 날개 위에 그 무거운 돌을 올려놓았으니 당신이 추락할 수밖에 없었다고 훈수를 두기도 했다.

요셉은 구속될 관상의 소유자는 아니었던 것 같다. 정상적인 재판절차로 감옥소에 간 것도 아니다. 그곳이 죄인을 사회로부터 격리하여 치유하는 장소이지만 요셉에게는 그럴 이유도 없었다. 다만 하나님께서 연단의 기회로 삼으셨을 뿐이다. 감옥소에 수용된 이유와 목적이 전혀 달랐던 것이다.
다시 술 관원장의 이야기로 돌아가자.
만약 그가 요셉의 억울한 사정을 기억하였다가 즉시, 왕에게 부탁하였다면 어떻게 되었을까? 만약 왕이 그의 억울한 사정을 듣고 석방해 주었다면 요셉에게 2년 후 바로 왕을 다시금 만날 수 있는 축복의 기회가 주어졌을까?

필자의 경험으로, 보석으로 석방된 피고인이 몇 일후 교통사고를 당해 사망한 경우도 있었다. 구치소에 그대로 수용되어 있었다면 적어도 교통사고는 당하지 않았을 것이다. 안타까운 일이었다.

요셉은 석방되자마자 아마도 이집트를 떠나 자신의 고향인 가나안으로 도망갔을지도 모른다. 물론 자유인이 아닌 노예라는 신분적인 한계가 있었겠지만 가정해 본다.

2년 후 바로가 꿈꾸기를 기다렸다가 술 맡은 관원장의 추천을 받은 것은 하나님의 기다림이셨다. 요셉은 바로의 꿈에 관한 해석을 위해 드디어 왕궁으로 들어가게 된다.^{창 40:1-15} 하나님이 정하신 때를 기다리도록 술 관원장의 기억을 그때까지 지워버리신 것이다.

때가 차매 술 맡은 관원장이 바로에게 말했다.

"오늘에야 제가 그동안 잊고 있었던 제 잘못이 생각났습니다."

⟨Keynote⟩
비우면 채워 주신다.

사람들은 죄를 저지르고도 구치소에 들어가는 것만은 두려워한다.

그래서 체포되어 수사를 받는 피의자들을 보면 검사의 사소한 말 한마디 한 마디에도 온통 신경을 쓰는 것 같다. 그러다가 "당신 이렇게 변명하면 특가법을 적용해서 구속할거야!"라고 협박성의 말을 하면 기절해 버리는 사례도 있었다. 실제로 기절하고 몇 시간 후에야 깨어났다.

그런 사람들이 막상 구속되어 수감되어 있다가 몇 일후 검사실에 소환되면 얼굴 표정이 달라져 있었다. 마음이 편하다는 글이 이마에 써져 있다. 그래서 묻는다.

"얼굴이 좋아 보여요?"

"예 구치소에 들어가니 마음이 편안해 집디다."

그렇다. 내려놓으면 마음이 편해진다. 구속되기 전에는 걱정도 많았다. 가족 걱정, 회사일, 나랏일 때문에 걱정도 많았다. 창피하기도 하고, 언론에 노출되면 망신이기도 했다. 그러나 남의 말은 삼일을 가지 않는다. 막상 내려놓고 보니 별 것 아니라는 생각이 든다.

오히려 회사일이나 업무를 핑계로 그 동안 집 식구들과 함께 해주지 못한 것이 제일 마음 아프고 후회스럽다. 제대로 한번 놀아주지도 못했다. 아무 것도 아닌 헛된 환상을 따라가면서 가장 소중한 식구들을 정에 굶주리게 했다. 밤새도록 함께 죽자고 술잔을 기울이던 친구들은 제일 먼저 연락을 끊는다. 내려놓으면 비로소 소망으로 채워지게 된다. 그동안 헛된 욕망이 진리를 보지 못하도록 장애가 된 것이다.

주시는 것도 빼앗는 것도 하나님이었다는 것을 알아야 했다.

"주시는 이도 여호와요 거두신 이도 여호와시니 여호와의 이름이 찬송을 받을 지니라"욥 1:21

인간의 힘으로 노력해도 쓸모없다. 하나님이 허락하지 않으시면 아무 것도 할 수 없다. 하나님 앞에서는 모든 일을 감출 수가 없다. 햇빛을 받으면 어둠은 낱낱이 밝혀지기 때문이다.

제 6 장

재창조된 요셉과 거듭난 피라미드

우리를 구원하시기 위해, 예수님은 자기 목숨을 죽음에 내던지고 자기를 죄 지은 사람들 가운데 한 사람으로 여겼으며 많은 사람의 죄를 대신 짊어지고 그들이 용서받도록 화목제가 되셨다.$^{사\ 53:12}$ 예수님은 심판의 예수님이 아니고 구원의 예수님이시다. 아브라함보다 먼저 계셨고, 레위 제사장보다 더 위대한 하늘의 대제사장이신 예수님께서 돌아가셔서 더 나은 언약의 중보자(mediator)가 되셨다.$^{히\ 8:6}$ 중보자이신 예수님께서는 자신의 아버지를 우리들에게 아바(Abba), 아버지 하나님이라고 부를 수 있도록 특권을 주셨다.
"나는 너의 아버지가 되고, 너희는 나의 자녀가 되리라."$^{고후\ 6:18}$
예수님은 우리가 하나님과 화목하게 지내기를 바라신다. 예수님은 부활하시어 하나님의 오른편 보좌에 앉으시고, 하나님의 약속을 예수님의 이름으로 우리가 '아멘'으로 받아들이면 하나님께서 우리를 영광의 도구로 사용하신다.$^{고후\ 1:20}$

제 6 장

약하지만 당당할 수 있었던 요셉

요셉이 바로 앞에 불려가자 신하들이 그에게 무릎을 꿇고 바로에게 경배 드리라고 한다. 그러자 요셉은 거절한다.

"하나님께서는 '주 네 하나님께 경배하고 오직 그분만을 섬기라.'고 하셨소." 마 4:10 무릎을 꿇고 땅에 머리를 대고 절을 하는 것은 여호와 하나님께만 드리는 경배이다.

친위대장은 요셉의 성품을 잘 알고 있어서 어느 정도 이해를 했지만 감히 바로의 면전이 아닌가? 그래서 그는 요셉에게 반문한다.

"바로왕도 너희 하나님이 기름 부은 자가 아니냐?"

"맞습니다. 권력을 가지신 분에게 복종해야 합니다. 그러나 무릎을 꿇고 머리를 땅에 대면서까지 그 분에게 경배드릴 수는 없습니다."

그렇다. 기름 부은 자인 베드로나 바울도 그 앞에 무릎을 꿇고 인사하려는 백부장을 만류하지 않았는가?

요셉은 여호와를 바라보고 여호와의 얼굴을 뵈었기에 그는 당당할 수 있었다. 강하고 담대할 수 있었다.

진위대장은 할 수 없이 요셉의 복을 잡고 억지로 무릎을 꿇리려고 한다. 그 모습을 바라보던 바로는 "그만 됐다."고 하면서 요셉을 앞으로 가까이 데려오라고 한다.

바로는 요셉의 꿈 풀이가 자신을 만족시키지 못하면 목을 매달 것이라고 중얼댄다. 2년 전에 목을 맨 떡 빚는 관원장 처럼 교수형에 처하리라 마음먹고 모욕을 참았다.

"네가 꿈을 해석하는 달린트를 가지고 있다고 들었다."

바로가 물었다.

"아닙니다. 제가 아니라 하나님께서 바로 당신께 평안한 대답을 주실 것입니다."창 41:16

요셉이 겸손하게 대답하였다. 나약함이 능력이다. 그는 약한 것을 자랑함으로써 하나님의 능력이 그에게 머문다는 것을 알았다.

바로는 움칫 놀란다. 그의 말이 무게가 있어 보였기 때문이다. 무릎을 꿇을 수 없다고 하던 그가 자신을 드러내지 않고 하나님의 공로로 돌리고 있다.

"이놈이 최소한 교만한 자는 아니구나…."

바로는 즉시 알아들었다.

"만약 하나님이 함께 하시는 놈이라면 꿈 풀이는 제대로 하겠지"

혼잣말로 속삭인다. 하나님의 능력을 반 인정하고 들어간 셈이다.

그러면서도

"꿈 해몽이 내 마음에 흡족하지 않으면 나를 속인 죄로 너는 떡 빚는 관원장처럼 오늘 교수형에 처하리라."

다짐하고 또 다짐했다.

한편 요셉은 자신하고 있었다.

하나님께서 오늘까지 기다리게 하신 것도 지금 이 순간을 위한 것이 아니겠는가?

오늘만큼은 이 세상의 최고 권력자인 바로 앞에서 하나님의 영광을 보여 주실 것이다. 하나님이 함께하시면 더 큰일도 할 수 있도록 능력을 주실 것이라는 믿음도 있었다.

하나님께서는 가장 약한 도구를 통해 가장 위대한 것을 성취하는 분이 아니신가? 이 세상에서 가장 높은 자 앞에서 가장 낮은 노예를 도구로 사용하심으로써 위대한 일을 이루어 내실 것임을 굳게 믿었다.

여리고 성을 무너뜨린 것을 보라. 하나님의 뜻이 아닌 인간의 의지로 하려했다면 가능한 일이었을까?

세상의 많은 지혜와 권세를 어리석고 약한 것으로 부끄럽게 하시는 하나님이시다. 그의 능력의 탁월함이 사람의 것이 아닌 하나님의 것임을 보여줌으로써 적들로 하여금 침묵하게 하신다.^{고전 1:27-28}

13만 대군 앞에 선 기드온의 300명 용사들도 마찬가지이였다. 하나님께서는 일찍부터 전쟁의 승리가 인간의 공로에 의한 것이 아니라 신성한 하나님의 뜻에 있음을 강조하기 위해서 소수의 군대를 원하셨던 것이다.^{고후 4:2} 하나님이 함께 하신다고 믿었기에 요셉 또한 겸손하면서도 당당할 수 있었다.

제6장

겸손은 세상을 이기게 한다.

"호산나, 다윗의 자손이여!"

우리를 구원하소서!

예수님께서는 어린아이들의 경배를 받으시고 초라하게 예루살렘에 입성하셨다. 겸손하고도 낮은 자세로 새끼 나귀를 타고 들어오셔서 가장 낮은 모습으로 세상을 이기셨다.마 21:16 병든 자를 치유하시고 죽은 자를 살리시는 기적을 나타내시고도 자신을 드러내시지 않으시고 항상 우리의 죄를 용서해주신 하나님께 감사하라고 말씀하셨다. 예수님은 단지 대언자 역할에 충실하셨다.

"이 일을 누구에게도 말하지 말라"마 9:30

때로는 당부하고, 때로는 엄하게 말씀하셨다. 이 말씀의 의미는 무엇인가? 예수님은 병 고치는 능력을 애써 입증하려 하지 않으셨다.

"나는 하나님의 아들로서 아버지께서 행하신 것을 나도 행한다."요 5:19

그러나 모세는 달랐다. 광야에서 물을 달라고 불평하는 백성들에게 모세는 "나와 아론이 너희를 위해 이 반석에서 물을 내랴?"민 20:10-12 고 함으로써 자신을 앞장세우고 말았다. 하나님의 거룩함을 드러내지 못하고 자신의 공로를 드러냄으로써 이스라엘 백성들로 하여금 여호와가 아닌 모세 자신을 더 의지하게 만들었으니 하나님께 얼마나 큰 죄를 지었는가?

예수님은 하나님의 구원사역에 집중하셨고 하나님의 때를 기다리셨다. 하나님을 섬기는 종으로서 그들이 예수님 자신보다는 그를 보내신 하나님 아버지께 관심을 가지고 영광 드리기를 바라셨다.

그러나 그들은 예수님의 생각과는 달리 예수님에게만 관심을 가졌다.[마 9:31] 예수님은 답답해 하셨다.

"만일 내가 나를 영광되게 한다면 내 영광은 헛된 것이다. 나를 영광스럽게 하시는 분은 바로 너희가 너희 하나님이라고 말하는 내 아버지시다."[요 8:54]

하나님의 사랑스런 종인 예수님께서는 하나님의 말씀을 전달하고, 하나님의 말씀을 가르치는 대언자의 사역에 집중하셨다.

"나의 가르침은 나 자신에게서 온 것이 아니고 나를 보내신 하나님으로부터 온다."[요 7:16]

예수님과 하나님 아버지와의 관계는 요한복음에 잘 드러나 있다.

"아버지와 나는 하나이다.[요 10:30] 내가 아버지 안에 있고, 아버지께서 내 안에 계시는 것을 너희들은 믿느냐? 너희들에게 하는 이 말은 나 혼자 하는 것이 아니다. 내 안에 계신 아버지께서 그의 일을 하고 계신다."[요 14:10]

우리도 우리 안에 예수님이 거하시면 무엇이든 못할 것이 없음을 알아야 한다.

바울 또한 겸손했기에 예수님을 영접할 수 있었다.[마 11:29, 엡 4:10]

바울은 고백한다.

"내가 자랑할 것이 있다면 나의 약함을 자랑할 것이다."[고후 11:30]

바울의 이런 나약함은 예수님의 겸손, 낮아지심에서 배우고 있다. 스스로는 아무 것도 할 수 없다는 예수님의 겸손을 배운 것이다. 자랑할 것은 오직 예수님의 십자가뿐이라는 경건함의 비밀을 안 것이다.[갈 6:14]

그는 겸손함으로써 예수님의 구원 사역을 이어받아 이방인의 전도에 집중할 수 있었고 하나님의 자비를 더 큰 영광으로 확대할 수 있었다.[엡 3:6]

하나님의 계명을 무시하고 백성들에게 가혹한 노동으로 악행을 저지르던 르호보암은 애굽의 침공을 받게 되자 바로 하나님께 자신의 잘못을 용서 빌었다. 선지자 스마야의 도움으로 겸손 되게 하나님께 의지하니 하나님께서는 화를 돌이키셨다.^{대하 12:5-7} 그러나 후손 아사왕은 하나님께 의지하지 않고 옳은 말을 하는 선견자 하나니를 오히려 옥에 가두고 교만함으로써 하나님 뜻을 거역하다가 결국 발병으로 죽고 말았다.^{대하 16:14}

예수님은 부활하신 후 밤새동안 고기를 잡지 못한 베드로에게 다가가 다시 한 번 배의 오른편에 그물을 던져 보라고 하셨다. 그러자 이번에는 어망이 찢어질 만큼 많이 올라왔다. 성경은 잡힌 고기의 양이 153마리라고 기록하고 있다.^{요 21:11} 베드로와 함께 하나님께서 항상 임재하신다는 것을 알려 주고 싶으셨던 것이다.[6]

베드로는 어떤 사람인가? 예수님이 잡혀가시던 날 베드로는 자신을 알아보는 사람들에게 새벽닭이 울기 전 3번이나 예수님을 부정하였다. 그래서 부활하신 예수님을 뵙고, 예수님께 인간적인 사랑(φιλέω)을 할 수 밖에 없었음을 고백하였다.^{요 21:15-17} 자신의 목숨까지도 내 놓는 그런 사랑, 예수님이 우리에게 보여주신 조건없는 사랑(ἀγαπάω)을 할 수는 없었다. 그러나 예수님께서는 당신 스스로 사람으로 오셔서 직접 체험하셨으므로 그런 인간의 나약함을 아시기에 끝내 그를 버리지 않으시고 그의 눈높이에 맞추어 그를 품어 주셨다. 오만함을 삼켜버리고, 겸손 되게 우리의 나약함을 고백할 때 비로소 우리는 하나님으로부터 필요한 도움을 받아 자유를 얻고 하나님의 영광을 드러낼 수 있게 되는 것이다.

요셉이 바로 왕 앞에서 끝까지 겸손하면서 하나님의 영광을 드러낼 수 있었던 것은 인간으로서의 나약함 가운데 하나님만을 절대적으로 의지한 연단의 결과이었던 것이다.

---

[6] 글자의 숫자 값으로 의미를 탐구하는 해석방법을 '게마트리아'라고 한다.
(김현완, 성경해석학(강의안), 12면)

제 6 장

총리가 된 것은 나의 공로가 아니다.^{창 41:39-44}

요셉은 겸손할 줄 알면서도 이집트의 절대군주인 바로 왕의 면전에서 당당할 수 있었다. 하나님이 그를 보호하시고 동행하심을 알고 있기 때문이었다.

"두 번의 같은 꿈을 꾸신 것은 하나님이 이 일을 확실히 정하셨다는 의미입니다. 속히 행하실 것입니다."^{창 41:32}

요셉의 답변은 힘이 넘쳤다. 바로의 꿈도 하나님께서 보여 주신 환상이라는 것이다. 하나님께서는 천지를 창조하시고 신비로움으로 하나님의 능력을 드러내시고 꿈의 환상을 통해 구원의 역사를 알려주신다. 믿는 자이건 믿지 않는 자이건 일반적인 은총을 주시고 믿지 않는 자에게도 꿈의 환상으로 계시하기도 하셨다.

BC 538년 고레스 칙령으로 이스라엘 백성을 풀어준 고레스 왕도 꿈의 환상을 보았다. 당시 바벨론이나 메데, 바사에서는 유다에서 끌려온 유대인 노예가 그들 부의 원천을 이루고, 그 노동력으로 그들 경제를 뒷받침하고 있을 정도이었다. 그래서 값싼 노동력을 제공했던 노예를 한꺼번에 그들 땅으로 돌려보내는 것이 쉬운 일은 아니었을 것이다. 그러나 하나님께서는 이사야를 통해 예언하신 것처럼 일찍부터 이방인인 고레스를 택하셔서 사명을 주시고 믿는 자들을 위해 그를 예비하신 것이었다. 사 44:28

애굽 왕 바로는 요셉으로부터 하나님이라는 말을 처음 듣고 놀랐다. 그러나 요셉의 말이 얼마나 힘이 있었는지 바로 왕도 그를 칭찬할 정도이었다.

"하나님이 네게 모든 것을 보이셨으니 네가 진정 명철하고 지혜롭구나."
창 41:32,39 예수님께서 잡히시던 날 저녁 예수님은 나사렛 예수를 찾는 군졸들에게 말씀하셨다.

"나다" 요 14:6

그러자 그 말에 위엄을 느끼고 군졸들이 무릎을 꿇었던 것과 같이 요셉의 말에도 하나님께서 함께하시니 위력이 있었음이 분명하였다.

요셉은 바로의 꿈 이야기를 듣고 하나님의 뜻을 전하기 시작하였다.

"이것은 하나님께서 이제부터 하시고자 하는 일을 왕께 보여 주신 것입니다. 이집트 온 땅에 7년 동안 큰 풍년이 있고, 그 후에 7년의 흉년이 뒤따를 것입니다."

"형편없이 마른 소들이 처음의 살진 소 일곱 마리를 잡아먹었다. 그것은 무엇을 의미하는가?"

"뒤에 따라올 기근이 너무 심해 이 땅에 풍요로움이 있었는지 기억조차 못하게 된다는 의미입니다."

바로는 그의 현명한 답변을 듣고 감탄하고 있었다.

"두 번의 꿈은 같은 것인가?"

바로의 속은 타들어 간다.

"예, 같은 꿈을 두 번이나 반복해서 보여주신 것은 이 일을 하나님께서 결정하셨고 하나님께서 서둘러 행하실 것이라는 계시이십니다."

"그럼 내가 어찌하면 좋겠는가?"

"즉시 분별력과 지혜가 있는 사람을 찾아 이집트 땅 위에 세우시고 그로 하여금 대비하도록 하십시오."

그러자 바로는 잠깐 생각을 하다가 요셉과 신하들에게 명령하였다.

"하나님께서 네게 이 모든 것을 알려 주셨으니 너만큼 분별력과 지혜가 있는 사람이 없을 것이다. 너는 내 집을 다스리도록 하여라. 내 모든 백성이 네 명령에 순종할 것이다. 너를 이집트 온 땅 위에 세우노라."

바로는 꿈을 통해 보여주신 하나님의 놀라우신 능력을 눈으로 보고 알았다. 그런 요셉이 내 곁에 있어준다면 세상을 이길 수 있으리라고 생각하였다.

그래서 바로는 자신의 반지를 빼서 요셉에게 끼워주고 금 목걸이를 걸어주었다. 요셉은 마침내 이집트의 총리가 되었다. 이집트의 왕 힛소스 파라오에 이어 두 번째 서열의 통치자가 된 것이다.

하나님의 역사하심은 과연 위대하셨다.

하나님께서는 미리 정하신 그를 부르시고 의롭다 하시고 또한 영화롭게 하신 것이다.^{롬 8:29-30}

요셉은 이 모든 것이 하나님의 계획안에 있음을 알았다. 이집트 말을 제대로 할 줄도 모르고, 얼마 전까지 노예 신분인 자신이 큰 나라 이집트의 총리가 된다는 것은 있을 수가 없는 일이었다. 그러나 하나님께서는 무엇이든지 할 수 있는 분이시다.

요셉은 교만하지 않았다. 하나님께서는 지혜로운 자들이 지혜를 자랑하지 못하도록 천한 자를 앞세우시는 분이시다. 그들이 힘이 있어서 자신이 모든 것을 이루었다고 하지 못하도록 가장 낮은 곳에서 부르짖는 자의 외침을 듣고 이루어 주신다.

그래서 요셉은 자신의 총리됨을 사랑하지 않았고 겸손하게 하나님께서 맡겨주신 소명에 충실할 수 있었다.

"지금의 나 된 것은 모두 하나님의 은혜이시다."^{고전 15:10}

내가 이룬 것은 아무 것도 없으며 나의 공로가 아닌 모두 성령 하나님의 선물이라는 생각을 가지고 있었다.

하나님께서는 천지를 창조하시고 여섯째 날 그 분의 형상대로 사람을 만드시어 은혜 가운데 모든 생물을 다스리도록 복을 주셨다.

그분의 형상대로 만들었다는 것은 피와 살을 가진 외적인 육체를 닮았다는 것이 아니다. 영이신 하나님의 형상대로 의와 진리의 거룩함으로 지으심을 받았다는 것이다.^{엡 4:24} 그럼에도 인간은 복에 겨워 자신의 의지대로 행동하다가 죄를 짓고 거짓된 행동으로 하나님을 배신하고 말았다.

사람은 매사가 형통한 은혜를 받게 되면 교만해 질 수 있다. 다윗도 형통할 때 영원히 흔들리지 않을 것임을 다짐하지 않았는가?^{시 30:6} 믿는 자는 배부르고 살찌면 교만에 빠질까 혹여 하나님의 언약을 버리고 계명을 어길까 걱정하고 더욱 겸손하여야 한다.^{신 31:20}

유례없는 부귀와 영화를 받은 히스기야 왕은 교만해져 이를 염탐하러온 바벨론 사절에게 자신의 보물들과 무기고를 보여주며 자신을 자랑하였다.^{대하 32:25-31, 사 39:1-2} 바벨론 사람들에게 하나님의 능력을 소개할 기회로 활용하지 않고 그 자신의 공로를 드러냄으로써 모든 것을 자신의 영광으로 돌리고 말았다. 자신의 군사력에 의지하여 교만해진 것이다. 결국 그의 아들 므낫세가 바벨론의 침공을 받아 바벨론으로 끌려갈 때 그가 자랑하던 모든 보물들을 그들에게 빼앗기고 말았다. 유다 여러 왕 중에서 그와 같이 여호와께 의지하고 함께 한 자가 없었다고 칭찬받았던 그도 시험에 빠지고 만 것이다.^{왕하 18:5-8}

형제들에 의해 요셉이 노예로 팔려갈 때 그 때가 요셉에게는 인생의 최대 고비이자 새로운 기회이었다. 요셉은 그런 시련을 통해 하나님께서 자신을 연단시키시고 함께 하신다는 것을 깨달았다.

여호와 하나님께서는 강한 자는 강한대로, 약해지면 강하게 만들어 사용하시는 분이시다.

아주 작은 집안의 힘없고 겁이 많은 기드온을 강하게 만들어 미디안과 아말렉, 동방사람들을 모두 물리치신 분이시다.^{삿 6장-7장}

삼손과 같이 힘 있는 자를 이용하여 블레셋 군대를 치고, 그가 들릴라를 만나 추락하였을 때에는 그의 마지막 소원을 들으시어 강한 힘을 주시고 블레셋 백성을 멸하게 하신 분이시다.^{삿 16:28}

요셉은 자신의 모든 삶을 하나님께 맡겼으므로 하나님께서 의롭다 하시고 또한 영화롭게 하셨다. 지금의 영광은 하나님께서 거저 주시는 은혜일뿐이어서 자신의 공로를 자랑할 수가 없었다.

제6장

요셉은 소망을 보고 합력하여 애굽의 총리가 되었다.

이집트에 체류하던 13년 동안 현실은 고통 중에 있으나 그는 항상 십자가 앞의 소망을 바라보고 단련의 기간으로 삼았다.

믿는 자는 고난을 당하면 그 기회를 헛되게 보내지 않는다. 하나님의 얼굴을 찾고 하나님의 능력을 체험해서 하나님의 영광을 드러내는 기회로 삼는다.

"환난을 당할 때에 내가 그와 함께하여 그를 건지고 영화롭게 하리라."시 91:15

그러나 믿지 않은 자는 혼자 해결하려고 하고 안 되면 남의 탓을 한다.

요셉은 하나님만을 바라보고 모든 것을 하나님께 맡겼다. 하나님께 모두 맡겼다고 하여 아무 일도 하지 않은 것이 아니다. 그는 주어진 사명에 최선을 다하면서 기다렸던 것이다.

그는 보디발의 노예로 들어가 그의 최고 재산관리자로서 그의 부인이외에는 모든 권속들을 그의 관리 아래 두었던 것이다. 보디발의 부인의 무고에 의해 억울한 감옥살이 중에도 감옥소의 일을 도맡아 할 정도로 간수장으로부터 신뢰를 얻었다.

총리가 되어서는 어떤가?

당시 이집트의 2인자라고 한다면 전 세계의 통치권자라도 해도 과언이 아닐 것이다. 총리의 역할은 막중한 것이었다. 국정의 총괄자이고 문서의 최종적인 결재권자이었다. 모든 세금의 징수와 재정의 집행 등 행정 업무는 물론 법률의 제정과 재판 업무에 이르기까지 최종 감독자이었고, 왕궁의 최종 관리자이기도 하였다.

보디발의 상급자가 된 것이다. 상상이라도 할 수 있는가? 13년 전에 노예로 팔려와 보디발의 신뢰받는 충신이었던 그가 이제는 그의 상급 감독자가 된 것이다. 성경에서는 보디발의 아내에 대해서는 더 이상의 기록이 없다. 모든 것이 하나님의 섭리 안에 있다는 것을 아는 요셉으로서는 그녀에 대한 미련이나 보복은 안중에도 없었을 것이다.

히브리인 출신의 노예가 대 이집트의 총리가 된 것을 누가 알 수 있었을까? 바로 왕과 술 맡은 관원장은 알았다. 보디발도 그를 알아보았다. 그러나 보디발의 아내는 그를 몰라보았을 것이다. 요셉의 친형제들도 몰라보지 않았는가? 감히 노예가 왕 아래 권력서열 2인자인 총리가 될 것을 예상이나 할 수 있었겠는가? 그녀는 특히 요셉을 욕망의 대상인 육체로만 보았지 그의 영적인 내면의 모습을 볼 수 없었기 때문이었다.

당시 총리로서 가장 큰 현안문제는 역시 7년의 풍년기간 동안 양곡을 잘 저장하였다가 앞으로 다가올 흉년에 대비하는 일이었다.

그는 하나님께서 가르쳐주신 대로 애굽 온 땅을 순찰하면서 곡물을 성마다 잘 저장하고 관리하였다. 성경은 그 양이 바다 모래와 같이 끝이 없이 많았다고 기록하고 있다.^{창 41:48-49}

그가 그런 지위에 오르고 주어진 사명을 차질 없이 수행할 수 있었던 것은 고통 중에서도 실망과 절망에 빠져있지 않고, 항상 부지런하고 철저히 준비한 덕택이었다. 그러면서도 믿음으로 하나님과 동행하면서 매일 매일을 하나님과 대화하며 상의해서 모든 문제를 해결해 나갔던 것이다.

"나의 힘이신 여호와여! 내가 주를 사랑하나이다."시 18:1

여호와는 나의 반석이시오 나의 요새시오 나의 피난처시오, 나를 건지시는 이시오 나의 살아계신 하나님이시다. 하나님이 내게 띠 띠우시며 내 길을 완전하게 하시며 나를 높은 곳에 세우시며 여러 민족의 으뜸으로 삼으셨도다.시 18:2, 142:5

요셉은 하나님을 사랑하므로 모든 일에 형통의 복을 주시는 하나님이시라는 것을 알았다.

하나님께서는 죽음의 고통에서 풀어 예수님을 살리셨다. 왜냐하면 그분은 죽음에 사로잡혀 있을 수 없기 때문이다.행 2:24 예수님께서는 십자가의 고통 중에도 기쁨으로 소망을 보시고 하늘 보좌에 앉으셨다.

요셉 또한 하나님의 부르심을 받은 하나님을 사랑하는 자이었다. 그래서 그는 고통 중에 소망을 가지고 하나님 뜻에 순종함으로써 모든 일에서 형통한 복을 받을 수 있었다.롬 8:28

"내 영혼아! 네가 어찌하여 낙심하며 어찌하여 내 속에서 불안해하는가? 너는 하나님께 소망을 두라. 그가 나타나 도우심으로 말미암아 내가 여전히 찬송하리로다."시 42:5

제 6 장

7년 이집트 대기근은 하나님이 준비하셨다.

    2년간의 대 기근은 정말 혹독하였다. 이집트는 물론 그 주변의 가나안땅에서도 마찬가지 이었다. 앞으로 다가올 5년간의 기근은 더 심할 것이다. 온 지방에서 굶어 죽는 사람이 속출하고 짐승까지도 잡아먹었다. 동족을 서로 잡아먹는 기현상도 일어났다. 사람들이 죽음 앞에서는 못할 일이 없었다.

    이러한 대기근은 하나님이 백성을 심판하시고 구하시기 위해 허락하신 것이었다.

    기근이건 풍랑이건 자연현상 하나하나도 하나님의 주권적 통치아래 있음은 물론이다. 하나님은 천지를 창조하시고, 천지운항을 주관하시는 분이시기 때문이다.

    하나님께서는 하늘과 땅과 그 안의 모든 것을 만드시고 일곱째 날에 쉬셨다.^{창 1:12} 그래서 일찍부터 이스라엘에서는 7년 째 되는 해마다 1년씩 사람도 쉬고 경작하는 땅도 쉬도록 하였다. 훗날 이를 규례로 정하고 그때에는 형제들에게 채무도 탕감해 주었다.^{느 10:31}

안식년 제도의 취지는 무엇보다도 하나님과의 영적회복에 있었다. 자신의 일에 얽매여 소홀히 하였던 하나님과의 관계를 회복하는 기간으로 활용되었다.

필자는 안식년의 진정한 의미를 모르고 살았다. 교수직 14년 동안 1년 안식년을 가졌으나 그나마 변호사 시험제도를 신설하는데 전념하였다. 두 번째 안식년을 맞이해서는 학과를 신설한다고 연기하였다. 교수직을 떠나서야 비로소 진정한 의미의 안식년을 보내고 있다. 나이 전공과 전혀 다른 신학을 공부하면서 하나님을 알아가고 있으니 말이다. 하나님의 처방은 놀라우시다.

경작지 또한 안식년을 통해 연속된 경작으로 인해 지력이 쇠해지는 것과 병충해들로부터 약해지는 것을 막을 수 있었다. 작물의 다양성을 확보하려는 방편도 되었다. 이런 것들은 성령 하나님께서 주신 지혜이었다. 1년의 휴경기간 동안 땅 아래 생물들의 작용으로 지력이 복원되기를 기다린 것이다.

나아가 인간의 재물에 대한 과도한 욕심을 헛된 탐욕이라고 하시고 경계하도록 가르치신 것이다. 대지의 휴식기간을 무시하고 욕심을 부려 퇴비를 더 주고 애써 경작해 보지만 그것은 절제되지 않은 헛된 욕망일 뿐이었다.

재물은 우리의 필요에 따라 주어지는 것이 아니라 하나님의 필요에 따라 주어지는 것이다. 성령의 은사가 분량에 따라 주어지듯이 재물 또한 하나님께서 주신 사명에 따라 사람마다 다르게 주어진다. 자기가 가진 것에 만족할 줄 알아야 한다. 하나님이 주신 것만으로 만족할 줄 알아야 한다.

"나는 너희를 떠나지 않고, 너희를 버리지 않으리라."^{히 13:5}

헛된 탐욕을 가진 게하시에게 하나님의 저주가 내린 것을 보라. 그는 재물을 탐하다가 선지자 엘리사의 종에서 나병환자로 전락하고 말았다.^{왕하 5:27}

"욕심이 잉태한 즉 죄를 낳고 죄가 장성한 즉 사망을 낳느니라."^{약 1:15}

그래서 하나님께서는 7년 주기로 때때로 기근을 주셔서 이스라엘 백성들로 하여금 애굽으로, 블레셋 지역으로 이주토록 하시어 경고하신 것이다.^{왕하 8:1}

아브라함도 기근을 피해 이집트로 피신한 적이 있다. 그래서 이를 잘 알고 있는 야곱의 자손들 또한 6년 동안 소출한 곡식의 일정량을 저장해서 1년간 휴경할 때를 대비해 왔다.

7년 기간으로 7번의 안식년이 지나 50년째가 시작되는 해를 희년으로 하고, 야곱의 자손 12지파들은 분배받은 땅으로 다시 돌아가는 해로 삼았다.^{레 25:8-10} 당시가 희년이었는지는 알 수 없지만 희년을 앞두고 있었다면 최소한 2년이나 3년 치 양곡을 준비해 두었을 것이다.

물론 하나님은 일용할 양식을 주시되 내일도 주실 것을 확신하는 것이 믿음이며, 여섯째 날에는 안식일에 대비해서 미리 갑절의 곡식을 거두게 하신 분이시다.^{출 16:22-30} 그런데 오랜 기간 동안 기근으로 그들로 하여금 이집트 먼 나라까지 양곡을 구하러 가게 한 것은 하나님께서 특별히 역사하심이었고, 일찍이 아브라함에게 언약하셨듯이 그들을 이집트로 이주시키시려는 하나님의 계획이셨다.

한편 나일강 하류지역만큼은 이러한 안식년이나 흉년과는 거리가 멀었다. 주기적으로 나일강이 범람함으로써 상류의 비옥한 검은 토사들이 이동하고 퇴적되어 하류지역에 비옥한 삼각주가 만들어졌기 때문이다.

이집트 사람들은 건조한 기후로 일찍부터 좁은 나일 강 계곡과 삼각주에 집중해서 살았다. 강 하류지역은 아직도 세계에서 가장 비옥한 토양 중 하나로 손꼽히고 있을 정도이다. 이 지역은 이집트의 1/3정도의 면적에 불과하지만 이집트 전체 농산물 생산량의 대다수를 차지하고 있다고 한다.

그러나 하나님께서는 이집트 바로왕의 꿈을 통해 이집트 지역도 7년의 대기근을 계시해 주셨다. 그 동안 비도 내리지 않게 하시고 나일강도 잠잠케 하셨다.

제 6 장

이집트에는 잘못된 내세관으로 화려하고 웅장한 피라미드가 있었다

    기원전 3,000년 전부터 이집트에서는 왕의 무덤으로 피라미드가 만들어졌다. 임호텝(Imhotep)은 BC 2,600년대 이집트의 조세르(Djoser) 왕시절의 왕 밑의 첫 번째 사람으로 위대한 행정가, 조각가, 건축가, 철인, 점성가이었고 의사이었다. 그는 4대 왕을 섬기면서 그들이 죽기 전부터 그들의 피라미드를 건축하기 시작하였다. 그는 더 높고 웅장한 형태로 여러 층의 계단식 피라미드를 만들었다.

    건축하면서 가장 신경을 쓰고 정성스럽게 만든 부분은 하늘로 올라가는 높은 탑을 건축하는 것이었다. 비록 몸은 죽었지만 죽어서 영혼이 사후세계로 다가갈 수 있도록 높이 더 높이 설계하는 것이었다.

    피라미드 중에서 쿠푸왕의 피라미드가 가장 큰 규모라고 한다. 높이가 146m이니 한 층 약 3미터 높이의 50층 아파트 높이와 같다. 그래서 삼각형 뿔 모양으로 올리면서 가파른 계단이 필요하였고 방실의 머릿돌을 잘 배치하여 무너지지 않도록 설계하였다. 피라미드는 하늘의 운기를 가장 잘 받는 기하학적 의미를 지니기도 한다. 임호텝도 머릿돌의 중요성을 잘 알고 있었다.

시신을 미라로 만들고 관을 화려하게 장식하였다. 당시 이집트인들은 사후 세계를 믿으며 별도로 영생을 판단 받는다는 의식이 있었다. 사후 삶에 대한 열정이 강한만큼 사후세계를 위한 준비도 철저히 하였다.

피라미드는 당시 이집트인의 내세관을 잘 알려주고 있고 그 중심에 있었다. 사후세계로 올라갈 때까지는 현실과 같이 생활하는데 필요한 것은 모든 것을 갖추어야했다. 많은 동료와 그를 지켜주는 우상은 물론 귀금속 등 온갖 장식용품들이 함께 매장된 이유가 여기에 있다. 주변에 많은 사람의 시체와 당시 희생 제물인 고양이 사체, 그리고 다양한 귀금속이 많이 출토된 것도 그 때문이었다.

평소 지니던 귀금속이나 사후 생활용품도 같이 묻어야했으므로 층별로 방실이 많이 필요하였다. 이것만이 아니다. 절대 권력자의 시체를 온전히 보존하기 위해 미라를 만드는 보존 기술이 필요하였고, 썩지 않게 신선도를 유지하기 위한 각종 저장기술도 동원되었다.

도굴에 대비하기 위해 누구든지 함부로 접근하지 못하도록 출입문은 가능한 한 적고 작게 만들었고, 통로를 좁게 만들면서 여기저기 숨통을 만들어 바람의 순환과 환기를 고려하였다.

초창기 피라미드는 화강암 대리석을 사용하여 건축되었다. 피라미드를 만드는 사람은 대다수 농부들이었고 농한기를 이용하여 징용된 사람들이었으니 피라미드를 만드는 것이 순탄치만은 않았으리라. 웬만한 피라미드 하나 만드는데 연인원 10만 명의 노역자가 약 20년에 걸쳐 만들었다고 하니 규모가 가히 얼마나 크고, 백성의 노역부담 또한 얼마나 무거웠을지 짐작할만하다.

큼직한 화강암을 구하거나 이동하기도 어려웠을 것이다. 구하더라도 이를 다듬기가 어려워 옛 선조의 피라미드 무덤 대리석들을 훔쳐와 새롭게 만드는데 사용하기도 하였단다. 그러니 이미 허물어진 피라미드도 많았을 것이다.

제6장

요셉은 피라미드를
양곡의 저장창고로 사용하였다. 창 41:39-44

요셉이 총리가 된 이후 이집트는, 7년 동안의 풍년으로 풍성하게 많은 소출을 냈다. 이집트에서 생산된 옥수수·밀·보리·콩·사탕수수·무화과 등 모든 양식과 채소 중 1/5씩 떼어 여러 성에 저장해 두었다.

나머지 5분의 4는 소작농들의 밭에 뿌릴 씨와 집안 식구들의 먹을 양식으로 삼아 그들이 굶주리지 않도록 하였다.

그래서 백성들은 말했다.

"주께서 저희 목숨을 구해 주셨습니다. 저희가 주께 은혜를 입어 바로의 종이 되게 해 주십시오." 창 47:24-25

온 나라에 감사와 찬양이 가득하였다.

요셉이 여호와 하나님께 감사와 찬양을 드리니 요셉은 물론 이집트 온 나라에도 형통의 축복을 주신 것이다. 은혜가 풍성하신 하나님과 함께했기 때문이다. 고후 12:10

7년의 풍년기간 동안 1/5의 소출만으로도 어마어마하게 많은 양의 곡식이 쌓였다. 마치 바다의 모래 같았다. 그 양이 너무 많아서 그가 다 기록할 수가 없을 정도이었다고 성경은 기록하고 있다.

많은 양식과 포도주, 기름 등을 저장할 대형 룸이 필요했고, 각 종 양식을 분리하여 저장하기 위해서는 여러 개의 방실^{chamber}이 필요하였다. 각 방실은 저장 품목에 맞게 저장할 수 있어야 하고 신선도를 유지하도록 설계되어야 했다. 그래서 설계사, 건축가를 불러 논의하였다. 연일 회의를 해보지만 뾰쪽한 방법이 없었다.

　　그러던 어느 날 평소 가까이 지내고 따르던 왕의 경호대장 보디발이 죽었다. 보디발은 자녀가 없었다. 장례를 도맡아 치룰 사람이 없었다. 그래서 요셉은 자신이 도와주고 싶었다. 한때 자신에게 등을 돌려 밀기도 했지만 평화의 사자인 요셉은 마음을 붙잡고 그를 받아 들였던 것이다. 장례절차를 갖추고 장지를 찾아 무덤을 만들면서 주변 인근 선친 왕들의 피라미드도 돌아보기로 마음먹었다.

　　하나님께서는 그를 가만히 쉬도록 내버려 두지 않으셨다. 모든 것이 하나님의 계시로 이루어졌다. 여기저기 버려진 선왕들의 피라미드를 찾아가 보았다. 들어가 보니 무덤 안이 온통 시원했고, 사막 가운데 오아시스처럼 신선함도 유지하고 있었다.

　　아뿔싸! 피라미드 무덤이 양식 저장 창고로서의 입지조건을 모두 갖추고 있었던 것이다.

　　그렇다.

　　피라미드를 복원하여 방실을 늘리고, 구하기 어려운 화강암 벽돌 대신 흔하디흔한 지푸라기를 넣어 흙벽돌을 만들어 사용해 보자. 농사철에는 부지런히 밀과 보리를 심고 가꾸되, 농한기에는 짚을 사용하여 흙벽돌을 제작하여 각 성읍마다 창고를 만들도록 하였다. 백성들의 노역에 관한 부담을 줄여준 만큼 그들의 자발적인 도움을 받아 협력하여 선을 이루어갔다. 이 모든 것을 하나님께서 그에게 성령으로 인도하여 주셨다.

　　"지혜가 부족하거든 모든 사람에게 후히 주시고 꾸짖지 아니하시는 하나님께 구하라. 그러면 주시리라."^{약 1:15}

보안도 소홀히 할 수 없었으므로 입구와 출구 두 곳만을 석게 만들어 그 앞에 간수를 배치함으로써 도둑이나 약탈자들의 접근성을 사전에 차단할 수 있게 하였다. 저장창고 안에는 좁은 통로를 만들어 셈을 끝낸 사람만이 양식수레를 가지고 겨우 이동할 수 있도록 설계하였다.

막상 기근이 닥치고 저장하고 있던 양곡 등을 팔게 되자 피라미드 창고마다 식량을 사러온 백성들로 인산인해를 이루었다. 입구에서부터 양식의 입출고, 계산과 관리가 철저히 이루어졌다. 1인당, 세대 당 일정량을 정해서 정확하게 배정하였다.

외국의 상인들이 사재기를 해서 폭리를 누릴 수 없게 철저히 신분도 확인하고 거래횟수도 제한하였다.

그러니 야곱이 자신의 아들 중 막내 베냐민을 빼고 10명의 형제들 모두를 보내서 1인당 가능한 한 많은 양의 양식을 사오도록 한 것은 적중하였다.

양곡의 입출고를 총괄하는 요셉의 저울은 공정하였고, 좌로나 우로나 치우치지 않고 누구에게나 공평하였다.

"너희는 십분 공정한 저울추와 잣대를 둘 것이요 무릇 이를 부정하게 행하는 자를 하나님께서는 싫어하신다."^{신 25:15-16}

하나님은 무질서의 하나님이 아니요 평화의 하나님^{Yahweh Shalom}이시기 때문이다.^{고전 14:33}

흐르는 강물처럼 공정한 사회가 되기 위해서는 법집행 과정은 공정하여야 하고 그 결과는 정의에 합치되어야 한다.^{암 5:24 참조}

권한을 가진 자들이 자신이나 자신의 패거리들의 불법을 눈감아 주고, 그들의 이익만을 위해 권한을 남용해 간다면 국민은 이를 참된 것으로 배우며 거짓과 변명만을 따라 할 것이다.^{잠 29:12}

집권자의 부당한 법집행으로부터 국민의 권리를 지키고, 그들의 아집과 편견을 바로 잡아가는 것은 이를 위해 임명되거나 선출된 관료 즉, 판사나 검사, 감사원이나 인권위원회 등 담당 공무원들의 책무이다.

재판에서 당사자의 억울한 사정을 대변하는 변호사의 행위도 공정하여야 한다. 아버지 변호사가 임종을 앞두고 아들 변호사에게 자신이 맡은 소송사건을 인계해 주었다. 아들 변호사는 이를 단칼에 해결하고 말았다. 그러자 아버지 변호사는 안타까워했단다. "나는 그 한 사건으로 평생을 우려먹었는데....."

파수꾼인 그들이 부정한 행위를 눈감아 주거나 진실을 은폐하려한다면 그러한 위선은 하나님으로부터 심판을 받을 것이다.강요IV, 1019-1025면 모든 나라의 주권은 여호와 하나님의 손 안에 있기 때문이다.

그러면서도 요셉은 가난한 자, 과부, 노예에게는 관대하였다. 가난한 자로부터 받은 담보물이 있거든 해지기 전에 반드시 돌려주어 그것을 입고 자게 하였고, 그들에게 일부를 더 주어 하나님 보시기에 의로움이 되도록 하였다. 신 24:12-22 그들에게 야채 한 다발을 더 주었다고 하여 다시 정산하지 않았다. 오른 손이 하는 구제를 왼손이 모르게 하고, 의를 행하되 소문나지 않게 함으로써 요셉은 하나님께서 준비하신 특별한 상급을 받을 수 있었다.마 6:1

인생을 살면서 누구에게나 철저함만 가지고 살 수는 없다. 불쌍한 사람에게는 허술함이나 관대함도 필요하다. 그러나 자신에 대해서는 특히 엄격하여야 한다. 자신에 대해 관대하면 사고가 난다. 지켜보는 눈이 많다. 노예이면서 이방인 출신인 요셉이 갑자기 총리가 되었다고 하니 그에 대해 시기와 질투를 하는 사람들이 얼마나 많았겠는가? 요셉은 그 자신에 대해서 더욱 엄격하였음이 분명하다. 반면 필자는 주변사람들에게 엄격함만 요구했지 내 스스로 강사나 조교들에게 관대함을 보이지 못했음을 후회하고 있다. 보이는 것에 불평할 줄 만 알았지 보이지 않은 것에 감사할 줄 몰랐다. 모든 것을 잃은 다음에야 깨달았으니 그 무지함을 많이 회개하고 있다.

통로를 통해 수레가 이동하면 층별로 저장된 곡식이 아래층부터 할당된 양만큼 자루에 채워지도록 배치하였다.

아래층이 모두 소진되면 위층의 창고 문을 열어 자동적으로 밑으로 내려가 쌓이도록 하였다. 위층과 아래층의 칸막이는 가파른 계단을 두어 간수 들이 올라가 겨우 열 수 있도록 설계하였다.

각층의 방실은 보리와 밀, 무화과, 야채, 포도주 등 저장물의 특성에 맞게 공간을 구성하고, 신선도를 유지하는데 필요한 순서로 방실을 배치하고 환기통을 만들어 공기가 잘 순환하도록 하였다.

화강암 돌 대신 흙벽돌을 사용하다보니 히중을 이기지 못하므로 자연스럽게 높이가 낮아 질 수밖에 없었다. 그러면서도 흙벽돌이 튼튼하게 올라갈 수 있도록 층간에 매듭을 지었다.

대나무가 매듭을 짓고 곧게 올라갈 수 있는 것처럼 매듭을 지어 올렸다. 정사각형 바닥에 삼각형의 형태로 각 층을 만들면서 한층 두층 짚을 깔고 층을 지어 올림으로써 튼튼히 쌓아갈 수 있었다.

이 모든 것들은 성령 하나님께서 지혜를 주신 결과이었다.

하나님께서는 하시고자 하는 사업에 맞추어 요셉에게 능력을 주시고 완전히 새 사람으로 만들어 사용하셨다. 어떤 때에는 삶의 능력과 지혜를 주시고 치유의 능력과 방언과 통역의 능력, 예언의 능력, 건축의 능력, 관리의 능력을 주셨다.

BC 2,000년경 나일강의 수위가 풍부해져 중 왕조가 탄생하였고, 그 이후 예전보다는 작은 규모의 흙벽돌로 제작된 피라미드가 많이 출토되었고, 당시 여섯 줄 보리가 고분에서 출토되었다는 것도 곡물창고로 사용된 피라미드의 존재를 뒷받침하고 있다.[7]

---

[7] https://ko.wikipedia.org/wiki/보리

제 6 장

피라미드를 무덤에서
생명의 창고로 거듭나게 하였다.

　요셉은 피라미드를 단순히 곡물의 저장창고로서만이 아니라 이집트 사람의 내세관을 바꾸는 도구로 활용하였다. 오랜 기간 그들만이 지니고 있던 내세관이 잘 못된 것임을 알았기에 이를 바꾸려고 노력하였다.

　내세는 화려하고 웅장한 무덤에 있지 않고 우리 마음속에 있는 것이다. 육이 죽어야 영의 세계로 가는 것은 맞지만 결코 미라 형태로 육신이 존재하는 것이 아니고 하나님이 주시는, 썩지 않는 양질의 몸으로 거듭나는 것이다.

　임호택은 피라미드를 썩어 없어질 죽은 시체를 묻는 스올로 만들었지만 요셉은 그곳을 생명의 양식을 저장하는 보물창고로 바꾸었다. 생명의 양식을 먹고 마시는 자마다 영생을 주시는 하나님, 그분의 뜻에 따라 죽은 피라미드를 생명의 창고로 거듭나게 하였다.

　요셉은 이집트 왕의 무덤인 피라미드를 양식을 저장하는 창고로 사용함으로써 엄청난 양의 양곡을 저장할 수도 있었지만 중요한 것은 이집트 사람들의 내세관을 바꾸었다는 데 더 큰 의미를 둘 수 있다.

인간은 보물을 둔 곳에 마음이 가기 마련이다. 눈에 보이는 무덤으로서의 피라미드가 아닌 눈에 보이지 않는 하늘나라의 보물창고로 바라보게 하였다. 그래서 그들이 바라던 영생이 장래 먼 훗날의 사후세계가 아니라 매일 매일의 삶속에서 이루어지는 현실적인 실재임을 확인시켜 주었다.

예수님께서는 죽은 나사로를 다시 살리셔서 영원한 생명을 주셨고, 부활이 장래에 있을 기대감이 아니라 우리 눈앞에서 일어나는 실제적인 소망임을 보여주셨다.

소망은 장래의 일어날 기대만이 아니라 오늘 이루어지는 현실이라는 점을 가르쳐 줌으로써 애굽 사람들로 하여금 이 땅에서 선한 일을 열심히 하는 하늘나라의 백성이 되고, 그들 또한 하나님 나라의 통치권 아래 있음을 알게 하였다.^{딛 2:14} 여호와께서는 선한 일을 하는 자와 함께 하시기 때문이다.^{대하 19:11}
그렇게 되면 어느덧 이 세상도 참 그리스도인이 사는 하나님 나라가 되고, ^{창 49:25} 그를 믿는 자마다 하나님나라 백성이 된다는 것을 가르쳐 주었다.
요셉은 이집트 국정의 최고책임 관리자이며 건축가이었으며 어느 덧 이집트인들로 하여금 영원한 하늘나라를 바라보게 하는 제사장이요 소망을 꿈꾸게 하는 중재자가 되어 있었다.
오늘날 그리스도의 몸 되신 가시^{可視} 교회의 책임 운영자는 목회자이다. 요셉은 오늘날의 교회가 어떻게 건축되고 운영되어야 할 것인지에 대해서도 지혜를 주고 있다. 요셉이 흙벽돌로 보물창고를 만들었듯이 옛 이스라엘 광야에 있던 성막의 수수함을 본받아야 한다.
그리고 낮은 자세로 오신 예수님과 같이 비록 흙벽돌로 지은 수수한 교회라도 참 진리를 가르치고, 사랑이 함께한다면 우리는 그 안에서 성령의 도움으로 거듭나게 된다. 겉모양은 대리석으로 치장해 웅장해 보이지만 그 안에 생명이 없는 교회는 예수님의 희생을 헛되게 하는 것이다. 교회 건물의 화려함과 웅장함과 같은 겉모양보다도 공동체 구성원의 중심을 보시는 하나님이시다.

어떤 흑인 소녀가 웅장한 백인교회 앞에서 관리인의 제지를 받고 교회 안으로 들어가지 못하게 되자 예수님께 간절히 기도드렸다. "예수님 저도 이 교회에 들어가 예배를 드리게 해 주세요." 그 때 예수님께서는 응답하셨다. "얘야! 나도 이제껏 그 교회에 한 번도 들어가 보지 못했단다."

웅장한 강대상에 대규모 오케스트라를 갖춘 합창단의 찬양이 있더라도 그 안에 예수님이 거하지 않으시면 무슨 은혜가 있겠는가? 예배가 끝나도 주님 얼굴을 뵙지 못하면 무슨 유익이 있겠는가?

예수님의 말씀은 새로운 언약이시다. 천지가 소멸해도 복음의 말씀은 없어지지 아니한다고 약속하신다.^{눅 21:33} 십자가의 보혈로 우리는 구원 받았고, 죄악으로부터 벗어난 우리는 자유로운 영혼이 되었다. 진리가 우리를 자유롭게 하였다.^{요 8:31-32} 약속은 쌍무계약을 말한다. 서로가 의무를 부담하여야 한다.

예수님은 "네 이웃을 사랑하라"고 말씀하신다. 강도를 당한 사람을 여관에 데려가 치료받게 하듯이 믿지 않는 사람들을 그리스도의 몸 된 교회로 인도하라고 하신다. 새 언약은 철저한 자기 부정을 의미한다. 자신의 목소리를 낮추고 전적으로 하나님의 뜻에 따라 행동하는 것이다. 목사도 자신의 의지가 아닌 하나님의 의지에 따라 성도를 인도하여야 한다는 의미이다.

오늘날 교회가 이러한 진리를 가르치고 사랑을 베풀어 진리의 기둥이 되며 영원한 생명이 있는 보물창고 곧 하나님과 늘 교제하는 하나님의 성전으로 거듭나야 한다.

여호와께서는 주의 성전에서 자비를 간구하는 솔로몬의 기도를 즐겨 들어 주셨다.^{왕상 8:28-29}

세계 속의 한국교회가 굳건한 믿음 위에 우뚝 서서 흔들리지 않도록 예수님의 사랑 안에서 주님의 처소로 재건축되어야 한다. 우리는 그 안에서 비로소 성숙한 믿음을 가진 온전한 그리스도인으로 성장해 간다.

"존귀와 위엄이 그 앞에 있으며 능력과 즐거움이 그 처소에 있도다."^{대상 16:27}

〈Keynote〉
네 보물 있는 그곳에는 네 마음도 있느니라.

복음서를 보면, 채무를 탕감해 주는 청지기의 약삭빠른 행동을 보고 포도원 주인이 칭찬하는 모습을 기록하고 있다.

"이 세상의 자녀들이 자기들끼리 거래하는 데는 빛의 자녀들보다 더 약삭빠르다. 내가 너희에게 말한다. 불의한 재물로 너희를 위해 친구를 만들라. 그래서 재물이 다 없어질 때 그들이 너희를 영원한 처소로 영접하리라."눅 16:8-9

청지기가 칭찬을 받은 이유는, 당장은 어렵지만 미래를 생각하고, 물질을 낭비하기보다 다른 사람을 위해 그 물질을 사용하는 지혜를 가지고 있기 때문이었다.

"네 보물 있는 그곳에는 네 마음도 있느니라."마 6:21

믿는 사람은 금방 사라질 현세보다는 그 재물을 영원히 가질 수 있는 하늘나라로 옮겨야 한다. 하나님의 특별하신 상급으로 바꿀 수 있도록 노력하여야 한다.

그 많은 재물을 어떻게 하늘나라로 옮길 것인가?

가난한 자, 고아, 사회적 약자 그리고 그것이 정말로 필요한 자에게 거저 주는 것은 주님에게 베푸는 것이며, 여호와께 빌려주는 것이며, 많이 심은 자는 주님의 손에 많이 맡겨 두는 것이다.마 25:40, 잠 19:17, 고후 9:6

오늘날 교회가 이러한 사명을 다함으로써 생명의 보물창고로 거듭나야한다고 촉구하고 계신다.

제 7 장

형제간의 화해와 이스라엘의 번영

예수님은 십자가에 매달려 자신을 조롱하고 때리고 고문한 군인들과 그를 십자가에 못 박은 군인들을 내려다 보셨다. 자신을 사형선고한 사람들, 가야바와 산헤드린의 대제사장 그리고 빌라도를 기억하셨다. 자신을 버린 사도들과 동료들, 그를 세 번이나 부인 한 베드로, 예루살렘으로 입성하던 날 그를 찬양하고, 그리고 나중에는 십자가에 못 박을 것을 요구한 변덕스러운 무리들을 내려다보고 말씀하셨다.

"아버지, 저들을 용서해 주소서! 저들은 자기들이 하고 있는 일을 알지 못하나이다." 눅 23:34 예수님께서는 지상에 계시는 동안 마지막까지 용서를 베푸셨다. 가버나움의 중풍환자를 용서하셨고, 막 2:3-12 바리새인 시몬의 집에서 기름을 부어 준 죄 많은 여인을 용서해 주셨고, 눅 7:37-48 간음한 여자를 용서해 주셨다. 요 8:1-11

예수님께서는 부활하신 후에도 첫 번째로 제자들에게 용서하도록 명령하셨다. "성령을 받아라. 너희가 죄인을 용서하면 너희들도 용서를 받을 것이요. 그렇지 않으면 너희도 용서받지 못할 것이다." 요 20:22-23

제 7 장

아버지께 자신의 건재함을 알리지 않고 기다렸다.

　　요셉은 노예의 신분이었지만 보디발의 신임을 받아 모든 재산을 위임받아 관리하는 총 관리장의 지위까지 올라갔다. 어느 정도 생활이 안정됨에 따라 가나안 땅에 계시는 아버지 야곱에게 자신이 건재함을 알릴 수도 있었을 것이다. 그러나 그는 알리지 않았다.

　　바로의 신임을 얻어 이집트의 총리가 된 이후에도 알리지 않았다. 총리가 된 이후 전국 도처를 순회하기도 했다. 그럼에도 아버지에게는 연락하지 않았다. 자신이 노예로 팔렸다는 사실을 알고 얼마나 슬퍼하고 계실지 충분히 생각할 수 있었음에도 그는 알리지 않았다.

그러나 요셉의 아버지 야곱에 대한 효심은 대단하였음을 일 수 있다. 야곱이 돌아가셨을 때 가나안 백성들이 아닷의 타작마당에서 요셉이 통곡한 것을 보고 그의 아버지에 대한 사랑을 기리는 의미로 그 땅의 이름을 아벨미스라임, 곧 애굽 사람의 '큰 애통'이라고 명명하였을 정도이었다.^{창 50:10}

그렇게 뵙고 싶었던 아버지에게 하루라도 빨리 자신이 살아 있음을 알리지 않은 이유는 무엇이었을까?

요셉은 보디발의 신임을 받는 관리장으로, 이집트의 총리가 되어서도 무엇을 기다린 것일까?

요셉은 하나님께 순종한 것이다. 자신이 보디발의 노예가 되고, 애굽의 총리가 된 이후에도 모든 것이 하나님의 계획이었으며 최종적으로는 이스라엘 백성을 살리시려는 하나님의 목표를 알고 하나님의 뜻이 실현되기 까지 기다린 것이다.

요셉은 바로왕의 꿈을 풀이하면서 7년 대기근이 이집트만의 문제가 아니라 가나안땅 이스라엘 백성에게도 현실적으로 닥칠 문제임을 충분히 알고 있었다.

"주여 이 고통이 언제까지이니까?"

아버지와 떨어진 이 고통, 동생 베냐민을 보고 싶은 충동, 온 세상이 기근으로 죽어가는 데 사랑하는 사람들의 고통소리를 들으면서도 기다려야 하는 요셉의 인내심은 하나님께서 단련시켜주신 결과이었던 것이다.

고통은 단련을 낳고 인내를 낳고, 인내는 소망을 주었다.

그는 둘째 형인 시므온을 애굽 땅에서 볼모로 데리고 있었음에도 그 사실을 말하지 않았다. 시므온은 요셉의 둘째형으로 요셉을 해치는 주동적 역할을 한 자이다. 시므온과 술 한 잔하면서 그의 악행을 용서하고 화해하면서 고통을 분담할 수도 있었을 것이다. 그러나 그는 혼자 아픔을 삭이었다.

재정문제, 경제문제, 부부간의 문제, 억울한 일, 불명예스러운 일로 고통을 겪을 때 기도하고 또 기도해도 대답이 없고, 해결책이 보이지 않을 때 우리는 하나님이 계신가? 어디에 계신가? 과연 하나님의 자비와 구원은 존재하는가? 그 분의 권세와 능력은 어디에 있는가? 의문을 가지고 물어보고 싶은 때가 있다. 그러나 고민할 필요가 없다. 불평하고 낙심할 필요도 없다. 항상 여호와 하나님께 능력을 구하라. 그의 얼굴을 찾으라.^{대상 16:11} 그리고 기다려라. 믿음의 종 다윗의 기다림을 보라.

"내가 네 몸에서 나올 네 자손을 일으켜 네 뒤를 잇게 하고 내가 그의 나라를 든든히 세울 것이다."^{삼하7:12} 다윗은 하나님으로부터 언약을 받았다. 그러나 기름부음을 받은 후, 사울 왕으로부터 10년의 도피생활을 통해 연단을 거쳐야 했다. 다윗의 후손 요아스가 하나님의 영원하신 소금의 언약대로 유다의 왕이 되기 위해서는 6년을 기다려야 했다. 예수님은 공생활을 하시기 전에 30년을 기다리시지 않았는가?

요셉은 하나님의 계획이 완수될 때까지 감정을 억누르고 기다린 것이다. 권한을 남용하지도 않았다. 총리가 된 이후에 가까이 있는 보디발의 부인을 불러 복수할 수도 있었다. 그러나 그는 복수할 생각도 하지 않았다. 복수는 하나님의 몫이기 때문이다.

스스로 복수하려 하지도 말라. 하나님 앞에서 진실은 다 드러나게 되어 있다. 진실은 숨기려 해도 숨길 수 없고, 그들의 허물은 알려지지 않은 것이 없다. 아무리 노력해도 감출 수 없다.^{마 10:26, 눅 12:2} 그래서 우리는 해코지한 사람을 원망할 필요도 없다. 그들이 잠시 벌을 받지 않는 것처럼 보이더라도 답답해 하지마라. 결국 다 드러날 것이다.^{막 4:22} 어두운 곳에서 음모한 악한 행동 전부가 빛 가운데 다 드러나고, 골방에서 귀에 대고 말한 것이 집 위에서 전파될 것이다.^{눅 12:3} 하나님의 손에 넘어 가면 그 심판이 얼마나 무서운지를 그들은 모를 것이다. 그 광경은 너무나 무서워, 뼈가 떨리고 영혼이 울부짖을 것이다.^{시 6:2-3}

God is a consuming fire!

요셉은 자신의 성공을 섣불리 자신의 아버지에게 알리지 않았다. 아무 일도 없었던 것처럼 주어진 소명에 충실하였다. 요셉은 그러면서 성숙한 하나님의 사람으로 변화되어 갔다.

하나님이 함께 하시니 시련을 거치면서 영적인 눈을 뜨고 분별력을 가지고 거듭난 것이었다. 그래서 그는 하나님의 때가 오기를 기다릴 수 있었다.

"너희는 이 세대를 본받지 말고 오직 마음을 새롭게 하여 변화를 받아 하나님의 선하시고 기뻐하시고 온전하신 뜻이 무엇인지 분별하도록 하라"롬 12:2

제7장

형들은 동생 요셉을 찾아왔다. 창 42:17

형들은 2년의 기근을 견디지 못하고 양식을 구하러 이집트까지 오게 되었다. 야곱이 이집트에서 양곡을 판다는 소식을 듣고 그의 아들들에게 심부름을 시킨 것이다. 그는 이집트 땅에는 기근이 없다는 정도로만 알고 있었다. 그러나 그때만큼은 이집트에도 마찬가지로 기근이 심했다.

야곱은 몰랐다. 하나님께서 요셉을 이집트에 보내 7년 기근에 미리 대비하도록 역사하신 것을 몰랐다.

야곱은 대책 없이 우두커니 문 밖에 서있는 아들들에게 다그쳤다.

"베냐민을 빼고 너희 10명은 이집트에 가서 양식을 사오라."

가나안에서 이집트의 멤피스까지 약 400킬로미터 정도 되었으니 서울에서 경부선을 따라 부산까지 갈 거리 정도 되었다. 당시 굶어 죽는 사람이 많았으니 강도를 만나 양식을 모두 빼앗길 우려도 있었다. 그래서 10명이 같이 가면 어느 정도 안전할 것으로 기대했다.

그러나 더 중요한 것은 많은 사람이 가야 많은 양의 곡식을 살 수 있을 것이라고 생각하였다. 야곱은 1인당 양곡의 판매량을 최대한 제한하고 있을 것으로 예측한 것이다. 특히 외국인에게는 더욱 엄격할 것이라고 생각하였다. 앞으로 5년의 기근을 더 견디기 위해서는 어쩔 수 없지 않은가?

그렇다면 한 사람이라도 더 보내야 하는데 굳이 베냐민을 뺀 이유는 무엇이었을까?

베냐민이 어려서 그런 것은 아니었다. 요셉이 나이가 39세이니 형들의 나이가 39-45세 정도이었을 것이고 베냐민도 벌써 25세 전후가 되었기 때문이다. 요셉을 잃었듯이 베냐민마저 잃어버릴 것을 두려워한 것은 사실이었다. 그러나 끔찍한 것은 야곱은 이미 10명의 아들들을 의심하고 있었다는 것이다. 형들의 시기와 질투로 인해 요셉이 사고 당했을 것이라고 눈치를 채고 있었다. 성령의 도움으로 알고 있었던 것이다. 그래서 베냐민마저 그들에 의해 해가 미칠 것을 두려워하였다.

형들은 먼 길을 걸어 마침내 이집트에 도착하였다. 더 이상 요셉의 꿈은 이상이 아니었다. 현실로 다가온 것이다. 형들 10명이 모두 아우인 요셉에게 엎드려 절하고 있다.

"저희들은 가나안땅에서 왔습니다. 저희에게도 양식을 팔아 주시옵소서."

이집트의 총리에게 양식을 팔아달라고 간청한다.

요셉은 형들을 보고 바로 자신의 형들임을 알아보았다. 그러나 형들은 요셉을 전혀 알아보지 못했다.

제 7 장

상황은 바뀌었으나 형들은 변한 것이 없었다.

요셉은 형들에게 말한다.

"너희들은 정탐꾼들이다!"

형들은 흠칫 놀란다. 언젠가 누군가로부터 들어본 말이라는 생각이 든다. 그러나 고개를 돌리면서 극구 반박한다.

"저희들은 정직한 사람들이고 정탐꾼이 결단코 아닙니다."

요셉은 분명 그들이 양치기를 가장한 정탐꾼이라고 생각하지 않았다. 그러나 요셉은 22년 전 형들에게 애달프게 호소하던 기억을 더듬어 본다.

"나는 형들의 동생입니다. 나는 정탐꾼이 아닙니다..... 내가 비록 채색 옷을 입고 있지만 나는 장남도 아니고 형님들의 동생일 뿐입니다. 살려 주세요."

정신을 가다듬은 요셉은 머리를 조아리는 그들에게 되묻는다.

"너희들은 정탐꾼이다. 우리들의 허점을 노려 약탈해 가려는 것 아니냐. 아니라면 그것을 입증해 보라."

가족관계를 물어 보고 싶었던 것이다. 22년 동안 가족들이 어떻게 살아왔는지 궁금했다. 아버지는 살아계시고 동생 베냐민은 잘 있는지 걱정스러웠다. 또한 요셉 자신에게 행한 악한 행동을 형들이 반성하고 있는지, 진실로 회개하고 미안해하고 있는지를 알아보고 싶었다. 속이 타들어 간다.

"주의 종 우리들은 물론이고, 우리는 선조 때부터 양치기를 하였고, 형제는 12명이었습니다."

"........"

"그런데 우리 10명은 여기에 왔고, 나머지 막내 한명은 아버지와 함께 가나안에 있으며 한 사람은 없어졌습니다."

요셉은 아버지가 살아 계시고, 동생 베냐민도 아직 살아 있다는 말을 듣고 일단 안심하였다. 그러나 없어졌다는 사람은 곧 자신을 지칭하는 말이다.

그들의 대답을 가로막지 않았다.

"우리는 정직한 사람이고 정탐꾼이 결코 아닙니다. 정말로 식량을 구하러 여기까지 온 선량한 사람들입니다."

머리를 조아리고 꿇어 엎드려 요셉을 쳐다보지도 못했다.

형들은 요셉 자신을 죽이려 했고 노예로 팔아버렸다는 말은 하지 않는다. 그냥 "없어졌다"고만 할 뿐이다. 거짓말이다. 아직도 반성하지 않은 것이다. 세월이 지났다고 잊어버린 것인가? 양심의 가책이나 일말의 책임감은 그들에게 보이지 않았다. 믿음의 가정에서 자라난 만큼 20여 년 동안 마음의 짐을 가지고 양심의 가책을 느꼈을 것 같은데 아무런 뉘우침도 보이지 않았다.

제 7 장

요셉은 형들을 모두 감옥에 가둔다.

요셉은 만감이 교차하였다. 요셉에게 아직도 보복의 감정이 남아 있었을까? 요셉은 여전히 정탐꾼이라고 우겨댄다.

"아니다! 너희들은 우리나라를 엿보러 온 것이다."

요셉은 그들을 정탐꾼이라고 단정하면서 3일 동안 감옥에 가두도록 명령한다. 왜 그들을 감옥에 넣었을까? 정말로 정탐꾼이라고 생각했다면 3일간의 감옥행으로 끝나겠는가?

몇 일간 구치소에 갇혀 있다가 풀려난 사람의 심리는 어떻게 될까?

우리나라에서는 종전 긴급구속제도가 있었다. 2일 동안 판사의 영장 없이도 검사의 판단으로 구치소에 수감하였다가 풀어줄 수 있었다. 체포영장제도가 도입되기 전의 제도로서 주로 자백에 많이 악용되기도 하였다.

사람이 구치소에 이틀간 갇히게 되면 어떤 생각을 하게 될까? 그곳이 무서운 곳인 줄을 안다. 다시 가서는 안 되는 곳인 줄도 안다. 금식 기도하는 마음으로 몇 일간 들어가 있으면 많은 것을 내려놓게 된다. 삶에 대한 반성도 하게 된다. 후회스럽다. 그래서 많은 사람은 포기하듯이 검사의 약속만을 믿고 검사가 요구하는 취지대로 자백하곤 했다. 이를 검사들만의 용어로 "잠깐 담갔다가 뺀다."고 말하기도 했다.

3일 만에 감옥소에 담가졌다가 나온 형들은 잔뜩 겁을 먹었다.

그들은 정탐꾼이 아니라고 울부짖던 요셉을 기억이라도 한 것일까? 22년 전 요셉을 팔아버린 것에 대해 일말의 가책을 가지게 되었다.

르우벤은 시므온을 질책한다.

"네가 선동하지만 않았으면 요셉을 팔지 않았을 것이다. 요셉이 살려달라고 애걸하였을 때 그 마음의 괴로움을 보고도 듣지 않았으니 이 벌을 받는 거 아니냐?"

시므온은 대답한다.

"저도 괴롭기는 마찬가지다. 차라리 그를 죽이는 것보다는 나았잖은가?"

서로 자책감은 가지지만 깊이 반성하는 모습은 보이지 않는다. 진정으로 회개하지 않았기 때문이다. 단지 3일간의 구금생활이 힘들었을 뿐이다.

다시 르우벤은 동생들을 탓하면서 고백을 한다,

"우리는 그의 피의 대가를 치러야 마땅하지 않겠는가?"

형들은 이스라엘 말로 자신들의 심경을 적나라하게 말하지만 요셉은 모두 다 엿듣고 이해하고 있었다.

누가 엿듣는다는 것을 모르면 사람은 방심하고 속엣 말을 다하기 마련이다. 조사실에서 대질조사를 하다가 잠깐 쉬자고 하면서 "휴게실에 가서 담배라도 한 대 피우고 오라"고 보낸다. 그들은 휴게실에 가자마자 서로가 검사실에서 못 다한 속엣 말을 꺼낸다. 그러나 검사는 마음만 먹으면 그런 말을 다 엿들을 수 있었다. 이제는 수사기관에서도 그런 대화내용을 엿들을 수 없게 되었다. 대화내용은 통신비밀로 취급되어 보호받기 때문이다.

요셉은 형들의 진정어린 고백을 듣고 감정을 억제하지 못한다. 잠깐 자리를 떠나 냉정을 찾고 다시 돌아온다. 마음을 바꾼 것이다.

"너희들은 이스라엘로 돌아가라. 대신에 다음에 다시 찾아올 때 네 막내 동생을 이집트로 데리고 와라. 그러면 너희 말을 믿으리라. 나는 하나님을 경외하는 사람이다."창 42:17,18

얼이 빠진 형들은 그렇게 하겠다고 한다. 무조건 요셉의 요구를 듣겠다고 한다. 감옥소가 무서웠다.

"대신해서 너희 중 한 사람은 볼모로 잡아두겠다. 시므온을 체포하여 감옥에 가두라!"

명목상 큰 형을 대신해서 가장 연장자를 체포하였지만 요셉은 시므온의 폭력적인 성격을 잘 알고 있었다. 22년 전 자신을 팔아넘길 때 주동자 중의 하나라고 짐작했었지만 이제는 사실로 확인까지 하였다.

그리고 그들에게 동생 베냐민을 데려올 때까지 시므온을 가두어 두겠다고 한다. 요셉이 막내 베냐민을 이집트로 데리고 오라고 고집한 이유는 무엇이었을까?

베냐민이 건재한지 눈으로 확인해 보고 싶었을 것이다. 그러나 단지 그것만은 아니었다. 막내 베냐민을 데려오면 아버지 야곱도 따라 오실 것이라고 생각한 것이었다.

아버지도 뵙고 싶고, 나아가 점점 기근이 심해지고 있으니 가족 모두 이집트로 빨리 내려오라는 암시였던 것이다.

곧이어 요셉은 말했다.

"너희가 베냐민을 데려오면 이 나라에서 자유롭게 생업을 할 수 있게 해 주겠다"

"you can trade in the land."창 42:34

요셉은 이스라엘 백성을 구하시고 그들을 이집트에서 생육하시려는 하나님의 뜻과 계획을 이미 알고 있었기 때문이었다. 하루빨리 아버지를 모시고 이집트로 내려와 살라는 취지이었다. 그래서 시므온을 가두어 두기까지 하였다.

제 7 장

요셉의 형들이 요셉을 몰라본 이유 ^{창 42:8}

요셉의 형들은 흉년과 기근으로 이집트까지 양식을 사러 왔다. 그러자 요셉은 자기 형들을 금방 알아보았지만 그들은 요셉을 알아보지 못했다. 그럴 수도 있을 것 같다.

요셉이 머리를 포함하여 신체의 모든 털을 깎고 눈 주위에는 eye line을 그었으며 이집트 귀족의 언어로 말하고 총리로서 근엄한 복장을 하고 있으니 감히 쳐다보지도 못했을 것이다. 그러나 목소리로 알 수도 있지 않은가? 그들이 여러 차례 들었듯이 요셉의 꿈대로 모두 요셉의 발아래서 절하고 있었다.

그러나 여기에는 중요한 비밀이 숨어있었다. 요셉의 형들은 요셉이 기대하는 것과 같이 형제로 바라보지 않았다. 요셉을 형제로 보지 않고 단순히 이집트의 총리로 바라보았기 때문에 그를 몰라 본 것이다.

뿐 만 아니다. 요셉은 하나님을 사랑하고 매일매일 감사하고 찬양 드렸기 때문에 온 몸이 성령으로 충만 되었고, 성령의 빛이 온몸을 깨뜨리고 드러나 있었던 것이다.

만삭이 되어 아기가 엄마의 태를 열고 나오듯이 성령으로 충만 되면 성령의 빛이 광채를 드러내고 분출되는 것이다. 어둠의 형제들은 그러한 빛의 자녀 요셉을 바라볼 수가 없었다. 눈이 부셔 얼굴을 돌리고 말았다.

바리새인들은 지상의 통치자로서 오실 강력한 왕을 찾고 있었으니 하늘 왕국의 메시아이신 예수님을 알아보지 못한 것이다. 표적(sign)을 보여 주셨는데도 놀랄만한 기적(miracle) 정도로 평가 절하하고 예수님을 바라보는 그들의 태도를 조금도 바꾸지 않았다. ^{마 11:20}

예수님께서는 이스라엘 백성들이 자신을 영적 메시아로 바라보도록 기대하셨으나 그들은 끝내 시각을 바꾸지 않았다. 복음을 들으나 뿌리를 내리지 못했다. 예수님께서는 성령의 조명을 받지 못하는 그들을 보시면서 안타까워하셨고, 앞으로 그들이 받을 심판을 생각하시면서 슬피 우셨다. ^{눅 12:47-50}

결국 요셉의 형들은 자신들이 죽이려고 웅덩이에 빠뜨렸고, 이스마엘 상인들에게 팔아버린 그 요셉이라는 것을 몰라보았다.

자신들의 가족관계에 대해서 자세히 물었고, 아버지가 살아 계신지, 다른 아우가 있는지, 막내를 총리 앞에 데리고 오라고 했으며 식사대접까지 융숭하게 받았음에도 그들은 조금도 눈치 채지 못했다.

이것은 예수님께서 많은 표적을 보여 주셨음에도 이스라엘의 통치자들과 장로, 율법학자들이 예수님을 메시아로 알아보지 못함과 같았다.

걷지 못한 앉은뱅이가 나아서 그들 앞에 서게 되었고, 죽은 나사로를 살리셨으며, 그들이 십자가에 못 박았지만 하나님께서 죽은 사람들 가운데서 다시 살리신 나사렛 예수 그리스도를 그들은 끝내 부인하고 말았다. ^{행 4:10}

제 7 장

요셉은 하나님의 섭리 안에서 거듭나 있었다.

요셉은 청지기에게 명령한다.

"형제들의 각 사람의 자루에 양식을 넣을 수 있는 만큼 채우고 각자가 가져온 돈을 각자의 자루에 다 넣어주라."

아직 형들은 회개하는 모습을 보이지 않고 있지만 자신을 팔아먹은 형제들에게 사랑을 듬뿍 나누어준 것이다. 1인당 팔 수 있는 한계를 초월하면서까지 정을 베풀어 준 것이다.

하나님께서는 독생자 예수님을 보내시어 아직 회개도 하지 않은 채 경건하지 못한 우리를 대신하여 수난을 주시고 구속 제물로 삼으셨잖은가? 하나님의 크신 사랑에 감사할 뿐이다.

"원수를 사랑하라. 너를 미워하는 자를 위해 선행을 다하라. 너를 저주하는 자를 위해 축복하고, 너를 학대하는 자를 위해 기도하라."눅 6:27

그렇다. 요셉은 고난을 통해 인내를 배웠고, 인내를 통해 소망을 보았다. 약속하신 날의 영광을 보았다. 그러기에 자신을 팔아먹은 형들에게 양식을 주어 선행을 베풀면서 때를 기다릴 수 있었다.

형들에게 섣불리 꿈 이야기를 해서 화를 자초한 어린 시절의 촐싹대던 모습은 없어지고 자신의 새로운 삶에 겁을 먹게 될 형제들에게 자신의 신분을 감추고 배려하는 신중함을 보인 것이다.

"누구든지 그리스도 안에 있으면 새로운 피조물이라. 이전 것은 지나갔으니 보라 새것이 되었도다."^{고후 5:17}

하나님께서는 시련을 통해 요셉을 새로운 사람으로 만드신 것이다. 하나님께서 뜻을 이루시기에 좋은 상태로 요셉을 바꾸신 것이다. 요셉은 새로운 사람이 되었다. 형들도 몰라볼 정도로 바꾸어 놓으신 것이다.

요셉이 이집트의 총리가 되자마자 즉시 가나안 땅에 계신 아버지에게 자신의 소식을 알렸다면 그 형제들은 얼마나 겁을 먹었을까?

형들은 애굽으로 내려오지 않으려고 했을 것이다. 요셉으로부터 용서를 받고도 기근으로 어쩔 수 없이 이주해 왔을 뿐이고, 그래서 아버지 야곱이 죽자 요셉의 복수를 다시 겁낸 자들이 아닌가? 물론 바로에게 이 모든 형제들을 소개하는 것도 쉽게 않았을 것이다. 모든 것이 하나님의 섭리이셨다.

여호와의 '말씀이 응할 때'까지, 요셉은 그분의 뜻과 계획이 이루어질 때까지 조용히 기다리라고 하시는 목소리를 듣고 따른 것이었다.^{시 105:18-19}

계시의 영을 통해 침묵한 것이다.

이미 도단에서 형제들에 의해 팔려갈 때 침묵하시는 하나님을 보고 기다림을 배운 것이다. 7년 기근으로 굶주릴 하나님의 백성을 구할 때까지 침묵하고 순종한 것이다.^{창 50:20}

요셉은 20년 전 형들의 곡식 단이 자기에게 절하던 꿈, 아버지 야곱까지 자신에게 절하던 꿈을 제대로 이해하고 있었다. 그래서 이 모든 것이 하나님의 계획이라는 것을 굳게 믿고 그들이 아버지와 함께 다시 오기를 기다린 것이다.

제 7 장

야곱의 부정적인 생각은
성령을 소멸시켜버렸다. 창 42:34-38

　가나안으로 돌아간 형들은 아버지 야곱에게 전말을 고한다. 애굽의 총리로부터 직접 풍성한 대접을 받았고, 자신들을 정탐꾼으로 몰아 고생은 하였지만 곡식도 사왔고, 자신들도 잘 풀려났다는 말을 하였다.

　그리고 다음에 올 때는 막내아우 베냐민을 데리고 오라고 해서 시므온을 담보로 잡히고 왔으며, 와서 보니 자루 마다 우리가 지불한 돈 다발이 그대로 들어 있어 이상하다는 말까지 하였다.

　여기서 잠깐! 형들은 자신들이 양식대금으로 지불한 돈을 돌려받아 이상하다고 생각하였음에도 눈앞의 요셉을 기억해 내지 못하고 있다. 창 43:7 그 돈은 청지기들의 실수로 간주하고 이집트 총리에게 돌려주려고 했을 뿐 요셉의 깊은 사랑을 눈치 채지 못한 것이다.

　반면 그 돈 꾸러미들을 보고 야곱은 놀라서 말한다.

　"너희가 내 자식들을 빼앗아 가려는 구나. 요셉이 없어지더니 시므온도 없어지고 이제는 베냐민마저 데려가려 하는구나. 너희 모두가 나를 괴롭히는구나." 어처구니없는 생각이다.

요셉의 죽음에 대해 다른 아들들을 의심하고 있던 그의 감정을 그대로 드러내고 있는 것이다. 시므온이 없어지고 이제는 베냐민까지 데려간다고 하니 당황할 만도 하다.

그러나 이것은 야곱 특유의 부정적인 생각을 드러낸 것이기도 하다. 전후 사정을 따져 묻지 않고 속단해버리는 그의 조급한 판단, 요셉을 잃었을 때에도 그랬다.

야곱은 자루 속에 들어있는 돈이 시므온을 잡히고 베냐민을 팔기로 한 대가라고 속단하였을까?

평소 요셉에게 했듯이 베냐민을 곱게 보지 않은 형들의 시선과도 관련이 있었을 것이다.

장남 르우벤은 말한다.

"저를 믿고 베냐민을 맡겨 주십시오. 만약 제가 베냐민을 다시 아버지께로 데려오지 못한다면 제 아들 둘을 죽이셔도 좋습니다. 제가 반드시 그를 도로 데려오겠습니다."

무섭다. 약속을 지키지 못하면 자신의 아들 둘을 죽여도 좋다고 맹세하고 있다. 아들 둘을 죽여도 좋다는 말은 르우벤 자신을 비롯한 온 가족이 가문에서 단절되어도 좋다는 말이다. 아버지 야곱이 사랑하던 요셉을 팔아먹은 죄책감이었을까? 그러나 너무나 무섭고 섬찟하다.

하여간 유다의 왕인 아하스와 므낫세가 앗수르의 침입을 받게 되자 아들들로 하여금 "불 위로 지나가게 했다."[8] 고 한 무서운 장면을 연상케 한다. 왕하 21:6, 대하 33:6 암몬인이 믿는 몰렉 신에게 자기 자신의 자녀를 불에 태워 바치는 행위는 여호와 하나님의 성소를 더럽히고 거룩한 이름을 모독하는 행위이다. 그래서 하나님께서는 특히 미워하시고 신 13:31 그것을 행한 자를 돌로 쳐 죽이라고까지 하셨다. 레 20:2-5

---

8 제물로 희생시켰다는 것인지 분명하지 않다.

당시 그러한 가증한 일이 가능했던 이유는 아직 성숙하지 않은 자녀는 그들에게 단순히 종이고 재물에 불과하였기 때문이었다.

예수님께서 가버나움에 들어가시니 그 지역 백부장이 예수님께 무릎을 꿇고 간구한다.^{마 8:5-13}

"말씀으로만 하옵소서. 그러면 내 하인이 곧 낫겠나이다."

중풍을 앓고 있는 사람은 하인이 아니었다. 자신의 성숙하지 않은 아들이었다. 그래서 백부장이 예수님 앞에서 무릎을 꿇을 수 있었던 것이었다.

당시 성숙하지 않은 아들은 초등선생아래 있으면서 아직 아버지의 자식으로, 상속인으로 인정받지 못한 종에 불과한 것이었다.^{갈 3:25} 그래서 당시 하나님을 믿는다고 하면서도 자녀를 다른 신에게 바치는 자도 있었던 것이다.

그러나 하나님을 믿는 우리에게 자녀는 하나님께서 주시는 생명의 은혜이고 축복이다.

자식은 우리의 상급이고 기업이고 전통의 화살이라고 하였다.^{시 127:3-5}

르우벤은 자신의 자식까지 바치겠다고 야곱에게 맹세하지만 막상 베냐민이 도둑으로 몰려 이집트에 노예로 팔려갈 처지가 되었을 때에는 침묵하고 말았다. 그의 말에는 경솔함마저 느끼게 한다. 번지르르한 말보다는 행동하는 양심을 우리는 기대하고 있기 때문이다.

야곱은 말한다.

"내 아들 베냐민은 너희와 함께 거기에 데려가지 못한다. 이미 베냐민의 형 요셉은 죽었고, 이제 나에게는 베냐민밖에 남지 않았다. 혹시 너희가 데려가다가 베냐민이 해라도 입는다면 흰머리가 난 나는 슬픔으로 죽고 말 것이다."

그러나 야곱이 조금만 눈을 떠 전후사정을 살펴보았다면 좋았을 것이다. 요셉의 깊은 뜻을 조금이라도 헤아릴 수 있었을 것이다. 요셉은 베냐민을 보고 싶었고 아버지 야곱도 보고 싶었다. 아버지가 그토록 사랑하는 베냐민이라면 베냐민이 이집트로 내려올 때 아버지도 따라오실 것이라고 생각하였다.

그러나 야곱의 부정적인 생각, 불평하는 마음이 그의 눈과 영혼, 몸을 더욱 쇠하게 하고 말았다. 영적인 분별력을 잃게 하여 눈앞에 있는 연못을 보지 못하게 하였다. 지혜의 강둑을 막아버렸다.

최근 우리사회에서 자살률이 높다고 걱정하고 있다. 부정적인 생각만으로는 마음속에 소망이 살아날 수 없다. 성령이 들어갈 틈이 없다. 온통 불평하는 마음만으로는 다시 일어날 수도 없다. 악을 행하는 자들 때문에 불평하지 말라. 그들은 풀과 같이 속히 베임을 당할 것이요 푸른 채소와 같이 곧 쇠잔할 것이다.^{시 37:1-2} 우리를 괴롭히는 자들은 응당한 대가를 치룰 것이다. 걱정하지 마라.

부정적인 생각, 불평하는 태도 또한 성령을 꺼리고 소멸시키게 한다. 성령으로 거듭날 수 없게 한다. 성령으로 채워진 우리는 항상 긍정적인 생각을 하고 고난 속에서도 소망을 바라볼 수 있어야 한다. 너희 안에 성령이 계시면 그분은 세상에 있는 그 누구보다도 크시다.^{요일 4:4} 바울은 감옥에서도 항상 긍정적인 생각과 함께 하나님께 감사드리고 찬양하였다.

"항상 기뻐하라. 쉬지 말고 기도하라. 범사에 감사하라. 이것이 그리스도 예수 안에서 너희를 향하신 하나님의 뜻이니라."^{살전 5:16-18}

눈을 들어 하늘을 보라. 하나님이 함께 하신다. 예수님이 우리 곁으로 다가오신다. 성령의 도움으로 우리를 일으키신다.

믿음을 가지고 긍정적인 생각을 하면 하나님께서는 합력하여 선을 이루어 가신다.^{롬 8:28} 믿음의 형제들이여 다윗과 같이 자신감을 가져라. 내가 그에게 사랑으로 대하고 악을 행하지 않았는데도 나를 배신하면 하나님이 그를 지켜보시고 정죄하실 것이다.^{대상 12:17}

악을 선으로 바꾸시고, 나쁜 환경을 좋은 환경으로 만들어 유익하게 바꾸어 주신다. 그래서 하는 일마다 형통하게 하시는 분이시다.

제 7 장

요셉의 꿈대로 11명의 형제는
요셉에게 절을 하였다. ^창 43:17-23

베냐민을 데려갈 수 없다고 하던 야곱도 더 이상 기근 앞에서 견디지 못하고 손을 들고 만다.

머리 위의 하늘은 놋이 되고 땅은 철이 될 듯이 가뭄과 기근이 혹독하였다. ^{신 28:23}

결국 그는 항복하고 만다. 몇 번이고 몇 번이고 다짐 끝에 베냐민을 내주면서 당부한다.

그러면서도 이집트에 따라갈 생각은 하지 못한다. 그의 아들 요셉의 긍정적인 태도와는 너무나 다르다. 그는 현명하지 못했다. 그의 부정적인 생각이 성령을 소멸케 하고 예지의 문을 닫아버린 것이다.

형들이 베냐민을 데리고 이집트에 온다는 소식을 들은 야곱은 얼마나 기뻤을까? 그는 베냐민을 포함하여 요셉의 형제 모두를 또 다시 자신의 집으로 초대한다.

형제들은 두려운 나머지 속삭인다.

"전에 우리 자루에 담겨서 도로 돌아온 그 돈 때문에 우리가 여기에 끌려 왔나 보다. 그가 우리에게 달려들어 붙잡아 우리를 종으로 삼고 우리 나귀도 빼앗지 않을까?"

그래서 르우벤은 그 집 문 앞에서 관리인에게 다가가 이실직고한다.

"내 주여, 실은 저희가 지난번에 여기로 양식을 사러 왔었습니다. 그런데 저희가 여관에 도착해서 저희 자루를 열어 보니 각 사람의 자루 입구마다 돈이 고스란히 들어 있었습니다. 그래서 저희가 그것을 다시 가져왔습니다."

"......."

"저희는 누가 돈을 자루에 넣었는지 모릅니다. 그러나 그 돈을 돌려 드리 겠습니다."

"......."

"그리고 새로이 살 양식을 위한 돈도 더 가져왔습니다."

관리인은 깜빡 잊어먹고 있다가 그때서야 요셉이 가르쳐 준 말을 기억하고 대답한다.

"아! 기억납니다. 괜찮습니다. 두려워하지 마십시오. 여러분의 하나님, 곧 여러분 아버지의 하나님께서 여러분들 자루에 보물을 넣어 주신 것입니다. 저는 여러분의 돈을 이미 받았습니다."

그러고 나서 요셉의 지시대로 감옥에 있던 시므온을 그들에게 데려왔다.

시므온이 건강한 모습으로 그들 앞에 나타나자 어쩔 줄 모르고 반가워한다.

요셉의 집에 먼저 와서 기다리던 11명의 형제들은 곧이어 요셉이 도착하자 땅에 엎드려 절을 한다.

22년 전 요셉이 꿈꾼 그대로 재현된 것이다.^{창 43:26}

"형님들의 단이 제 단을 둘러서서 절을 하는 것이었어요."

| 제 7 장 |

요셉이 베냐민에게 덫을 놓다.^{창 44:1-13}

저녁을 잘 대접받으면서 형들은 무엇을 생각했을까? 양식을 받으면서 외국인에게 대접을 잘해주는 이웃나라 총리 정도라고 생각했을까? 아니면 관리인이 전한대로 하나님의 백성에게 후하게 대접하는 기특한 사람이라고 우쭐했을까?

눈앞에서 자신들을 대접하는 사람이 자신들이 팔아먹은 동생 요셉이라고는 전혀 알아보지 못했다. 답답한 일이다.

다음날 아침 일찍 양식을 싣고 그들은 가나안으로 다시 돌아가려고 한다. 그때 요셉은 자기 집의 관리인에게 명령하였다.

"이 사람들이 갖고 갈 수 있을 만큼 양식을 자루에 가득 채워 주어라. 그리고 각 사람의 돈을 각자의 자루 아귀에 도로 넣어라. 막내 베냐민의 자루 입구에는 내 잔, 곧 내 은잔을 넣고 또한 곡식 값도 함께 넣어라."

관리인은 요셉이 말한 대로 하였다.

그 사실을 모르는 형제들은 양식자루를 당나귀에 가뜩 싣고 길을 떠났다.

그들이 이집트 성을 벗어나서 그리 멀리 가지 못했을 때 요셉이 자기 집의 청지기에게 당부한다.

"지금 그 사람들을 쫓아가거라. 그리고 내가 말한 대로 그들에게 전달하라. '나의 주인이 은잔을 도둑맞았다. 너희가 훔쳐간 것이 아니냐. 너희는 어찌하여 선을 악으로 갚으려느냐? 너희가 악한 짓을 저질렀구나.'라고 말하라."고 지시하였다.

관리인은 형제들을 따라잡고 그대로 전했다.

전혀 사실을 모르는 형제들은 당당하게 응대하였다.

"내 주께서 왜 그런 말씀을 하십니까? 저희는 그런 짓을 절대 하지 않았습니다. 저희가 저희 자루의 입구에서 발견한 돈도 가나안 땅에서 다시 갖다 드렸잖습니까? 그런데 주인집의 은잔을 훔치다니요?"

청지기는 대꾸한다.

"어쨌든지 은잔을 도둑맞았다. 한번 확인해 보자."

형들은 다시 한 번 자신한다.

"확인해서 어느 누가 그것을 갖고 있다는 것이 밝혀지면 그는 죽어 마땅할 것이고, 우리 모두 내 주의 종이 될 것입니다."

청지기는 요셉이 한말대로 전달한다.

"아니다. 모두 책임질 일은 아니고 훔친 자 그 사람만 내 주인의 종이 될 것이다."

그렇다. 요셉은 베냐민 하나면 만족했다. 베냐민 하나만을 데리고 이집트에서 살 생각이었다.

그들은 각자 자기 자루를 땅에 얼른 내려놓고 풀어 보였다. 청지기는 큰아들부터 시작해서 막내에 이르기까지 짐을 뒤졌다.

그런데 아뿔싸! 그 은잔이 막내 베냐민의 자루에서 나온 것이다.

형제들은 자기 옷들을 찢으면서 울부짖었다.

"오 하나님! 우리가 큰 죄를 지었나이다."

나귀에 풀어놓은 짐을 다시 싣고 그들은 모두 죄인이 되어 성으로 압송되었다.

"어찌 너희들은 악하기만 하느냐?"

요셉은 그렇게 형들에게 말해 주고 싶었을까?

자신은 형들에게 악행을 한 적이 없는데 형들은 자신을 팔아 넘겼다. 형에게 꿈 이야기를 해서 시기심을 사기도 했지만 자신은 그들에게 악하게 하지는 않았다. 그런데 그들은 요셉에게 악하고 추한 행동을 보였다.

우리들도 가끔 어울함을 호소하기도 한다. 비록 주변 사람들에게 악을 행하지 않았지만 알게 모르게 그들을 자극하고 화를 자초한 경우가 많았을 것이다. 벼가 익으면 익을수록 더욱 고개를 숙이듯이 겸손했어야 했다. 그런데 그런 이웃들에게, 주변동료들에게 고개를 더 쳐들었다. 스스로 열심히 살고 하나님이 주시는 복을 받고 잘 살면 그만이라고 생각했다. 결과적으로 그들의 시기심과 질투심을 더욱 자극한 것이다.

시기심과 질투심을 자극하는 것만으로 악의 영들에게는 해코지의 사유로서 충분하였다. 요셉을 노예로 팔아먹었듯이 시기만으로도 그들은 쉽게 사람을 죽이거나 배신하고 만다. 언론에 투서질하고, 무고한 사람을 사회에서 매장시켜버리는 것도 그들에게는 대수롭지 않은 일상생활과도 같다. 단순히 시기심만으로 다른 사람의 인생을 송두리 채 짓밟아 버린 것이다.

제 7 장

베냐민을 대신해서
처벌 받으려는 유다의 희생정신 ^{창 44:18-34}

아버지 야곱을 그토록 설득 끝에 베냐민을 이곳까지 데리고 왔건만 그런 베냐민이 노예로 팔려갈 운명에 처했다. 형제들은 그냥 울고만 있다.

유다는 고민한다.

"내가 베냐민의 몸을 보증하겠습니다. 만일 그를 데려오지 못하면 그 대가로 제가 영원한 죄를 지고 가겠습니다."

이렇게 아버지 야곱에게 약속에 약속을 하고 데려온 베냐민이다. 그런 베냐민이 도둑으로 몰려 주인의 종으로 팔려가게 되었다.

그의 형 요셉이 이집트에 노예로 팔려갔듯이 이제는 베냐민도 이집트에 종으로 남아 있어야 한다.

그래서는 안 된다. 유다는 아버지와의 약속을 지켜야 한다. 그러면 내가 어떻게 해야 할까? 고민하고 또 고민한다.

요셉이 도착하자 형제들은 땅에 엎드려 절을 한나.

유다는 간청한다.

"만약 제가 주의 종인 제 아버지께 돌아갔을 때 이 아이를 데려가지 못한다면 아버지는 죽고 말 것입니다. 주의 종, 곧 제 아버지를 흰머리로 슬픔 가운데 죽게 만드는 것입니다...."

어느덧 유다의 두 눈에서는 눈물이 흘러 말을 잇지 못한다. 여기저기 훌쩍거리는 소리도 들린다. 르우벤도 울고 시므온도 레위도 울었다. 이미 눈물로 범벅이 된 베냐민은 "나는 괜찮다"고 애써 형들을 달래보지만 고개를 떨구고 만다.

"제가 만약 그를 아버지께 데려가지 못하면 제가 평생토록 아버지께 죄를 짓는 것입니다."

베냐민을 대신해서 스스로 자신이 주인의 종이 되겠다고 한다.

"그러니 제발 이 아이를 대신해서 이 종이 머물러 있어 내 주의 종이 되게 하시고 이 아이는 그의 형들과 함께 고향으로 돌아가게 해 주십시오."^{창 44:33}

유다는 베냐민을 대신해서 죄인이 되겠다고 한 것이다.

고개를 들지 못한 채 요셉의 처분만을 기다린다.

유다는 아버지 야곱이 사랑하는 베냐민을 애굽 땅에 놓고 갈 수 없었다. 아버지 야곱이 걱정되었고, 이미 유다 자신이 야곱에게 베냐민의 귀환을 책임지겠다고 맹세하고 또 했었다.

유다의 이러한 태도는 사람으로 오셔서 우리를 사랑하시어 우리를 위해 스스로 당신의 몸을 바치신 예수님을 예표하고 있다.

사랑에는 거짓이 없어야 한다. 형제애 곧 필레오 사랑은 서로 사랑하되 먼저 존경하라고 한다.^{롬 12:9}

유다로서는 요셉을 팔아먹은 것에 대해 양심의 가책을 느끼고 있었고 이제라도 그의 동생인 베냐민을 대신해서 처벌을 받을 수만 있다면 조금이라도 죄 값을 치루는 것이라고 생각하였다.

"자신의 아들들을 죽이라"고 까지 말하면서 야곱에게 확신을 주고 베냐민을 데려왔던 장남 르우벤은 여전히 침묵하고 있다.^{창 42:37} 세월이 흘러 모처럼 장남으로서 리더십을 가지고 아버지 앞에서 허세를 부렸던 그였다. 요셉에게 빼앗겼던 사실상의 장자권을 회복하는 듯 했다. 그러나 막상 책임을 져야할 자리에서 그는 주저앉고 만 것이다.

반면에 유다는 자신의 죄를 진실로 회개하고 자신의 잘못에 대해 요셉에게 용서를 구하고 있다. 그 길만이 잃어버린 형제간의 사랑을 회복해 가는 지름길이라고 생각한 것이다.

회개는 하나님 앞에서만 하는 것으로는 충분하지 않다. 먼저 사람들과의 관계 속에서 화목을 회복하는 것이 성경에 합치하는 회개이다.

"예물을 제단에 드리려다가 거기서 네 형제에게 원망들을 만한 일이 있는 것이 생각나거든, 예물을 제단 앞에 두고 먼저 가서 형제와 화목하고, 그 후에 와서 예물을 드려라."^{마 5:23-24}

유다의 고백은 앞에 앉아 있는 사람이 마치 동생 요셉이라도 되는 것처럼 그에게 말하고 용서를 구하고 있었다.

"당신을 노예로 판 것은 저의 잘못이었습니다. 저를 대신 노예로 삼아 주시고 용서해 주옵소서"

그의 피 값을 이제라도 대신 받겠다고 하고 있다.

제 7 장

영적으로 거듭난 요셉

창세기 45장은 요셉에 관한 이야기의 절정에 해당한다. 유다의 베냐민에 대한 헌신적인 사랑과 요셉에 대한 회개, 그리고 요셉의 진정어린 용서를 기록하고 있다. 유다는 눈물로 요셉에게 잘못을 빌었고, 간절한 마음으로 회개하고 있다.

"나를 노예로 삼아 주소서."

자신이 죄 없는 요셉을 노예로 팔아버렸듯이 자신을 똑 같이 노예로 삼아 처벌해달라고 간청한다. 이미 자신을 많이 원망했던 터이다.

"나는 이미 베냐민의 형 요셉을 노예로 팔아먹은 악한 형입니다."

고백하고 싶었다.

이제라도 짐을 내려놓고 싶었다.

그리고 요셉의 친 동생이고, 라헬의 마지막 자손이기도 한 베냐민을 다시금 노예로 이집트 땅에 남겨둘 수는 없었다.

울면서 사정해 본다.

베냐민도 걱정이지만 아버지도 걱정이다.

눈물로 범벅이 된 형제들의 간청을 보고 있던 요셉은 감동이 북받쳐 참을 수 없었다. 특히 유다가 자신의 잘못을 회개하면서 베냐민과 아버지 야곱에 대한 헌신적인 사랑을 드러내자 요셉은 더 이상 눈물을 감출 수 없었다.

죽었다고 생각한 탕자가 다시 살아오는 것을 보고 기뻐하는 아버지 심경 같았다. 막상 베냐민 하나만 이집트에 남아준다면 족하다고 생각했었다. 그러나 유다 형이 진실로 회개하면서 자신을 노예로 삼아달라고 간청하고 있다.

요셉은 감정이 복받쳐 더 이상 참고 있을 수 없었다.

그래서 그는 옆에서 시중드는 사람들에게 소리친다.

"모두 내 앞에서 물러가라!"

그의 곁에 아무도 없게 되었다.

얼마나 큰 감동인가? 17살에 애굽으로 팔려와 현재 39살이 되었으니 22년 동안 보지 못했던 형제들이고 꿈에도 그리던 사랑하는 동생 베냐민을 만난 것이다.

한때는 베냐민만 있으면 좋겠다고 생각했다. 그러나 이제는 마음을 바꾸었다. 형제들 모두는 하나님이 주신 선물이다. 평생을 함께할 내 가족이다. 감격에 벅차 큰 소리로 우는 바람에 주변사람들이 놀랄 정도이었다.

그 동안 내려놓았던 형제들의 이름을 다시 불러본다.

"르우벤, 시므온, 레위, 유다,...... 그리고 베냐민"

요셉은 천천히 자기 형들에게 자신이 누구인지를 말하기 시작한다.

"아버지께서는 아직 살아 계십니까?"

아버지의 안부를 먼저 잊지 않았다. 요셉의 효심을 알 수 있다.

정신 줄을 놓고 있던 형제들은 요셉과 자신들을 번갈아 쳐다보면서 어쩔 줄 몰라 한다.

"저는 이스마엘 대상들에게 팔린 형님들의 동생 요셉입니다."^{창 45:3}

재차 자신이 '동생'요셉이라는 사실을 강조하고 있다.

놀라서 보복을 당할까 두려워할 형제들을 안심시키기 위해서이다.^{창 45:5}

"형님들의 동생 요셉입니다."

"……"

형제들은 아무 말을 잇지 못한다.

요셉 자신도 인간이기에 그동안 가졌을 원망과 증오심은 얼마나 컷을 지 짐작할 수 있지 않은가? 그럼에도 형제들이 느꼈을 당혹감과 두려움을 의식했던 것이다.

곧이어 요셉은 냉정을 찾는다.

"하나님께서 모든 일을 계획하셨습니다. 형님들의 자손들을 보존하시고 구하시려고 하나님께서 미리 저를 보내신 것입니다."

형들은 거듭 놀란다.

자신들의 목숨이 위태로운 지경에 빠졌는데, 오히려 자신들의 생명을 지켜주기 위해 요셉 자신이 이집트로 보내진 것이라고 하니 이해되지 않았다.

요셉은 다시금 설명한다.

"저를 여기에 보내신 분은 형님들이 아니라 하나님이셨습니다."

형님들이 나를 팔아버렸지만 그것은 형님들의 뜻이 아니고 하나님의 계획과 뜻이었다는 것을 설명해 주었다. 자신이 팔려온 것은 형들의 시기와 질투에서 비롯된 것이지만 그런 시기와 질투마저도 하나님께서는 계획안에 두셨던 것이다.

요셉은 눈에 보이는 것에 불평할 줄 몰랐고, 눈에 보이지 않은 하나님의 말씀만을 바라보고 소망을 가지는 영적인 눈을 뜬 것이다. 이미 성령 하나님의 도움으로 영적 분별력을 가진 거듭난 사람이 되어 있었다.

요셉이 그것을 안 것은 성령 하나님의 지혜로 인함이어서 형들을 용서할 수 있었음은 물론 오히려 그들에게 감사함으로 사랑을 드러낼 수 있었다.

누구든지 그리스도 안에 있으면 새로운 피조물이라. 이전 것은 지나갔으니 보라 새것이 되었도다. ^{고후 5:17}

제 7 장

큰아버지 에서의 관대함을 본받았다. 창 32장, 33장

요셉의 이런 통 큰 용서함은 어디서 배운 것일까? 장자의 축복을 탈취한 아버지 야곱이 큰 아버지 에서를 피해 도망갔다가 밧단 아람으로부터 고향 땅 가나안으로 돌아올 때 요셉의 나이는 10대 초반이었을 것이다.

야곱은 형 에서가 자신을 죽일지도 모른다고 두려워한 나머지 두 여종과 그 자식들을 맨 앞에 세우고 레아와 그 자식들을 그 다음에 세웠으며 라헬과 요셉은 맨 뒤에 세웠다.

어린 요셉 또한 400명의 장정들을 거느리고 마중 나오는 큰 아버지가 얼마나 무서웠을까?

형 에서를 만나자 야곱은 땅에 7번 엎드려 절을 하였다. 창 33:3

그러자 큰 아버지가 예상 밖으로 자기의 아버지 야곱의 목을 끌어안고 울면서 입을 맞추고 있으니 얼마나 감탄했을까? 이런 큰 아버지의 통 큰 사랑과 관대함을 보고 어린 요셉 또한 놀랐을 것이다. 창 33:4

물론 에서는 이미 하나님으로부터 야곱을 용서하라는 계시를 받았다.

야곱 또한 하나님께서 전날 밤 천사를 보내어 야곱과 씨름하게 하시면서 야곱에게는 양심의 가책을 느끼게 하셨다. 환골뼈를 건드려 다리를 절게 하신 다음 용서하시고 축복하신 것이다.^{창 32:24-32}

야곱은 천사의 모습으로 오신 하나님을 만난 것이다. 야곱은 하나님을 만나고도 죽지 않았다고 하여 그 곳을 브니엘^{Penial}이라고 하였다. 브니엘은 하나님의 얼굴이라는 뜻이다.

과연 야곱은 그때 성부 하나님을 만난 것이었을까?

그런 것은 아닌 것 같다.

말씀으로 오신 하나님, 즉 그리스도가 성육신으로 오시기 전의 하나님을 만난 것이다.^{요 1:14} 아브라함도 그랬다. 사람으로 오신 하나님께서는 아브라함으로부터 가장 좋은 버터와 밀크, 소로 영접을 받았고^{창 18:3, 8} 십일조를 받으시고,^{창 14:20} 약속하신 대로 그의 아들 이삭을 주셨다.^{창 14:19-20}

"네가 내 얼굴을 보지 못하리니 나를 보고 살 자가 없음이니라."^{출 33:20} 성부 하나님을 직접 보면 죽는다고 알았다. 그래서 기드온도, 삼손의 아버지 마노아도 걱정하지 않았는가?^{삿 6:23, 13:6} 그러나 그들이 만난 분은 말씀으로 오신 하나님을 뵌 것이었다. 그들 모두는 말씀으로 오신 분을 뵈었기에 죽음 대신 놀라운 기적을 경험할 수 있었다. 야곱 또한 사람으로 오신 말씀의 하나님을 뵙고 난 이후 놀라운 기적을 체험한 것이다.

오늘도 하나님께서는 말씀하신다. "너희는 내 얼굴을 찾으라"^{시 27:8}

말씀으로 오신 하나님의 얼굴을 뵐 수 있도록 간구 드리자. 하나님의 음성을 듣고 하나님의 뜻을 알게 하시며, 주님의 도를 가르쳐 달라고 기도드리자. 말씀으로 오신 하나님을 만날 때 우리의 문제는 작아지고 우리를 괴롭히는 고통은 사라지는 기적을 체험하게 될 것이다. 예수님을 만난 사마리아 여인과 같이 벅찬 감격으로 일생일대의 큰 변화를 만나게 될 것이다 형 '에서'는 죽이고 싶었던 동생 야곱이 반성하고 자신을 찾아온다고 하니 죽일 수도 살릴 수도 없어 고민하고 있었다. 그런데 하나님께서 계시해 주시니 그저 감사할 따름이었다.

그렇게 감사의 마음을 가지니 야곱에 대한 증오심은 어느새 간 데 없고, 형제에 대한 사랑만이 남았던 것이다. 화해를 하였다는 의미는 에서가 장자권을 포기하였다는 의미도 가진다. 그래서 두 형제는 아버지 이삭이 죽자 나란히 장사를 지낼 수 있었다.^{창 35:29} 하나님께서는 형제간의 화목을 기뻐하신다.

그 이후 에서는 동생 야곱의 곁을 떠나 남쪽으로 이주하여 에돔[9]의 조상이 되었다.

약 400년 후 모세는 출애굽하여 가나안에 들어가기 전 형제의 나라 에돔의 땅을 한 치도 빼앗지 않도록 지시하여 예의를 지켰다.^{신 23:7} 그러나 하나님께서는 그들이 하나님을 배반하고 우상을 숭배하므로 그로부터 약 700년 후 유다 왕 아마샤를 시켜 에돔을 징벌케 하셨다.^{대하 25:14}

형제간에 뜨거운 포옹을 해본 자만이 형제간의 사랑이 얼마나 소중하고 값진 것인 줄을 알 수 있다. 에서가 야곱을 포옹하고 눈물을 흘렸듯이 요셉도 22년 만에 만난 베냐민을 끌어안고 실컷 울어보았다.^{창45:14}

예수님께서는 서로 충성 경쟁하려는 제자들에게 말씀하셨다.

"내가 마시려는 잔을 너희도 마실 수 있느냐"^{마 20:22}

너희 중에 크고자 하는 자는 너희를 섬기는 자가 되라는 말씀 따라 요셉은 그의 십자가를 지고 감으로써 성숙한 빛의 자녀로 거듭날 수 있었다.

---

9 야곱에게 붉은 죽 한 사발을 받아먹고 장자권을 판 에서의 별명으로 "붉음"을 의미한다.

하나님께서는 의로움과 거룩함으로 그분 아들의 형상을 닮게 하시려고 요셉을 미리 정하셨고 요셉은 성령 하나님의 부르심에 순종하는 온유한 삶을 살았다. 롬 8:29

요셉은 성령 하나님께서 항상 함께 계신다는 믿음을 가지고 있었기에 형들의 악행에 대해서까지 용서와 사랑을 베풀 수 있었고, 장자로서의 두 배의 땅을 기업으로 받은 것이다. 마 5:5 참조

반면 화를 내고, 다투고, 원수를 갚고, 분쟁을 일으키는 행위는 어둠의 자녀들의 일이고 육체의 자녀들의 행위이다. 갈 5:19-21 형들은 요셉의 복수를 두려워하였다. 빛의 자녀인 요셉을 제대로 알아보지 못한 것이다. 요셉이 기대한 대로 바라보지 못하고 자기 자신들과 같이 어둠의 자녀, 육체의 자녀로만 생각하고 말았으니 요셉을 진정으로 알았다고 할 수 없다. 그들은 형제간의 진정한 사랑을 몰랐던 것이다.

LA에 거주하는 한국 교포들 중 일부는, 겉으로는 미국 사회의 개인주의를 표방하면서도 속으로는 형제들로부터 도움을 받고 싶어 하기도 한다. 한국적인 정서가 남아 있다. 각자 자신의 처지가 더 어렵다고 생각한다. 서로가 셈을 하고 비교하고 시기하고 있다. 그러다보니 형제끼리 마음의 상처를 입고 바쁘다는 핑계로 멀리하고 만다. 차라리 전혀 다른 사람하고는 같이 살아도 형제끼리는 같은 건물에서조차 못 살겠다고 한다. 하나님께서는 형제간에 화목하게 나누는 식사 한 끼를 친교 제물로 fellowship offerings 기뻐 받으신다는 것을 애써 외면하고 있는 것이다.

"형제가 함께 연합하여 사는 것이 어찌 그리 선하고 아름다운지!" 시133:1

요셉의 형제들은 하나님께서 하늘의 별들처럼 자손이 번성하리라는 아브라함의 축복, 야곱의 축복을 한 몸에 받은 형제들임에도 감사할 줄 몰랐다. 하나님께서 거저 주시는 사랑가운데 살면서도 그들은 서로 사랑할 줄도 몰랐다.

제 7 장

악을 행한 자는 모두 빛을 싫어한다.

요셉은 형제들을 가나안 땅으로 돌려보내기 전에 신신당부한다.

"당신들은 가나안으로 돌아가는 도중에 절대 싸우지 마시오"^{창 45:24}

요셉은 형제들이 너무 포악하여 요셉이 살아있다는 것을 안 이상 자신들의 책임을 전가하면서 서로 싸울 것이라고 생각하였다. 왜냐하면 아버지께 진실을 말하면 시므온과 레위가 혼날 것이고, 큰형 르우벤이나 유다도 같은 책임을 면할 수 없었기 때문이다.

서로는 서로에게 책임을 떠밀고 싶었을 것이다. 이스마엘 대상들에게 팔아넘기자고 한 것은 유다이니 유다가 제일 중한 대가를 치러야하지 않겠는가? 베냐민이 모든 것을 보고 알았으니 변명의 여지도 없다. 그러나 유다 또한 시므온이나 레위의 말처럼 죽이는 것보다 나았다고 강변할 것이다.

악을 행한 자는 빛을 미워하여 빛으로 나오지 못한다고 했다. 그것은 그들의 행위가 낱낱이 드러날 것을 두려워하기 때문이다.^{요 3:20}

형제들은 가나안에 도착하여 야곱에게 모든 것을 말했다.

"요셉이 아직 살아 있으며 이집트의 총리가 되어 온 이집트를 다스리고 있습니다."

야곱은 심장이 멈추는 듯했다. 자신의 귀를 의심하였다. 그러나 요셉이 보낸 수레와 양식들을 눈으로 보고서야 제정신이 들었다. 그 이전에도 양식 대금을 돌려주지 않았던가? 이 모든 것들이 아들 요셉이 보여준 아버지에 대한 사랑의 표현이었던 것이다.

야곱이 말했다.

"이제 됐다. 내 아들 요셉이 아직 살아 있다니 내가 가겠다. 그리고 죽기 전에 가서 그를 보리라."

여기서 잠깐!

야곱은 요셉이 어떻게 살아났는지, 왜 이집트까지 가게 되었는지 궁금하지 않았을까? 동물에 물려 찢겨죽었을 요셉이 어떻게 이집트로 살아서 갔을까?

그러나 그는 요셉에게 주신 여호와 하나님의 계시를 기억하고 있었다.

"여호와께서 살려 주셨구나!"

야곱은 요셉의 얼굴을 떠올리면서 비로소 행복한 미소를 지었다. 그리고는 다른 아들들을 쳐다보면서 한 마디 추가한다.

"요셉에게 물어보고 싶은 것이 많구나."

기뻐하시는 아버지를 바라보는 형제들의 마음은 초조하고 착잡하기만 하였다. 자신들의 악행이 들통 날까 두려웠던 것이다.

훗날 야곱은 요셉에게 이집트로 가게 된 경위를 과연 물어 보았을까?

야곱이 물어보았더라도 요셉은 자신이 팔려온 이야기를 더 이상 말하지 않았을 것이다. 요셉은 이미 첫 아들을 낳으면서 그의 이름을 '므낫세' 곧 "하나님께서 나의 모든 고난과 야곱 아버지의 온 집안일을 잊어버리게 하셨다."고 고백하였기 때문이다. 창 41:51

그동안 얼마나 고향 땅이 그리웠을까? 아버지와 사랑하는 동생 베냐민이 있는 곳, 그러나 큰 아들을 낳고 그 곳의 아픈 기억을 더 이상 되풀이하고 싶지도 않았다. 형들의 배신으로 노예로 팔려오고, 모함을 받아 감옥살이를 한 기억들을 모두 지워버리고 싶었다. 너무 괴로웠기에 더 이상 생각하고 싶지 않았다. 잊어버리기로 한 것이다.

모든 것을 감사하니 하나님께서 그에게 평안을 주셨다. 그런데 다시 괴로운 기억을 되살려 마음 아파할 일이 아니었다.

한편 야곱은 이미 그런 요셉의 아픈 기억을 다 알고 있었다.

성령 하나님께서 알려 주신 것이다.

"그를 공격하고 배신하는 쓰라린 형제들의 분노에 대해서 그의 활은 긴장되어 있었고, 그의 능력의 팔에는 힘이 머물렀다"고 예언한 그의 축복에서 역력히 드러나 있다. 그것은 하나님께서 늘 요셉과 함께 하시겠다는 약속도 내포되어 있었다.^{창 49:23-24}

제 7 장

요셉은 꿈에 그리던 아버지를 만났다. 창 46장

　야곱은 기근으로 너무나 어렵지만 이집트 낯선 땅으로 가는 것 또한 엄두가 나지 않았다. 밤새 기도한 후에 마침내 결정했다. "내 아들 요셉이 지금까지 살아 있으니 내가 그를 보리라"고 근심 끝에 수락을 하고 떠나기로 마음먹은 것이다.^{창 45:28} 전날 밤 하나님께서는 걱정하는 야곱에게 환상 중에 나타나시어 말씀하셨기 때문이다.

　"애굽으로 가기를 두려워하지 말며, 거기서 너로 큰 민족을 이루게 하리라."

　그렇다. 지금 현재 무엇을 할까 걱정하는가? 사업이 힘드는가? 가정이 파탄에 빠졌는가? 앞이 캄캄할 때 하나님께 기도드리자. 하나님께서 야곱에게 하심같이 우리에게도 "두려워 말라. 나는 너의 보호자이다."라고 말씀하신다. 그것이 믿음이다.

　야곱 일행은 바로 왕이 보내준 수레를 타고 바로의 환영을 받으면서 애굽에 입국하게 된다. 요셉은 아스낫과 함께 마중 나가 그의 아버지와 그 일행을 크게 환영하고, 22년 만에 사랑하는 아버지 야곱을 만나게 된다.

17살의 나이에 도단에서 형들에 의해 팔려갈 때 그렇게도 부르던 아버지의 이름을 실컷 불러본다.

"나의 아버지! 나의 주님! 어찌하여 나를 버리시나이까?"

소리쳐 불러 보았지만 대답이 없으셨던 그 아버지이시다.

예수님께서 인간의 죄를 짊어지시고 죄인으로서 하나님 아버지와 성령 하나님으로부터 멀어졌을 때 아버지를 잃은 예수님의 슬픈 마음과 같았을 것이다.

이제는 아버지와 다시 만났으니 이곳이 천국 아닌가? 슬픔가운데 소망을 가지고 기쁨으로 하나님 아버지 우편에 앉으신 예수님처럼 요셉은 남은 인생을 아버지와 같은 땅에서 기쁨으로 같이 살 수 있게 되었다.

7년 대기근에 대비하여 이스라엘 백성을 구하시기 위해 일찍부터 요셉을 이집트에 보내 준비시키신 것이다. 비로소 그의 어릴 적 꿈은 실현된 것이다.

"제가 또 꿈을 꾸었는데 해와 달과 11개의 별이 제게 절을 했어요."

해와 달은 아버지와 어머니들이셨다. 물론 11개의 별은 형제들이었다.

애굽에 정착하게 된 이스라엘의 가족은 요셉과 그의 아들들을 포함하여 대략 70 - 75명선 정도이었다. 그 지역은 고센 지역이다. 그곳은 가나안 땅으로부터 남서방향으로 200마일쯤 떨어진 나일강 유역이다. 나일강 삼각지 델타지역으로 당시 이집트에서 손꼽히는 비옥한 땅 중의 하나이었다.

바로는 그런 비옥한 땅을 왜 요셉의 가족에게 주었을까?

바로는 그의 부하 요셉이 그만한 공로를 세우고도 남음이 있음을 인정한 것이었다.

"너희에게 이집트의 땅의 최고의 것을 줄 것이니 너희는 그 땅의 기름진 것들을 즐기라."창 45:18

1966년 그곳에서 도자기 파편과 말굽모양의 주거지 형태가 발굴됨으로써 야곱을 포함하는 이스라엘 사람들의 거주사실이 확인되었다는 보도가 있었다. 요셉을 기념하는 기념비도 그곳에서 발굴되었다고 한다.

제 7 장

거짓말하는 것은 야곱 집안의 내력

요나는 이방인의 나라 니느웨(Nineveh)로 가서 복음을 전하라는 하나님의 신성한 명령을 저버리고 욥바(Joppa)에서 반대편 스페인의 도시 다시스(Tarshish)로 가는 배에 올라타고 말았다.^{욘 1:3} 니느웨로 가라는 하나님의 명령을 거절한 것이다. 그러자 하나님께서는 광풍을 일게 하셨고, 요나가 탄 배는 풍랑으로 전복을 당할 위기에 처하였다.

자신 때문에 이방인 뱃사람들의 생명까지도 위협 당했다는 사실을 안 요나는 스스로 책임지는 모습을 보인다.

"나를 바다에 던지시오."^{욘 1:12}

자신의 죄를 회개하면서 자신을 바다에 빠뜨려 죽이라는 것이었다.

한편 요셉의 형들은 잠깐 자신들의 잘못을 뉘우치는가 싶더니 다시 거짓된 행동을 하고 만다. 요셉으로부터 일단 용서를 받았지만 언제든지 그의 마음이 변하면 복수를 당하지 않을까 여전히 두려워한 것이었다.

아버지 야곱이 돌아가시고 장례행사를 모두 마친 후 다시 이집트로 귀환하자마자 형들은 요셉에게 전갈을 보낸다. 마치 아버지가 돌아가시기 전에 형들을 용서하라는 유언을 남긴 것처럼 거짓으로 날조한 것이었다. 이 전갈을 받고 요셉은 형들에게 또 다시 실망하고 울음을 터트린다.^{창 50:17}

상황에 따라 거짓말을 쉽게 하고 그것이 가져올 중한 상처와 책임에 대해서는 아무런 생각들이 없었던 것이다. 어쩌면 인지상정인지도 모르겠다. 그러나 요셉의 진정한 용서를 가식된 행동으로 여기고 말았으니 요셉으로서는 그것이 너무나 실망스러웠던 것이다.

이러한 형들의 거짓된 행동은 그들 집안의 내력이었을까?

아브라함은 기근을 피해 이집트 지역에까지 가서 그랄 왕 아비멜렉에게 아내 사라를 여동생이라고 소개했다.^{창 20:9-12} 그러자 아비멜렉은 사라를 부인으로 삼기위해 데려갔다. 하나님께서는 아비멜렉에게 환상 중에 명하시어 아브라함의 처 사라를 돌려보내라고 경고하셨다.

다음날 아비멜렉은 은 1,000세겔의 보상금과 함께 그녀를 돌려주었다.

아비멜렉이 아브라함에게 꾸짖었다.

"네가 우리에게 어찌 이럴 수 있느냐? 내가 무슨 잘못을 했기에 네가 나와 내 왕국에 이렇게 엄청난 죄를 불러들였느냐? 너는 내게 절대 해서는 안 될 짓을 하고 말았다."

그리고 아비멜렉은 다시 묻는다.

"도대체 왜 이렇게 거짓말을 했느냐?"

아브라함이 말한다. "이곳은 분명 하나님을 경외하지 않으니 사람들이 내 아내 때문에 나를 죽일 것이라고 생각했었소."

사라가 미인이어서 자신의 처라고 하면 자신을 죽이고라도 처를 빼앗아갈 것으로 생각했단다. 얼마나 무서운 말인가? 당시 여성의 지위는 지금과 사뭇 달랐다고 하더라도 아브라함은 적어도 아내를 책임지려는 신실한 남편은 아니었던 것이다.

"남편들아! 아내 사랑하기를 그리스도께서 교회를 사랑하시고 그 교회를 위하여 자신을 주심같이 하라."엡 5:25

아브라함은 사랑하는 아내를 위해 자신을 버릴 줄 몰랐다. 오히려 부인을 방패삼아 목숨을 부지하고 살려고 했다.

첫 번째 사람인 아담은 하와를 보고 "내 뼈 중의 뼈요 살 중의 살"이라고 하여 자신의 목숨을 내 놓을 정도로 하와를 귀히 여기고 사랑하지 않았는가?창 2:23 이를 보시고 하나님 또한 얼마나 기뻐하셨는가?

아내는 생명의 은혜를 함께 이어받을 귀한 존재이다.벧전 3:7

신앙의 동역자이다. 그런데 아브라함은 그의 아내를 단순히 생명을 이어가는 산모 역할에 만족한 것이었다. 자식을 낳아 주는 도구정도로 생각한 것이다. 그의 행동은 성경에 반한 것이었다.

그리고 아브라함은 덧붙인다.

"사실 그녀는 제 여동생이기도 합니다. 제 어머니의 딸은 아니지만 제 아버지의 딸인데 제 아내가 된 것입니다."

믿음의 조상으로서 해서는 안 될 말과 행동을 한 것이다.

아브라함은 자신의 믿음의 동역자인 처를 배다른 서자로 전락시키고 만 것이다. 물론 사실이더라도 자신의 아내가 된 이상 그런 말을 해서는 안 된다. 말의 의미를 잘 알고 있었기에 신중했어야 했다.

그의 아들 이삭 또한 그랄에서 자신의 아내 리브가를 누이라고 했다. 리브가가 예뻐서 자신을 죽일까 두려워했다고 한다.창 26:7 아버지 아브라함을 똑 닮은 무책임한 행동이었다. 아버지로부터 배운 것이다. 야곱은 시력이 떨어진 아버지 이삭을 속이고 그의 형 에서가 받을 장자의 축복을 거짓으로 빼앗았다.

야곱의 아들들은 어떤가? 조상들의 거짓된 행동을 보고 배웠다. 여동생인 디나를 추행하고 용서를 구하는 세겜과 그 형제들에게 할례를 조건으로 거짓 화해를 한 다음, 이를 믿고 할례를 한 세겜 사람들에게 시므온과 레위는 어떻게 하였는가?창 34:13-31

세겜 사람들이 속아서 안심하고 있는 틈을 타 그들은 칼로써 보복하지 않았는가? 세겜과 그의 아버지 하몰을 포함하여 세겜 사람들을 모두 죽이고 말았다.

또한 그들은 이미 증오심과 시기심으로 요셉을 이국땅에 멀리 팔아버린 다음, 마치 동물에 물려 죽은 것으로 가장하여 아버지 야곱에게 거짓말한 비열한 행동까지 저질렀다.

"악인은 모태에서 떨어져 길을 잃고 나면서부터 곁길로 나아가 거짓을 말한다."시 58:3

요셉의 형들의 거짓된 행동은 그러한 조상들로부터 배운 것이었을까? 혀가 갈라진 뱀과 같이 거짓말은 또 다른 거짓말을 낳는다.

그들은 회개하지 못하였기에 또 다시 상황이 바뀌자 쉽게 거짓말을 하고 만다. 야곱이 죽자 야곱의 유언을 빙자해서 요셉에게 거짓말을 한 것이다. 마귀는 은밀히 다가와 그들을 끊임없이 유혹하고 있다.

"거짓말하는 자의 입은 막히리로다."시 63:11

주여! 완악하고 교만한 입으로 무례히 의인을 치는 거짓 입술이 말 못하는 자 되게 하소서!

야곱은 그 자신의 거짓된 삶에 대해 진정으로 회개하고 거듭날 수 있었다. 형 '에서'를 만나기 위해 가나안으로 돌아가던 중 하나님이 보내신 천사가 그에게 물었다.

"너의 이름이 무엇이냐?"

"저의 이름은 야곱입니다. 이름과 같이 거짓말쟁이로 협잡꾼의 삶을 살았습니다."

그는 진정으로 회개하였다. 그래서 여호와께서는 그의 이름을 야곱에서 이스라엘로 바꾸어 주셨다. 새사람으로 거듭난 것이었다.

그러나 요셉을 제외한 그의 다른 아들들은 진정으로 회개하지 못하였으므로 아직껏 거듭나지 못했다.

제 7 장

감사할 줄 아는 요셉과 거듭나게 된 형제들

　요셉은 큰 아들 므낫세를 낳고 자신의 모든 고난과 아버지 야곱의 온 집안 일을 내려놓았다. 잊어버린 것이다. 그때까지만 해도 형들에 대한 분노와 연민의 정이 교차하였을 것이다. 비록 총리가 되었다고는 하나 노예로 팔려 왔다는 것은 생각만 해도 참기 어려운 고통으로 다가왔다. 그래서 형들에게 복수하고도 싶었을 것이다. 그러나 요셉은 그렇게 하지 않았다.

　어둠은 빛과 함께 할 수 없다. 빛이 오면 어둠은 사라진다. 보복을 두려워하는 형들에게 그는 말한다. 형들은 요셉 자신을 해쳤으나 형들의 자녀들까지 자신이 기르겠다고 한다.

　예수님께서는 가롯 유다가 당신을 팔아넘길 자라는 것을 아시면서도 그를 끝까지 가르치시고 보살피시고 발을 씻어 주시지 않았는가?^{요 6:71, 13:1} 예수님께서는 십자가 위에서 자신을 죽이라고 소리치는 군중을 바라보고 하나님 아버지께 기도드리셨다.

"아버지, 저들을 용서해 주소서. 저들은 자기들이 하고 있는 것을 알지 못함이니이다."누 23:34

예수님께서는 지상에 계시는 마지막까지 용서하셨다. 원수마저 사랑하는 진정한 사랑을 실천해 보이신 것이다.

요셉은 하나님께서 늘 함께 계신다는 믿음을 가지고 있었기에 모든 것을 용서와 사랑으로 극복해 나갈 수 있었다.

자신에게 맡겨진 선한 사명을 깨닫고 완수할 수 있게 도와 준 형들에 대해 오히려 감사하는 마음까지 가졌다. 요셉은 일찍부터 하나님께서는 형들의 시기와 질투까지도 이용하시어 하나님의 뜻을 이루어 가신다는 것을 알았던 것이다.

요셉이 바로의 집과 이집트 온 땅의 통치자가 될 수 있었던 것은 모두 하나님의 권능이었다. 그는 모든 것이 하나님의 계획이었다는 것을 깨달았다. 따라서 형들을 탓할 이유가 없었다. 오히려 형들 덕분으로 이집트로 팔려와 총리까지 되었다고 생각한 것이다.

조용기 목사님의 "그저그저" 감사하라는 말씀이 생각난다. "나에게 암을 주셔서 감사합니다. 나에게 나쁜 친구를 주셔서 감사합니다. 내게 손해를 주셔서 감사합니다. 그저그저 감사합니다"고 기도하고 하나님께 맡기고 생활하면 세상 모든 일이 감사할 일뿐이라는 것이다. 그렇게 되면 마귀 원수마저도 한 길로 왔다가 일곱 길로 달아난다는 말씀이었다.

당시에 서남아시아 특히 이집트는 문화의 최강 선진국이었고 세계를 지배하는 오피니언 리더 국가이었다. 그런 만큼 이집트의 총리라면 세계의 지도자급에 상응한다고 볼 수 있겠다. 노예로 팔려온 그를 애굽의 왕 바로의 총리로, 온 땅의 통치자가 될 수 있었던 것은 하나님의 섭리가 있었기 때문이었다. 요셉도 그의 둘째 아들이름을 에브라임 곧, 자신의 하나님으로부터 창성함을 받았다는 의미로 감사하는 마음을 담았다.

모든 것이 하나님의 권능이 아니면 불가능한 일이었다.

하나님께서는 그가 시련을 기쁨으로 극복하고 불과 물을 통과하였더니 풍부함으로 그를 인도하셨다.^{시 66:12}

하나님의 뜻과 계획을 알고 하나님의 말씀에 순종함으로써 요셉은, 하늘의 영광을 드러내는 도구가 될 수 있었다.

하나님을 믿는 우리는 항상 많은 도전을 받고 시련과 고통 중에 있다. 믿는 자에게는 하나님만을 바라보도록 항상 시련을 허용하신다. 요셉은 형제로부터 배신당하고도 오히려 자신의 잘못을 깊이 회개하였고 부당한 고난 중에도 강건함으로써 거듭날 수 있었다.

그러나 그의 거듭남은 그에게 그치지 않았다. 그의 용서와 사랑은 형제들에게도 진정한 사랑의 의미를 알게 하였다. 사랑으로 그들의 모든 허물을 덮어 주었다. 그러자 그들도 변하기 시작하였다. 요셉의 사랑은 그들을 참다운 형제로 온전하게 묶는 띠가 되었다.^{골 3:14} 그들도 서로를 많이 사랑함으로써 그들의 많은 죄도 사함을 받았다. 그들이 진정으로 회개함으로 비로소 깨끗함을 입고 새로운 사람으로 재창조된 것이다. 자기중심의 믿음에서 하나님중심의 믿음으로 거듭나게 되었다.

제7장

이스라엘의 출애굽은 예정되어 있었다.

여호와께서는 아브라함에게 말씀하셨다.

"네 자손이 다른 나라에서 나그네가 되어 그들을 섬길 것이며 400년 동안 그들은 네 자손을 괴롭힐 것이다."^{창 15:13}

하나님께서는 이스라엘 백성이 기근을 피해 애굽으로 이주할 것과 또 다시 아브라함에게 주신 가나안 땅으로 되돌아갈 것을 계획 하에 두셨다.

야곱은 기억하고 있었다. 가나안 땅 루스에서 하나님의 약속의 말씀을 들었기 때문이다.

"이 땅 즉 가나안 땅을 네 후손에게 주어 영원한 기업이 되게 하리라."^{창 48:3-4}

그래서 야곱은 언젠가 가나안 땅으로 다시 돌아가게 될 것이라고 굳게 믿고 있었다.

요셉 또한 사후에라도 가나안으로 돌아갈 것을 기대하고 있었다. 요셉은 BC 1915년경에 출생하여 BC 1898년경 17세의 나이로 애굽으로 팔려가고, 30세에 총리가 되었다. 형제들은 22년만인 BC 1876년경 가족을 만나 나일강 델타지역 비옥한 땅인 고센 지역에 정착하였다.

요셉은 BC 1805년경 110세의 나이로 열조의 곁으로 간다.

그 이후 애굽은 요셉을 알지 못하는 새로운 왕이 일어나 이집트를 다스리게 되었다. 새롭게 왕이 된 자는 아무리 생각해도 이해가 되지 않았다.

왜 이주민인 이스라엘 민족이 원주민 보다 인구가 더 많고 물질적으로 풍족한 생활을 하고 있을까?

저렇게 강대하게 되면 앞으로 반란이라도 일어난다면 어떻게 될까 고민하였다.

그는 몰랐던 것이다. 보디발이 보았고 선친 바로 왕이 알았던, 하나님이 함께 하심으로써 이스라엘이 복을 받았고, 애굽도 더불어 모든 일이 형통하게 되었다는 사실을 몰랐다.

아무도 그에게 가르쳐주지 않았기 때문이다.

새 왕은 말한다.

"그러니 우리가 그들을 대할 때 지혜롭게 행동하자."

그러면서 이스라엘 백성을 두려워한 나머지 잘못 판단하고 만다. 그들에게 감독관을 세워 이스라엘 백성들을 억압하고 중노동을 시키기로 작정하였다. 장고 끝에 악수를 둔 것이다. 그는 오랜 고민 끝에 패착을 두고 만 것이다.

억압하면 할수록 이스라엘 자손은 번성하였고 인구도 늘어나자 그들을 더더욱 심하게 혹사시켰다.^{출 1:13}

"히브리인들에게서 태어나는 아들은 모두 나일 강에 던져라."^{출 1:22}

하나님께서는 마침내 이스라엘 백성의 신음소리를 들으시고 나일강에 버려진 모세를 건져내시어 이스라엘을 구해 주셨다.

BC 1876년 약 70여명의 이스라엘 가족이 애굽으로 들어와 BC 1446년 장정만 60만 명,^{행 7:14, 출 12:37} 부인이나 어린 아이를 포함하여 약 200만 명으로 크게 늘어났다. 약 400여 년 동안 급성장하였으니 하나님께서 크나큰 복을 주신 것이다. 아브라함에게 언약하신대로 별과 같이 셀 수 없이 그 수를 늘려 주신 것이다.

여호와 하나님은 언약과 사랑을 지키시는 위대하고 강하고 두려운 하나님이시며,^{느 9:32} 하나님을 사랑하고 계명을 지키는 자에게는 천대까지 은혜를 베푸시는 분이시다.^{신 5:10}

히스기야 왕 시절 유다를 괴롭히던 앗수르 왕 산헤립의 군대 185,000명을 하룻밤 사이에 여호와의 사자가 모두 죽여 버렸다. 이사야 선지자를 통해 여호와 하나님께서는 말씀하셨다.

"내가 나와 나의 종 다윗을 위하여 이 성을 보호하여 구원하리라"^{왕하 19:34}

다윗이 죽은 지 305년이 지났음에도 다윗의 믿음을 보시고 그의 후손을 보호해 주신 하나님이시다.

야곱은 하나님께서 약속하신 모든 일을 이루어 가심을 확신하였다. 우리의 부족함을 미리 아시고 베풀어 주시는 하나님! 우리보다 우리의 형편을 더 잘 아시는 하나님! 엘 샤다이(El Shaddai), 전능하신 하나님! 하늘 위의 복과 땅 아래로 깊은 샘의 복, 젖과 태의 모든 복, 근원적인 복을 하나님 나라의 백성들에게 내려 주신다는 것을 믿었던 것이다.

하나님께서 먼저 택한 백성들을 부르셔서 확실한 약속을 주셨고, 그 약속을 들은 그의 백성이 순종함으로써 언약의 성취를 확신하는 것이 곧 믿음이다. 믿음대로 하나님은 모든 것을 야곱 이스라엘을 통해 이루어 주셨다.

BC1527년 애굽 왕의 이스라엘 백성에 대한 탄압이 극도로 심하던 시절에 모세가 태어났다. 하나님께서는 모세를 불러 형 아론과 함께 이스라엘 백성을 인도하여 출애굽하도록 지시하셨다. 출애굽은 태초부터 예정되어 있었다.

제 7 장

요셉은 또 다른 소임을 다했다.^{겔 29:15}

바로의 꿈을 해몽하고 바로의 신임을 받아 양곡의 최고 관리자가 된 사람은 누구인가? 노예로 팔려간 요셉이었다. 그는 그들이 천하게 생각한 노예이고, 강간미수로 옥살이를 한 히브리 출신이 아니었던가?

하나님께서는 세상의 천한 자, 멸시받는 자, 없는 자들을 택하셔서 가진 자를 부끄럽게 하신다. 이는 그 누구라도 하나님 앞에서 교만하지 못하게 하기 위함이다.^{고전 1:28, 엡 2:9}

바로 왕에게는 하나님의 놀라우신 역사하심을 보여 주셨다. 그에게 해괴한 꿈을 꾸게 하시고, 나일강으로 하여금 7년간 잠잠케 하신 하나님의 놀라우신 능력을 요셉을 통해 전해 주셨다.

요나를 바다에 던지자 조금 전까지 잡아먹을 듯이 불어 닥치던 광풍이 순간적으로 잠잠해졌다. 그 모습을 바라본 이방인 뱃사람들은 놀라 땅에 엎드려 고개를 들 수 없었다.^{욘 1:15-16} 또한 젖먹이 새끼소의 울음을 뒤로하고 어미 소로 하여금 언약궤를 끌고 가게 하신 하나님의 놀라운 능력을 바라보고 무릎을 꿇은 블레셋 사람들을 우리는 기억하고 있다.^{시 18:1}

하나님께서는 요셉을 통해 이스라엘 사람들은 물론 이집트 백성까지 영적으로 거듭나기를 원하신 것이다. 바울을 통해 사마리아 땅 끝까지 이방인들을 거듭나게 하심같이 요셉을 통해 이집트는 물론 온 아프리카까지도 이미 구원하려 하신 것이다.

바로왕은 눈앞에서 하나님의 위대하신 능력을 보았다. 그리고 실제로 7년간의 대기근을 경험하였다. 요셉의 입과 손을 통해 그와 늘 함께하시는 하나님의 놀라우신 능력을 경험하였다.

바로는 눈으로 직접 보고 경험하였음에도 하나님께로 돌아설 줄을 몰랐다. 요나의 경고를 듣고 바로 회개한 니느웨의 왕과는 사뭇 달랐다. 바로는 이미 그 자신 스스로가 신이 되어 있었기 때문이었다.

그럼에도 하나님께서는 그러한 이집트를 완전히 멸하시지는 않으셨다. 요셉을 총리까지 인정해 준 바로 왕에 대한 예우였는지도 모른다. 성경은 하나님의 크신 자비로 살려 두셨다고 전한다.

"애굽 사람을 미워하지 마라. 네가 거기서 객이 되었음이니라."^{신 32:7}

그러나 이미 이집트에는 아스낫과 같이 성령으로 거듭난 사람의 숫자가 점점 늘어가고 있었다. 요셉의 얼굴에 비친 성령의 빛을 보고 하나님을 만난 사람이 이미 많았던 것이다.

요셉은 이로써 자신의 또 다른 소임을 다했다. 요셉을 통해 이집트 전체가 축복을 받았고, 하나님으로부터 자비를 받은 것이다.

사명을 받은 사람은 복이 있다. 리브가의 현명함이 야곱을 살리고 다말의 충성심이 시아버지 유다의 대를 이었고, 그 후손으로 예수님이 오실 수 있었다. 라합이나 룻도 그랬다. 방탕한 선지자이지만 회개할 줄 아는 요나를 통해 앗수르가 살 수 있었다. 모두가 자신들의 주어진 사명을 다했기 때문이다. 그들은 모두 하나님의 영광을 받았다.

여호와 하나님께서는 아브라함에게 말씀하신 적이 있다.
"내가 의인 10명을 위해 도시를 멸망시키지 않겠다."^{창 18:32}
언약의 하나님이시고 약속을 지키시는 하나님이시다. 요셉을 통해 이미 이집트에는 하나님의 말씀의 씨앗이 뿌려지고 열매를 맺어 희어져 추수할 때가 된 것이었다.

주인이 맡긴 한 므나로 열심히 장사하여 열 므나를 남긴 종의 비유와 같이 우리도 불쌍한 영혼을 하나님 나라로 인도하는 데 앞장서야 한다. 예수님의 십자가 보혈로 거저 구원을 받았으니 우리도 열 명, 백 명에게 구원의 소망을 나눠줘야 하지 않겠는가?

"그 한 므나를 빼앗아 열 므나 가진 자에게 주라."^{눅 19:24}
한 사람도 구원하지 못한 자는 예수님의 십자가상의 고통을 헛되게 하는 사람이다. 믿는 자는 하늘나라의 특별한 상급을 얻기 위해 스스로를 채찍질하며 열심히 전도하여 풍성한 구원의 열매를 맺어야 한다.

예수님께서는 오늘도 우리에게 "내 어린 양을 먹이라"고 하신다.^{요 21:15-17}

〈Keynote〉
하나님이 사랑하심같이 너희도 서로 사랑하라.

바리새파 사람인 율법학자들은 예수님께서 죄인이나 세리들과 함께 식사하시는 것을 보고 물었다.

"어째서 하나님을 믿는 사람이 세리들과 죄인들과 함께 어울려 먹을 수 있느냐?"

예수님께서 말씀하셨다.

"건강한 사람에게는 의사가 필요하지 않으나 병든 사람에게는 의사가 필요하다. 나는 의인을 부르러 온 것이 아니라 죄인을 부르러 왔다."^{막 2:16-17}

바리새파 사람이나 율법학자는 세상의 변화에 적응하지 못하고 그들의 율법과 전통에 얽매어 있었다. 율법도 그 나름대로 영광이 있다. 그러나 율법보다도 더 큰 영광으로 예수님이 오신 것을 그들은 몰랐다. 그래서 요한은 '은혜 위에 은혜'라고 하여 율법 보다는 예수님의 구속의 은사가 더 큰 영광임을 강조하였다.^{요 1:16}

기독교의 신앙은 율법과 은총이라는 두 기둥으로 세워져있다고 한다. 율법은 공의를 실현하는 수단이요, 은총은 자비와 사랑이라고 한다. 그러나 율법만으로는 공의를 이룰 수 없다. 남을 정죄하는 율법만으로는 의롭다고 칭함을 받기에는 부족하다. 율법의 엄격성만 강조하였지 그 속에 있는 본질을 깨닫지 못하였기 때문이다.

그래서 예수님께서는 말씀하셨다.

"너희 의가 서기관과 바리새인보다 더 낫지 않으면 결코 천국에 들어가지 못하리라."^{마 5:20}

바리새인과 같이 사랑 없이 율법의 이름으로 남을 정죄하려 하는 것만으로는 부족하다. 율법이 사랑으로 조명 받지 못하면 죽은 율법이다.

그래서 예수님께서는 율법을 폐하로 오신 것이 아니라 완성하러 오셨다고 하셨다. 새 계명을 주시어 사랑으로 율법을 완성하셨다.

하나님이 너희를 사람하심과 같이 너희도 서로 사랑하라고 하신다.

제 8 장

요셉의 가정과 축복

구약시대에는 유월절을 지키기 위해 가정마다 어린양을 잡았다. "각 가족대로 그 식구를 위해 어린 양을 취하되"출 12:3 그 피를 좌우 문설주와 꼭대기에 발라 죽음의 재가 그 집을 pass하게 하였다. 그러나 이제는 우리가 예수님의 보혈의 공로로 깨끗함을 받았으니 더 이상 짐승의 피가 필요하지 않게 되었다.

여호와께서 여호수아에게 말씀하셨다.수 20:1-6 "이스라엘 백성들에게 내가 모세를 통해 지시한 도피성들을 지정하라고 말하여라. 그래서 뜻하지 않게 실수로 살인한 자가 그곳으로 피신해 피로 복수하려는 사람으로부터 보호받게 하여라. 그가 이 도피성 가운데 하나로 피신하면 그는 그 성문 입구에 서서 그 성의 장로들 앞에서 자기 사건을 진술해야 한다. 그러면 그들은 그를 그 성으로 들이고 그에게 살 곳을 주어 그들 가운데 살게 할 것이다." 도피성은 이미 모세가 요단의 동쪽 3도시에 설치한 바 있다.신 4:41

"만약 피로 복수하는 사람이 그를 쫓아오더라도 그에게 그 피의자를 내주어서는 안 된다. 그가 어떻게 하다가 우연히 죽인 것이지 전부터 미워서 죽인 것이 아니기 때문이다. 그는 심판하는 회중 앞에 설 때까지나 그 당시의 대제사장이 죽을 때까지 그 성에서 살아야 할 것이다. 그 후에야 그는 자기 성으로, 곧 그 도망쳐 나온 자기 집으로 돌아갈 수 있다."

하나님께서는 악마의 시험에 빠져 길을 잃고 죄를 짓지 않도록 우리 마음속에 이미 말씀을 심어 주셨다.시편 119 : 11 우리가 육체의 욕망과 싸워 영적전쟁에서 이기는 방법은 우리의 의지나 공로가 아니라 하나님의 말씀이며, 말씀으로 오신 우리의 예수님과 함께하는 것이다. "의에 주리고 목마른 자는 복이 있나니" 항상 예수님과 동행하고 교제함으로써 하나님으로부터 의롭다 인침을 받을 것이다.마 5:6

제 8 장

미리 준비된 요셉의 아내 아스낫 창 41:45, 50

요셉은 바로왕의 중매로 결혼하였다. 부인은 온의 제사장 보디 베라의 딸 아스낫이었다. 제사장은 당시 최고의 권세가 중 하나였다. 그래서 대기근 중에도 제사장들에게는 바로가 특별히 식량을 제공하였고, 그들이 소유한 땅은 그대로 유지해 주었다. 제사장 보디 베라는 자식이 없었다. 어느 날 산책 중에 애기 울음소리를 듣고 주위를 둘러보니 강보에 여자 아이가 버려져 있었다. 제사장은 그 아이를 데려다 딸로서 양육하였다.

아스낫은 자라면서 세상일에는 관심이 없고 오직 제사장인 아버지의 뜻대로 이집트의 신만을 섬기며 살았다.

그러자 갑자기 요셉과 결혼하라는 아버지의 말씀을 듣고 청천벽력과 같은 충격을 받았다.

"저의 결혼 상대는 오로지 바로왕의 왕족출신 뿐입니다."

지금까지 그녀는 자신의 신분에 맞게 왕족만을 결혼 대상으로 생각해 왔다.

모세의 부인은 미디안의 제사장의 딸 십보라이었고, 아하스 왕의 부인도 스가랴 제사장의 딸 아비야였다. 반대로 제사장 여호야다의 부인 여호세바는 유다 왕 여호람의 딸이었다.

그런데 히브리인 노예에게 시집가야한다니 생각할 수 없었던 일이 벌어진 것이다. 그녀로서는 도저히 따를 수가 없었다. 거절하는 딸의 태도를 보고 보디베라는 설득해 보지만 딸의 태도는 어림없었다.
"당분간 아버지를 뵙지 않겠습니다."
신전을 걸어 잠그고 두문불출하고 있다. 바로의 명령이니 따를 수밖에 없다고 강요하기도 했다. 그러는 동안에 요셉은 바로의 명에 따라 신부를 데리러 제사장의 집에 도착하였다.

바로 왕은 왜 요셉에게 이집트 시민권과 더불어 이집트 이름 "사브낫 바네아"라는 이름과 함께 이집트 제사장의 딸과 결혼하도록 명령하였을까? 답은 간단하다.
그를 이집트 생활에 익숙하게 하여 이집트의 신을 믿도록 만들고 이집트인으로 귀화시킬 목적이었다.

어쩔 수 없이 아스낫은 요셉 앞에 불려나왔다. 그러자 요셉은 그녀가 몸에 두른 이집트 신들의 이미지와 형상을 보고 하나님께 기도를 드렸다.
"아브라함과 이삭의 여호와 하나님 아버지! 이 여인이 하나님을 모르고 우상을 섬기고 있음을 용서하시고 이 여인이 쇠잔하여 견고한 곳에서 떨며 나오도록 인도하시고, 어둠에서 밝음으로, 거짓에서 진실로, 죽음으로부터 거듭나도록 도와주옵소서. 아멘."
축복의 기도를 드렸다.
그 순간 아스낫은 자신이 가지고 있던 모든 우상을 버리고 하나님 앞에 무릎을 꿇고 울음을 터트렸다.

그녀는 그 이후 몇 일이나 울었는지 모른다. 얼마나 울면서 회개하였는지 그녀는 일어나려고 했으나 일어날 수가 없었다. 엉덩이뼈를 사용하지 못하고 절름거렸다. 시아버지 야곱이 천사와 씨름하다 환도 뼈를 다쳐 다리를 절게 된 것 같이 다리를 절었다.

기도하는 마지막 날 저녁에 하나님의 천사로부터 요셉을 신랑으로 맞이하라는 말을 들었다. 그녀는 기쁜 마음으로 받아들였다.
"나의 모든 것을 내려놓고 주님만 바라보겠습니다. 나는 주님의 여종이옵니다. 말씀하신 대로 내게 이루어지이다."

우리는 예수님의 어머니 마리아가 천사로부터 임신사실을 전해 듣고 이를 받아들인 것을 기억하고 있다.

그러자 하나님의 천사는 그녀에게 성령으로 기름 부어주시고 조명해 주시고 그녀의 이름이 태초부터 생명책에 기록되어 있음을 깨닫게 해 주셨다.

하나님께서는 일찍부터 아스낫을 선택하시어 하나님의 보호 하에 두신 것이다. 다음날 요셉을 만나 서로가 결혼하기로 하고, 바로 왕 앞에서 하나님의 축복으로 결혼할 수 있었다. 결혼하기 전에 동침하지 않았으니 그것은 하나님의 계명에 따른 것이다. 아스낫은 요셉과 같이 하나님을 믿게 되었고, 요셉에게 순종하고 두 자녀를 하나님의 품안에서 자라도록 사랑을 베풀었다. 창 41:45

아스낫은 한 때 이집트의 신을 믿는 제사장의 딸이었으나 빛의 자녀 요셉을 만나 거듭날 수 있었던 것은 하나님의 택하심에 있었다.

택하심도 버리심도 모두 하나님의 뜻이시다. 훗날 유다의 집안에 들어와 영광의 반열에 오른 기생 라합이나 모압의 딸로서 보아스와 결혼하여 다윗의 증조모가 된 룻의 경우도 이와 같다. 반면 악한 이세벨을 아내로 맞이한 아합 왕은 오히려 아내의 충동으로 하나님 보시기에 악한 행동을 하다가 자신의 영혼을 악한 영에게 팔고 말았으니 참으로 안타까운 일이다. 왕상 21:25

제 8 장

아스낫은 요셉의 영적 동역자이고 중보자이었다.

하나님께서는 그의 부인 아스낫과 함께 복된 가정을 만들고 하나님을 함께 경배하는 요셉의 믿음의 동역자로 준비해 주셨다.

요셉은 퇴근하면 아스낫과 항상 기쁨과 감사함으로 여호와 하나님을 찬양하고 기도하는 시간을 가졌다.

아스낫은 온의 제사장인 아버지를 통해 이집트 바알신상 앞에서 나름대로 많은 영적인 체험을 가진 바 있다. 신상 앞에서 혼자 묵상하는 시간도 가지고 제사에도 참여하였었다.

이제는 남편과 함께 여호와 전에서 기도하고 묵상하고 있으니 얼마나 큰 축복인가! 그녀는 하루 일과 중에 가족과 함께 식탁에 모여 하나님께 예배드리는 시간이 가장 즐거웠다.

사람이 부모를 떠나 남편으로서 아내로서 합하여 한 육체가 될지니 그리스도께서 교회의 머리가 되심과 같다.^{엡 5:31}

하나님께서는 사람이 홀로 사는 것을 보시고 여자를 만들어 둘이 서로 돕는 배필로 짝을 지어 주시고 남편을 아내의 머리로 삼아 주셨다.

아브라함 시대 부부 관계는 철저히 상하관계였다.

그래서 아브라함은 자신의 부인 사라를 여동생으로, 그 아들 이삭은 자신의 부인 리브가를 누이로 행세하게 하고 부인은 남편의 이러한 행동에 순종하였다. 그러함에도 그들은 남편으로서 아내에게 자신의 생명까지 내주는 절대적인 사랑이 아니라 오히려 부인을 방패삼아 살아가는 나약한 인간의 모습을 보이기도 했다. 야곱은 레아와 라헬 이외 그녀들의 계집종 빌하와 실바를 부인으로 맞이하였다. 하나님께서는 아브라함에게 이미 주신 약속을 실현하시기 위해 12명의 아들이 필요하신 것이었다.

이스마엘도 12방백의 지도자를 낳으리라는 축복을 주셨다.^{창 25:16}

그 시대의 아내는 생명의 은혜를 함께 이어갈 자녀를 출산하는 자에 불과하였다. 결코 영원한 생명의 은혜를 함께 받을 동역자로서 귀하게 여겨지지는 못하였다.^{벧전 3:7}

아내의 머리는 남편이었고^{고전 11:3} 아내를 자기 남편에게 복종하게 함으로써 하나님의 말씀이 훼방을 받지 않게 하려 하셨다.^{딛 2:1-5}

그러나 요셉과 아스낫은 사뭇 달랐다. 말씀으로 서로 도와 행하는 동역자이고 중보자이었다.

아스낫은 성령의 빛을 받은 이후에는 심적인 고통을 자주 호소해 왔다.

아스낫은 묻는다.

"밤마다 저는 누군가에 쫓기는 꿈을 꿉니다. 여호와는 왜 저한테 이런 고통을 주시나요?"

요셉은 대답한다.

"여호와께서는 믿는 자마다 여호와의 도를 잘 지키는지 시험하려 하지요. 여호와만 바라보라는 의미요."

"여호와의 도는 오로지 네 마음과 네 목숨과 네 뜻과 네 힘을 다해 하나님을 공경하고 하나님의 계명을 지키라는 것인 줄은 저도 압니다."

"……"

"그래서 주님을 만나면서 가지고 있던 금과 은세공의 이미지나 소품들을 모두 모아 일부는 깨뜨리고 일부 귀금속은 가난한 자에게 나누어 주었어요. 그런데도 아직 제가 여호와께 부족한 모양이네요?"

"그렇소. 사단도 하나님의 섭리 안에 있소. 사단은 항상 우리를 시험하려 하지만 우리가 상대할 것이 아니고 하나님께서 해결해 주신다는 굳은 믿음을 가져야 하오."

"그래요.... 이제 보니 우상은 보지 못하고 듣지 못하고 먹지 못하고 말하지도 못하고 냄새도 맡지 못하고, 고난이 닥쳤을 때 우리에게 아무런 유익을 주지 못했어요. 제가 가지고 있는 우상을 깨뜨릴 때도 저에게 아무런 대항도 하지 못했어요. 다만 눈과 입을 가지고 있으면 우리의 영혼을 빼앗아 가고 우리를 약하고 병들게 만들뿐이지요."

"나는 일찍부터 하나님께서 함께하시니 만사가 형통하였소. 여호와께서 위대하신 권능으로 우리 가정을 보살피시니 천지간에 어떤 신이 여호와께서 행하신 일 곧 주의 큰 능력으로 행하신 일을 행할 수 있으리오."

"……"

"마귀는 사망이요, 여호와는 구원이시니 당신의 꿈에 나오는 마귀를 당신 혼자 쫓아내려하지 말고 하나님의 권능으로 이겨낼 수 있도록 우리가 합심하여 하나님께 기도드리고 찬양합시다. 노래와 찬송이 시작될 때에 이미 여호와께서는 복병을 두시어 마귀를 치실 것이오."^{대하 20:22}

그렇다. 그래서 예수님께서는 우리에게 주기도문을 주셔서 하나님의 도움을 구하도록 하셨다. "우리를 시험에 들게 하지 말도록 하옵시고"^{마 6:13}

마귀의 유혹을 하나님의 도움 없이 이겨낼 수 있는 사람은 아무도 없다. 애통하는 자는 위로를 받을 것이라.^{마 5:4} 죄를 자각하고 눈물로 회개함으로써 하나님으로부터 용서함을 받고 마귀의 유혹을 물리칠 수 있는 능력을 받는다. 하나님께서는 나라와 권세와 영광을 가지신 절대주권자이시기 때문이다.

아스낫은 고개를 끄덕인다.

"여호와께서는 나를 일찍부터 포도나무요 내 자녀들은 벽을 넘은 가지라고 말씀하시고 풍성한 은혜로 채워주신다고 하셨소. 나는 여호와께서 항상 동행하신다는 것을 믿고 확신하고 있소."^{창 49:22}

아스낫은 요셉에게 묻는다.

"당신은 저의 남편이고 하나님의 종이옵니다. 이집트 나라의 큰 일꾼이기도 합니다. 당신이 공무 중에라도 이집트의 신들과 교제하는 모습은 생각만으로도 두려워요. 우리가 어떻게 하는 것이 하나님과 참으로 동행하는 길일까요?"

"오로지 여호와 하나님의 뜻에 순종함으로써 당신을 기쁘게 해드리는 것뿐이요."

요셉은 화답하며 다짐한다.

"우리가 악의 영들과의 싸움에서 승리하기 위해서는 나의 반석이시고 요새이시고 피난처이신 우리 하나님의 권능으로 무장해야 하오."

특히 요셉은 그의 형제들과 달리 아스낫 한 사람만을 부인으로 삼아 마음이 미혹되지 않았다.^{신 17:17}

요셉과 아스낫 부부는 아들과 함께 합심해서 드리는 가정예배를 통해 경건함을 유지할 수 있었으니 하나님의 기쁨이 되었고,^{느 8:10} 하나님께서는 요셉에게, 아스낫을 통해 결실한 포도나무와 같이 열매 맺게 하시고, 므낫세와 에브라임에게 식탁에 앉은 어린 감람나무와 같이 강건하게 성령으로 채워주셨다.

하나님의 계명을 지키며 하나님만을 바라보면 약속하신 젖과 꿀이 흐르는 땅에서 번성하게 하리라.^{신 6:3}

제 8 장

요셉의 도피성은 가정이었다.

여호와께서는 훗날 모세와 여호수아를 시켜 도피성을 마련하게 하셨다. 수 20장 부지불식간에 죄를 짓거나 과실로 죄를 지어 가해자가 된 경우 피해자로부터 보복이 두려워 도피하는 자에게는 죽음을 면하고 위안을 주었던 곳이다. 이를 위해 가해자는 먼저 자신의 죄를 고하고 회개를 해야 했다.

요셉은 이방인 국가 이집트에서 총리직을 수행하면서 이집트의 다양한 신을 접할 수밖에 없었다.

출애굽 당시 하나님께서 10가지 재앙을 내신 것을 보라. 이집트인들은 메뚜기, 이, 파리 등 생물은 물론 우박, 불과 자연 현상까지도 신으로 믿고 우상으로 섬긴 다신교 국가이었다. 애굽이 숭배하던 자연 현상을 포함한 이러한 모든 것도 주권자이신 하나님 아버지께서 다스리고 계신다. 하나님께서는 10가지 재앙을 통해 그것을 드러내 보이셨다. 해시계도 10도 뒤로 물러가게 하셨던 하나님이시다. 열왕 20:11

모든 재앙은 애굽인이 믿고 있던 그들의 거짓 신들을 무력화하고 퇴치하고자 하시는 하나님의 뜻에 있었고, 이를 보는 이스라엘 백성들에게는 하나님 이외 거짓 신을 두거나 우상을 섬기는 자는 진멸하신다는 경고이셨다.

요셉은 이집트에 오래 살다보니 자연스럽게 일상생활의 도구 중에도 거짓 신의 형체를 띤 것들을 점차 가까이 하고, 조그만 형상들을 몸에 지니게 되었다.

게바와 살문나를 죽이고 승리에 도취되어 그들의 낙타 목에 있던 초승달 장식들을 떼어 빼앗은 기드온처럼 삿 8:21 일순간 자기의 공이라고 교만해 질 수도 있었을 것이다.

그래서 하나님께서는 요셉으로 하여금 아스낫과 함께 의도하지 않고 저지른 자신의 죄를 고백하고 회개하도록 가정을 도피성으로 마련해 주신 것이다. 부주의로 하나님의 계명을 어긴 죄에 대해서 성경은 속죄제를(sin offerings) 드리도록 명령하고 있다. 레 4:1 그러나 예수님이 오신 이후에는 속죄의 제물도 필요 없게 되었다. 예수님의 이름으로 간절히 회개만하면 티나 주름도 없이 물로 씻어 말씀으로 깨끗하게 하사 거룩하고 흠이 없게 만들어 주신다. 엡 5:27

가정은 세상 풍파에 지친 죄인들에게 하나님께서 주신 도피성이고 평안한 쉼터가 된다. 가정이 예수님의 몸 되신 성전이 되어야 하는 이유가 여기에 있다.

하나님은 그의 뜻에 응하는 그날까지 눈동자처럼 요셉을 지켜주신 것이다. 딤후 1:12 사도 바울이 예수님을 알고 성령으로 충만할 때까지 성령을 모독하지 않도록 지켜주신 것처럼 요셉을 그 많은 이집트 우상으로부터 지켜주신 것이다.

국정 일을 수행하면서도 마찬가지이다. 이집트의 신을 모시는 나라의 재상을 지내다보면 일상의 삶 가운데 얼마나 많은 우상과 씨름을 해야 했을까? 우리도 새로운 청사를 지어 이주하면 돼지머리를 앞에 두고 막걸리 술 한 잔을 올리지 않는가? 필자 또한 관습에 따라 막걸리를 올리고 절하곤 했다. 모든 관습을 부정할 수는 없었다. 그러나 이 모든 것은 필자의 믿음이 부족한 탓이었다는 것을 뒤늦게 깨달았다.

하나님께서는 그날까지 요셉으로 하여금 영적전쟁에서 승리할 수 있도록 미리 아스낫을 준비하시고 요셉을 지켜 주셨다. 구름기둥, 불기둥으로 지켜 주시고 요셉의 곁을 떠나지 아니하셨다. 그런 점에서 하나님이 예비하신 부인 아스낫을 만난 것은 요셉에게 있어서 큰 축복이었다.

반면 유다의 여호람 왕이나 아하시야 왕 모두가 아합 집안의 딸과 결혼함으로써 여호와 보시기에 악을 행하고 말았으니 그러한 부인을 만난 것은 그들에게 불행이었다. 왕하 8:18, 27 또한 성령 하나님이 은혜로 주신 지혜로운 솔로몬마저도 에돔 여인, 시돈 여인 등 1,000명을 부인으로 맞이하여 곁에 둠으로써 결국 그의 마음을 돌이켜 그들의 신을 쫓아가지 않았는가?

요셉과 아스낫은 그들의 자녀 므낫세와 에브라임을 하나님의 품안에서 양육하고 보호하면서 여호와 하나님을 알리는데 게을리 하지 않았다. 두 자녀를 하나님이 주셨다고 생각하기에 그리스도께서 교회에게 하심같이 모든 것을 다 주었다.

훗날 이스라엘은 요셉의 두 자녀를 야곱 자신의 아들로 삼아 12지파 중 두 지파의 족장으로 축복해 주었다. 창 48:9

이에 비해 요셉의 아버지 야곱은 자신의 가정을 잘 다스리지 못한 것 같다. 부인들은 서로 시기와 경쟁을 함으로써 그의 아들들이 그대로 따라 배우고 말았다. 설상가상으로 야곱은 요란하게 요셉을 편애하였으니 부지불식간에 다른 아들들에게 많은 상처를 주고만 것이다. 하나님께서 주신 도피성으로서의 가정이 제 역할을 다하지 못하고, 가족 모두에게 척박한 삶의 연장된 장소가 되어 버린 것이다.

야곱은 이러한 잘못에 대해 부인들과 함께 회개했어야 했다. 훗날 여호와께서는 야곱과 요셉의 후손으로 여호수아를 보내시어 도피성을 만들도록 하심도 야곱의 자손들에게 다시는 같은 잘못을 되풀이하지 않도록 경고하신 것이다.

제8장

요셉 아들에 대한 야곱의 축복과 12지파 ^{창 48장-49장}

요셉 부부는 그 자녀들에게 여호와 하나님을 사랑하고, 마음과 성품을 다하여 섬기라고 가르쳤다. 집에 있거나 길을 가거나 누웠을 때나 일어날 때 아이들에게 강론하고 문설주와 문에 이를 기록하여 항상 외우고 실천하도록 하였다.^{신 11:13,19,20}

야곱이 병들자 요셉은 아들들을 야곱에게 데리고 가 축복을 받았다. 이집트의 총리직 보다는 하나님의 축복을 더 귀중하게 여겼기 때문이었다.^{창 48:1-4}

두 아들이 할아버지께 인사드리자 야곱은 기뻐하였다.

"내가 네 얼굴을 보리라고는 뜻하지 못하였더니 하나님이 내게 네 소생까지 보이셨도다"

야곱은 감격의 눈물을 흘렸다.

야곱이 눈이 어두운지라 요셉은 야곱의 오른손 있는 데에 큰 아들 므낫세를, 왼손이 있는 데에 둘째 아들 에브라임의 머리를 들여보냈다. 그러자 야곱은 오른손과 왼손을 꼬아 얹어 축복하려하였다.

그러자 요셉이 아버지께 고한다.

"아버지 큰 아이와 작은 아이가 바뀌었습니다."

"나도 안다. 큰 애도 한 집안의 족장이 될 것이다. 그러나 둘째 아이의 집안이 더 큰 집안이 될 것이다."

야곱은 끝내 에브라임을 큰 아들 므낫세보다 앞장 세웠다.

마치 시력을 잃은 이삭에게 야곱이 앞장서 장자의 축복을 받는 현장과 흡사한 모습이었다. 훗날 둘째아들 에브라임은 12지파 중 가장 명석한 집안이 되었다. 한때 그것이 교만을 자아내기도 했지만 그의 후손으로 눈의 아들 여호수아가 출생하였다. 여호수아는 모세를 대신해서 이스라엘 백성을 가나안 땅으로 인도하는 하나님의 지팡이가 되었다.

요셉이 이스라엘 가족을 가나안에서 애굽으로 나가도록 인도하였듯이 그의 후손 여호수아는 출애굽한 이스라엘 백성을 가나안 땅으로 돌아가도록 인도한 것이다.

그 이후 사사 중에는 드보라$^{삿\ 4장-5장}$와 압돈이 에브라임의 후손이었고, 므낫세 집안의 후손으로는 기드온$^{삿\ 6장-9장}$과 야일이 있었다.

야곱은 "내가 이곳에 오기 전에 이집트에서 네게 태어난 이 두 아들은 이제 내 아들이다. 에브라임과 므낫세는 르우벤과 시므온처럼 내 아들이 될 것이다."라고 하였다.$^{창\ 48:5}$

하나님께서는 야곱의 아들들을 이스라엘의 12지파의 각 족장으로 삼으셨고, 요셉의 두 자녀 즉, 므낫세와 에브라임을 12지파 중의 2개 지파의 조상으로 포함시키셨다. 에서보다는 야곱을, 르우벤 보다는 요셉을 장자로 인정하였듯이 므낫세보다는 에브라임이 장자로 인정받았다. 유다가 낳은 두 자녀 베레스와 세라 또한 순서가 바뀌었으며, 둘 모두 족장의 반열에 오르지 못했지만 베레스를 통해 예수님이 오셨다.$^{창\ 38:28-30}$

장자의 축복은 인간의 권리나 공로에 의해 주어지는 것이 아니요 전적으로 하나님의 긍휼로 인한 선택이었음을 보여 주고 있다.$^{롬\ 9:16}$

| 제 8 장 |

야곱은 요셉을 사실상 장자로 인정하였다. 창 49:26

야곱은 가족을 기근에서 구출한 공로를 인정해 어머니의 고향 밧단 아람으로부터 돌아와 처음 정착한 곳인 세겜의 땅을 요셉에게 유산으로 주었다. 또한 칼과 활로 아모리 족속의 손에서 빼앗은 땅의 산등성 부분을 더 주었다. 창 48:22 야곱은 그의 마지막 축복가운데 요셉에게 '형제 중 뛰어난 자의 정수리'로 돌아온다고 하여 사실상 장자로 인정하였음이 분명하다. 그의 아들 므낫세와 에브라임을 두 지파의 족장이 되게 함으로써 장자에게 주는 두 몫을 상속받게 한 것도 이를 뒷받침한다. 민 1:32-34

일찍이 야곱은 요셉에게 장자의 축복을 한 바 있다.

"자손이 큰 민족을 이루고 하나님이 너로 에브라임 같고, 므낫게 같게 하시리라."

훗날 모세는 장자의 축복에 대해, 사랑하지 않은 아내의 소생이 장자인 경우 사랑하는 아내의 아들에게 함부로 장자의 축복을 하지 말라고 언명하였다.^{신 21:17}

그러나 야곱은 요셉이 단순히 사랑하는 아내 라헬의 아들이라기보다는 가족전체를 위한 구원의 공로를 인정한 것이었다.

요셉은 야곱의 축복대로 모든 축복을 받았다. 이스라엘 족속은 그를 축복하였지만 그의 이름 자체를 족장의 반열에 올리지는 않았다.

요셉이 이집트의 총리를 지내면서 너무나 많은 우상과 함께하였기 때문이다. 우상숭배는 하나님이 제일 싫어하시는 행동이다. 요셉이 비록 공무를 수행하면서 업무 중에 알게 모르게 한 일이라고 하지만 하나님께서는 그에 합당한 처분을 하신 것이다. 축복을 주시되 그의 이름을 족장의 반열에는 올려놓지 않으신 것이다.

요셉과 함께 12지파의 족장반열에서 빠진 사람은 레위이다. 레위는 '잔해한 칼'이라는 의미로 이름그대로 폭력에 익숙한 사람이다. 그러나 그의 후손은 출애굽 때에 모세의 편에 서서 금송아지를 섬기던 3,000여명가량의 형제를 쳤으니 여호와께서 그들의 헌신을 인정하시고,^{출 32:25-29} 족장이 아닌 제사장의 반열로 삼으셨기 때문이다. 아론과 그 자손들은 제사장으로 위임식이 마치는 날까지 7일 동안 회막문에 나가지 못하게 하시어 죄를 속하고, 여호와의 부탁을 지키라는 사명을 주셨다. 그 후손 레위지파는 여호와께서 모세에게 명하신 모든 일을 준행하면서 제사장의 직분을 수행하였다.^{레 8:33-36}

제 8 장

As surely as Pharaoh lives 창 42:16

요셉의 인생은 참으로 기이한 운명이었다. 이집트에서 재상으로 크게 출세하였지만 막상 이집트의 문화에 젖어 이방인의 풍습에 너무나 많이 익숙해져 버린 것이다. 그는 22년 만에 형제들을 다시 만나 히브리인과 함께 하였지만 이집트의 재상으로서 이집트의 신들과 우상들에게 너무 가까이 가 있었다. 어쩌면 17세 젊은 나이에 홀로되어 외롭던 그에게 주변의 우상들이 친근하게 다가왔는지도 모르겠다.

요셉은 말한다.

"바로의 생명으로 맹세하노니"

언약의 맹세로 바로 왕의 생명을 들먹인다. 진실과 정의의 상징인 하나님의 이름 대신 바로의 이름을 들어 그를 신격화하고 있었다.

여호와 하나님께서는 말씀하셨다.

"As surely as I live forever,"

"나의 영원한 삶을 두고 맹세하노니"라고 하셨다. 신 32:40

엘리야가 아합에게 말하되,

"As the Lord, the God of Israel, lives"

"여호와 하나님의 살아계심을 두고 맹세하노니"라고 하여 신실하신 하나님 여호와의 이름으로 맹세하였다.^{왕상 17:1}

그러나 요셉은 여호와의 이름이 아닌 바로의 이름을 진실과 공의의 상징으로 앞장 세웠다. 이집트의 생활 습관과 우상에 젖어 버린 것이다.

요셉 또한 "바로의 이름으로 맹세하노니"라고 말한 것은 형제들에게 자신을 이집트인으로 오해해 주기를 바라면서 과장한 말일 수도 있다. 이집트인의 언어 습관을 따른 것이라고 변명할 수도 있다. 물론 하나님을 섬기는 모태신앙인으로서 마음속에 갈등도 심했을 것이다.

그러나 아쉬운 것은 요셉 자신은 부인하려고해도 이미 이집트의 생활 습관과 우상에 흠뻑 젖어버린 것이다. 가까이에 있는 현실적인 권력에 알게 모르게 점차 굴복한 것이다.

바로 왕은 요셉에게 이집트 식 이름을 새로 지어주고 이집트의 제사장 보디베라의 딸 아스낫과 결혼하도록 허락하였다. 그를 이집트인으로 만들어 이집트 가정을 가꾸고 이집트 신을 섬기도록 하려한 것이었다.

그런 만큼 요셉 또한 바로왕의 그런 숨은 뜻을 거절할 수 없었을 것이다. 그는 시대의 변화와 주변의 요구에 적응하면서 살아가려고 외적으로는 많은 변화를 보였다. 그러면서도 내적으로는 여호와 하나님의 계명에 저촉되지 않기 위해 노력하였고 그것만큼은 변할 수 없었던 참 진리였다.

세상의 악한 사람들은, 예수님의 말씀에 올가미를 걸어 예수님을 잡으려고 했다.^{마 22:15} 그래서 공개적인 자리에서 세금문제를 꺼내 "로마에 세금을 내라"고 하면 식민주의자로 몰고, "세금을 내지 말라"고 하면 반역자로 몰아갈 태세이었다.

"가이사에게 세금을 바치는 것이 옳은가, 옳지 않은가?"^{마 12:14}

예수님께서는 대답하셨다.

"가이사의 것은 가이사에게, 하나님의 것은 하나님께 바치라."^(막 12:17)

성령의 지혜로 대답하심으로써 그들을 부끄럽게 하시고, 그들의 함정에 빠지지 않고 승리하셨다. 지혜롭게 대처하셨다. 영원한 하늘나라를 구축하시려는 예수님께서는 성령을 모독하지 않는 한 현실세계와 충돌하지 않으셨다.

요셉 또한 "바로의 이름으로 맹세한다."고 하면서 곧바로 "나는 하나님을 경외하노니"라고 하여 여호와 하나님께서는 진실과 정의를 앞세우시는 유일한 여호와이시라고 고백하고 있다.^(창 42:18)

위로는 하늘에서도 아래로는 땅에서도 유일한 하나님이신 것을 믿은 것이다.^(수 2:11)

요셉은 여호와를 경외함은 지혜의 원천이라는 것과 여호와께서는 그를 경외하는 자에게 죄에서 속량해 주시겠다는 당신의 언약을 기억하시는 분이라는 것도 알고 있었기 때문이다.^(시 111:5) 그럼에도 매일매일 참여하는 각종 집회나 예식을 통해 이집트의 신들과 함께 살아갈 수밖에 없었던 요셉으로서는 온전한 하나님의 사람이 되기에는 한계가 있었음을 부인할 수 없었다.

솔로몬이 애굽의 왕 파라오의 딸 이외에도 에돔, 모압, 암몬, 시돈 등 이방인의 딸들을 왕비로 삼아 가까이 두다보니 차츰 마음을 돌이키어 각자에게 그들의 신을 믿도록 허락하였고, 본인도 나이 들어 넘지 않아야할 선을 넘고 말았다.^(왕상 11:1-13) 오랫동안 우상들을 가까이 접하다보면 무뎌지고 젖어드는 것이 인간이다.

요셉 또한 이집트의 온갖 신들을 접하면서 자연스럽게 은잔을 가지고 점을 치고 스스로도 점을 잘 친다고 고백하지 않았는가?

우상들은 금과 은으로 사람이 만든 것에 불과하다. 목구멍이 있어도 작은 소리조차 내지 못하니 우상을 만든 자나 그것을 의지하는 자가 모두 같다.^(시 115:8)

갈멜 산에서 보여준 바알신이나 아세라 신상의 무능함을 보라. 그것을 만든 그들의 선지자들 850명에게는 결국 헛된 죽음밖에 없었다.^(왕상 18:20-29)

요셉은 알게 모르게 너무 많은 이집트의 신들 앞에 가로막혀 있었고, 이미 요셉의 입과 눈, 그리고 몸에 그들 이미지가 각인되어 갔음이 분명하다.

여호와를 경외한다고 하면서도 어디서부터 옮겨왔든지 그 민족의 풍속대로 그들의 신들을 섬기는 것 또한 하나님은 싫어하신다.^{왕하 17:33}

하나님께서는 두 마음을 허락하지 않으신다. 마음을 다하고 성품을 다하고 힘을 다하여 오직 여호와 하나님만을 사랑하라고 하신다.

심지어는 언약궤나 놋 뱀이라도 우상으로 섬겨서는 안 된다. 유다왕 히스기야는 "느후스단"이라 하여 우상으로 섬기던 모세의 놋뱀을 산산조각내지 않았는가?^{왕하 18:4}

모든 일은 하나님의 계획과 결정에 따라 이루어진다.

"모든 일을 그 마음의 원대로 역사하시는 자의 뜻을 따라 우리가 예정을 입어 그 안에 기업이 되었으니."^{엡 1:11}

하나님께서 태초부터 그리스도와 함께 우리를 자신의 백성으로 선택하시어 그 분의 목적을 이루어 가신다. 우리가 하나님의 뜻에 순종하면 하나님은 우리를 통해 하나님의 깊은 뜻을 이루어 가신다.

하나님은 요셉을 통해 사명을 주시고, 요셉은 고난을 통해 소망을 가지도록 하시는 하나님의 선하신 뜻(θέλημα)에 따라 순종하였다. 그러나 그를 통해 하나님께서 이루어 가시려는 하나님의 깊은 계획이나 목적 곧 불레(βουλή)는 피조물에 불과한 우리가 알 수가 없다.^{롬 9:19, 엡 1:11} 그럼에도 분명한 것은 우상을 숭배하는 행위에 대해서만큼은 그냥 넘어가지 않으시는 분이시라는 점이다.

제8장

죽어서도 하늘나라만을 바라본 야곱 ^{창 23장, 49:29-50:13}

야곱은 선조의 땅에서 아브라함과 이삭, 사라와 함께 매장되고 싶다고 유언하였다.

"나를 헷사람 에브론의 밭에 있는 굴에 우리 조상과 함께 장사하라."

에브론의 밭은 어디인가? 그곳은 아브라함이 에브론에게 돈을 주고 산 땅이다. 아브라함은 기럇아르바에서 살던 중 사라가 127세의 나이로 죽게 되자 장지로 막벨라 굴을 사서 그녀를 매장하려 하였다. 그러나 땅 주인은 팔기를 거부하면서 아브라함이 그 지역의 막대한 권세가인 만큼 그냥 공짜로 사용하라고 말하였다.

아브라함은 그 굴을 포함하여 주변 땅을 자신의 소유지로 만들고 싶었으므로 그에게 양도하기를 재차 부탁하였다.

"막벨라 굴을 나한테 파시오. 정당한 가격으로 제게 팔아 묘지로 삼게 해 주시오."

그러자 에브론은 말한다.

"아닙니다. 내 주여, 제 말 좀 들어 보십시오. 제가 그 밭을 어른께 드리고 그 밭에 있는 굴도 드리겠습니다. 제가 저의 백성들 앞에서 그것을 어른께 드리니 부인을 장사 지내도록 하세요."

아브라함이 그에게 예의를 갖추어 감사한 다음, 다시 팔아주기를 권유하였다.

에브론은 살짝 돈 욕심을 가지게 된다.

"그 땅은 은 400세겔이 나가지만 저와 어른 사이에 그걸 어떻게 받겠습니까? 그냥 어른의 돌아가신 부인을 장사하십시오."

다른 사람에게 팔면 은 400세겔을 받을 수 있지만 어른한테 어떻게 팔겠느냐고 말한다. 넌지시 땅값을 비싸게 말한다. 상거래의 능숙한 면을 보인 것이다.

그러나 아브라함은 에브론의 말에 따라 상인들 사이에서 통용되는 무게로 은 400세겔을 달아 주었다.

돈 싫어하는 사람 없다.

"뭐 이런 걸.... 고맙게도, 이것을 받으면 안 되는데요....."

하면서 에브론은 아브라함의 눈치를 본다. 그러다가 아브라함의 굳은 표정을 보고 재차 말한다.

"정 뜻이 그러하시다면 이 돈을 받고 팔겠습니다."

아브라함은 부자이었다. 하나님께서 물질적으로도 복을 주신 것이다. 아브라함은 소돔 왕으로부터 전리품을 다 가져도 좋다는 말을 듣고도 "왕께 속한 것은 실 한 오라기나 신발끈 하나라도 받지 않겠다."고 하였다. 왕이 아브라함을 부자로 만들어 주었다는 말을 듣지 않기 위함이었다.^{창 14:20-23} 그는 믿음의 조상으로서 비록 전리품이더라도 남의 것을 탐하지 않고 오직 하나님이 주신 것만으로 만족하였다.

왜 아브라함은 그 굴을 굳이 돈을 주고 사려고 했을까?

먼저, 아브라함은 공짜로 사용하라는 에브론의 말을 거절하고 굳이 비싸게라도 사겠다고 한 것은 하나님의 약속을 믿었기 때문이다. 앞으로 가나안 땅에서 자손이 번성하리라는 하나님의 약속을 실현하기 위해 일부의 땅이라도 직접 소유하고 싶었다. 만일 그 땅을 돈으로 계산하지 않았다면 언젠가는 땅 주인이 자기 땅이라고 도로 찾아갈 것이기 때문이다.

아브라함은 돈으로 그 땅을 양수함으로써 영구적인 소유로 삼아 후손들에게 하나님의 약속이 성취되어 간다는 믿음을 보여주고 싶었던 것이었다.

구약시대 믿음은, 하나님께서 먼저 택한 백성들을 부르셔서 확실한 약속을 주셨고, 그 약속을 들은 그의 백성이 순종함으로써 언약의 성취를 확신하는 것이었다. 아브라함의 후손 다윗도 그 어려움 중에도 인내하고 소망으로 살 수 있었던 것은 왕으로 기름 부으셨고, "내 손이 그와 함께하여 견고하게 되었다"는 약속 하나만을 믿고 살 수 있었다.^{시 89:20-21}

"일어나 이 땅을 동서남북으로 누비며 다녀 보아라. 내가 그것을 네게 주겠다."^{창 13:17} 하나님께서는 아브라함에게 가나안 땅 모두를 그 자손들에게 주시겠다고 약속하셨다. 그 아들 이삭에게도 같은 축복을 주셨으며 아브라함과 이삭은 믿음으로 화답하였다.^{창 26:3}

둘째, 무덤은 단순이 썩어 없어질 시체를 묻는 곳이 아니라 영원한 생명을 갖는 하늘나라의 백성이 된다는 하나님의 약속을 믿은 것이다.

그 땅에는 아브라함과 이삭, 사라 그리고 리브가, 레아도 묻힌 곳이다. ^{창 49:31} 하나님께서는 성전을 지으실 때 그 장소를 지정해 주셨듯이 하나님이 정해주신 약속의 땅에서 머물며 하늘나라 백성이 되고자 한 것이다.^{대하 3:1-2} 요셉은 야곱의 원대로 야곱의 시체를 40일간 방부처리한 후 헤브론의 밭에 있는 굴에 옮겨 매장하였다.

제 8 장

요셉 또한 그곳에 묻히기를 원했다.^{창 50:24-26}

그래서 요셉은 야곱의 아들 즉 자신의 아들이기도 한 에브라임과 므낫세에게 유언하였다.^{창 50:25}

"하나님이 정녕 너희를 돌보시리니 너희는 여기서 떠날 때에 내 해골을 메고 가라."^{창 50:25}

요셉은 기본적으로 이방나라 애굽은 내 나라가 아니라고 생각하였고, 조상들에게 함께하셨던 하나님의 약속에 참여하고 싶었기 때문이었다. 하나님께서 예비하신 능력의 땅에 묻혀 하늘나라 백성이 되고자 한 것이었다.

이집트 사람들에게 피라미드를 무덤으로부터 영원한 생명을 주는 보물창고로 바꾸어 주었듯이 요셉 또한 그의 조상들과 함께 축복의 땅에 묻혀 하나님 나라 백성이 되고 싶었던 것이다.

요셉이 BC 1805년 사망하니 이스라엘 자손은 이집트에서 나올 때 요셉의 뼈를 들고 나와 세겜 땅에 묻어 주었다.

그 땅은 야곱이 세겜의 아버지 하몰에게서 은 100개를 주고 샀던 땅이고, 야곱으로부터 장자의 축복을 받은 요셉 자손 중 에브라임 지파의 유산이 되었다. ^{창 33:19, 수 24:32}

결국 요셉은 아브라함과 사라가 묻히고 이삭이 묻히고 야곱이 묻힌 부여조(父與祖)와 같은 장소에 묻히지 못하였다. 그의 어머니 라헬이 그랬듯이 열조(列祖)와 함께 헤브론의 밭에 있는 막벨라 굴에는 묻히지 못하였다. 우리의 생사고락은 물론 무덤에 묻히고 묻히지 못하는 것 하나까지도 주관하시는 하나님이시기 때문이다. ^{왕상 14:13}

훗날 아세라 상과 우상을 숭배하던 유다의 왕 요아스와 신당을 짓고 하나님을 배신한 여호람은 죽어서 모두 다윗의 성 안에 묻히긴 하였지만 왕들의 무덤에는 묻히지 못했던 것을 보라. ^{대하 21:20, 24:25}

세겜 지역은 현재 나블러스(Nablus)라고 불리우며 예루살렘 북쪽 63km 지점에 위치한 장소이다. 세겜 주변의 수가지역은 현재 아스갈(Askar) 지역으로 추정하는데, 그 곳 야곱의 우물가에서 예수님께서 사마리아 여인을 만나 축복하신 장소이기도 하다. 성경은 그 땅을 야곱이 요셉에게 준 땅과 가깝다고 전한다. ^{요 4:5}

⟨Keynote⟩
모든 것을 하나님이 계획하시고 주관하신다.

요셉은 이 모든 것이 하나님의 세심한 배려이고 은혜이고 축복이라는 것을 알게 되었다. 하나님께서는 7년 동안 대 기근 하에서 선택된 하나님의 백성들이 살아갈 수 있도록 하나님의 주권적인 목적 하에서 이스라엘과 요셉을 계획하고 준비하신 것이다.

요셉의 모든 고통은 하나님께서 자신을 연단시키신다는 것을 알고 있었다. 지금 당장은 힘들고 고통스럽지만 얼마 되지 않아 공의와 평화의 열매로 추수할 것을 하나님의 계시를 통해 확신하였던 것이다.^{히 12:11}

요셉은 모든 것이 하나님의 뜻이었음을 알았기에 그의 아버지 야곱이 죽자 보복을 두려워하던 형제들을 안심시킨다. "당신들은 나를 해하려 하였으나 두려워 마소서. 내가 당신들과 당신들의 자녀들을 기르리이다."^{창 50:19,20}

그의 형제들은 끝내 요셉을 형제로서 바라보지 못했다.

예수님을 진정한 메시아로 알아보지 못한 유대인들과 같이 강퍅한 요셉의 형들은 빛의 자녀인 요셉의 진정한 사랑을 제대로 알아보지 못하였다.

제 9 장

성숙한 그리스도인의 삶

아버지께서 내게 주신 사람들은 모두 다 내게 올 것이요, 또 내게로 나오는 사람은 내가 결코 내쫓지 않을 것이다.
어떤 사람을 선택할 것인지 버릴 것인지는 전적으로 하나님의 뜻에 맡겨져 있다. 우리의 원함이나 우리의 뜻에 의해서가 아니라 일찍부터 하나님의 계획과 뜻에 따라 예정되어 있다.^{엡 1:11} 하나님이 성령으로 우리를 먼저 부르신다. 부르심이나 버리심은 모두 하나님이 결정하신다. 그러나 이 모든 것은 태초부터 정해진 것이다.
예수님의 말씀을 듣고 하나님을 믿는 자는 영생을 얻었고 사망에서 생명으로 옮겨졌다고 하신다.^{요 5:24} 이미 완료된 것이다.
그러나 믿는 우리는 두려워할 필요가 없다. 우리 모두는 선택된 사람이기 때문이다. 하나님께서는 이 세상을 사랑하사 미리 예정해 놓은 것을 우리가 보지 못하고 듣지 못하고 알지 못하게 하셨을 뿐이다.^{고전 2:9} 우리가 우리의 장래를 다 안다면 하루라도 불안해서 살 수 있겠는가?
하나님께서는 우리에게 항상 시련을 주신다. 하나님만을 바라보고 살라고 하신다. 아버지가 아들을 훈련시킴같이 하나님께서도 당신의 자녀들을 훈련시키신다.^{히 12:7} 시련으로 새로운 사명을 주시면 우리는 언제든지 "아멘"으로 받아들이자. 하나님께서는 우리의 믿음을 통해 시련보다 더 큰 영광을 이루어 가신다.

제 9 장

모든 것은 하나님이 선택하시고 결정하셨다.

　창세기는 천지의 탄생으로부터 시작하여 인간 요셉의 사망으로 끝이 난다. 하나님께서는 대소를 불문하고 세상의 모든 세세한 부분 하나하나까지도 계획하고 구원해 주신다는 것을 보여 주신다.

　하나님의 심판과 구원은 인간의 선악의 행동에 있지 않고, 하나님의 선택하심과 결정에 달려있다.

　요셉은 야곱의 축복과 예언 그대로의 삶을 살았다. 그의 삶은 하나님의 연단과 구원의 역사 그 자체이었다. 형제들 가운데 '왕자'이며 야곱 집안의 반석이었다. 그는 형제들의 시기와 분노, 노예생활, 모함과 구금생활을 통해 소망과 승리의 역사를 일구어냈다. 그는 이스라엘 백성을 기근으로부터 구하라는 하나님의 명령에 충성하였으므로 하는 일마다 형통의 축복을 받았다.

　"요셉은 포도나무요 그 자녀들은 담장을 넘은 가지라." 창 49:22

　그는 하나님의 축복으로 풍성하고 창대한 열매를 맺었다. 그가 통치하는 이집트 또한 축복을 받아 대기근 중에도 그곳에서는 굶어죽은 자가 한 사람도 없었다고 베니핫산(Beni Hasan)의 비문[10]은 전하고 있다.

---

10 이집트 중왕조시대(2050-1710 BC)에 대표적인 암굴묘지

요셉은 그들 형제의 배신과 모함 중에서도 그것을 연단의 기회로 삼아 꾸준히 노력함으로써 준비된 최고의 행정가, 중재자, 전략가, 정복자로서 능력을 발휘하였고, 모든 것을 하나님께 묻고 하나님의 뜻에 따라 순종하였다. 그는 나약함을 기뻐하며 겸손을 자랑하였기에 하나님의 능력이 그에게 항상 함께 하셨다.

그는 주님께 기도드렸다.

주님께 의탁하오니 원컨대 사람으로 주를 이기지 못하게 하옵소서.^{대하 14:11}

그의 모든 힘은 하나님으로부터 나약한 자에게 보여주신 긍휼이었으며 하나님의 선택이셨다.

한편 요셉의 형인 유다는 커다란 선행을 베풀지 못하였다. 오히려 하나님께서 택한 사람 요셉을 이스마엘 대상들에게 은 20세겔에 팔아 버린 악한 형들 중의 하나이었다.

"이스라엘 형제 중 한 사람을 잡아 노예로 삼거나 팔아먹은 자는 죽여 너희 중의 악을 제거할지니라."^{신 24:7}

동생을 노예로 삼아 팔았으니 우리 형법에 따르면 경합범 가중[11] 을 해야 하는 중죄에 해당한다. 두 번 죽어 마땅한 죄에 해당한다.

그러나 하나님께서는 유다를 택하셔서 그 후손으로 메시아를 내셨다. 온갖 고난 중에도 소망을 가지고 하나님의 뜻에 순종한 요셉을 택하지 않으시고 유다를 택하셔서 그를 영광의 반열에 올려놓으셨다.

유다의 혈통을 통해 작정하신대로 아들 베레스를 주셨다. 며느리 다말의 충성을 보시고 그 후손으로 다윗을 내시고 메시아 예수님을 보내셨다. 인간의 지혜로는 이해하기 어렵다. 하나님의 계획과 깊으신 뜻을 우리가 다 알 수 없고, 우리의 잣대로 판단할 수도 없다.

---

11 2개 이상 수개의 죄를 경합범이라고 하고 우리 형법은 중한 죄에 1/2가중하고 있다.

유다에 대한 하나님의 선택은 야곱의 축복에서 고스란히 드러나 있다.

"홀이 유다를 떠나지 않아 항상 지도자를 내고, 치리자의 지팡이가 그 발 사이에서 떠나지 아니하시기를 실로 곧 메시아가 오시기까지 미치고 모든 백성이 복종하리로다."

유다는 동생 요셉을 시기와 질투심으로 죽이려는 시므온이나 레위를 설득시키는 왕의 리더십을 보였으며, 베냐민을 대신해서 자신을 희생하려 함으로써 형제들 간의 화목을 중재하였다.

유다라는 이름은 하나님에 대한 감사와 찬미를 의미한다. 유다는 어머니 레아가 남편 야곱으로부터의 사랑에 대한 기대를 접고 하나님만을 바라보겠다는 약속의 아들이었다. 이것을 통해 유다의 후손으로 찬미와 영광을 받으실 예수님이 오신다는 것을 일찍부터 예표한 것이었다.

택하심도 버리심도 하나님의 주권이시다. 이스라엘을 기근으로부터 구한 요셉보다도 일찍이 유다를 택하시고 그를 높여주셨다. 다윗이 부하인 우리아를 죽이고 그의 부인인 밧세바를 취하여 낳은 솔로몬을 다윗에 이어 유다의 왕으로 삼으시지 않았는가?삼하 11:27 모든 것이 인간의 행위나 행위의 공과가 아니라 하나님의 택하심에 있음을 보여 준 것이다.

제 9 장

요셉은 하나님의 뜻에 순종하여
고난 중에 소망을 품었다.

　요셉이 애굽으로 팔려가고 보디발의 아내로부터 유혹을 받아 결국 감옥소에 갇힌 것도 하나님의 뜻이었다. 때로는 억울하기도 하고, 배신감에 슬퍼하기도 했지만 그는 불평 없이 하나님의 뜻과 계획에 순종하며 따라갔다.
　다윗은 시편에서 노래 부른다.
　"여호와의 말씀이 그를 단련 하였도다"시 105:19
　욥 또한 "하나님이 나를 단련하신 후에는 나는 순금 같이 되어 나오리라"고 대답하고 있다. 욥 24:10

　하나님의 선택은 긍휼로 말미암는다고 했다. 롬 9:16 시련은 모든 사람에게 필연적으로 다가온다. 특히 믿는 자의 시련은 하나님이 주시는 연단의 기회이다. 하나님은 이러한 시련을 어떻게 극복하는지 지켜보고 계신다.

불행이나 상처를 통해 악을 씻어내고, 매 맞음을 통해 마음의 깊은 곳까지 정결케 하신다.^{잠 20:30} 하나님을 믿는 우리는 하나님께서 주시는 이러한 시련을 통해 우리의 지혜는 깊어지고, 심령은 단단해 진다는 것을 안다.

이방인의 왕인 바로 또한 하나님의 이런 처방을 알고 있었다.

"하나님의 영에 감동된 사람을 어찌 우리가 찾을 수 있으리요."^{창 41:38,39}

하나님께서 모든 것을 요셉에게 보이시고 단련시키셨으니 그보다 명철하고 지혜 있는 자를 어디서 찾을 수 있겠느냐고 극찬하고 있다.

여호와께서는 이스라엘 백성을 사랑하시어 가나안 땅에 가나안 족속과 미디안 족속을 함께 남겨 두시어 바울의 가시처럼 때로는 이스라엘 백성을 단련시키는 도구로 사용하셨다.^{삿 3:1}

요셉에게 보디발의 부인은 시험의 도구인 가라지일 뿐이었다. 요셉은 그녀의 유혹을 뿌리친 대가로 억울하게 감옥소에 갇힌 몸이 되었지만 요셉은 이를 연단의 기회로 삼았다. 하나님께서는 하나님의 자녀들을 연단시키시기 위해 이방인을 이용하신 것이다. 이방인도 하나님의 섭리 안에 두신 증거이다.

"여인이 날마다 요셉에게 청하였으니"^{창 39:10}

그녀의 유혹은 매일 거듭되었다. 20대 청년인 요셉으로서는 참기 어려웠을 것이다. 그러나 그는 그녀의 유혹을 뿌리치고 육체적인 욕망을 자제할 줄 알았다.^{약 1:14, 고전 10:13} 우리도 그리스도의 고난에 동참함으로써 육신의 죄를 떨쳐버리고 영적인 성장을 이루어야 한다. 유혹의 가라지를 떨궈 버리고 십자가만 바라보자. 십자가의 고난은 무수한 각종 유혹에서 우리를 견뎌내게 하고, 방패가 되어 우리로 하여금 세상을 이기게 한다.

요셉은 유혹에 빠지지 않을 만큼 성숙했던 것이다. 선과 악, 진리와 거짓을 구별할 줄 알았다.

하나님을 믿는 우리에게 사단의 유혹 또한 끊이지 않는다. 우리들이 악한 욕망에 의해 지배당할 때에 사단은 다시 우리 앞에 나타난다. 어느 목사님의 말씀과 같이 예수님은 구름 타고 오시지만 사단은 우리의 틈을 타고 온다. 우리는 매일 십자가 앞으로 인도되어 깨어짐으로써 정결함을 받아야 한다. 그러나 이러한 사단의 유혹은 우리의 힘만으로 극복할 수 없다. 하나님께 도움을 요청할 수밖에 없다.

십자가의 고통을 헛되게 할 수 없다. 우리가 사단의 유혹과 싸워 영적전쟁에서 승리하기 위해서는 항상 하나님의 전신갑주 즉, 진리의 띠, 의의 흉배, 평화의 신, 믿음의 방패, 구원의 투구, 성령의 검, 영의 기도로 무장하여야 한다. 엡 6:11-18, 고전 16:21, 고후 6:7

우리가 그리스도를 믿음으로써 은혜를 구할 때에는 고난도 함께 받을 각오를 하여야 한다. 빌 1:29 그러나 끊임없는 환란 중에서도 하나님께서는 소망의 연못을 예비하신다는 것을 잊지 말아야 한다. 십자가 한 편에 매달린 죄인이 예수님의 나약한 모습을 넘어 하늘나라 소망을 보았듯이 요셉은 평생 동안 고난 중에도 하나님만을 바라보며 소망을 가졌음을 보여주고 있다.

요셉이 자신의 모든 것을 내려놓고 하나님의 뜻에 순종하고 고난을 받아들임으로써 이스라엘 백성을 7년 대기근으로부터 구할 수 있었으니 이는 예수님께서 하나님께 순종함으로써 우리 모두를 구하실 것을 예표하신 것이다.

아담 한 사람이 순종하지 못함으로써 많은 사람이 죄인 된 것 같이 두 번째 사람 예수님께서는 하나님께 순종하심으로써 많은 사람들에게 의인이 되게 하셨다. 롬 5:19

제 9 장

용서와 사랑으로 형들의 거짓된 삶을 이겼다. 창 50:15-21

형들은 빛의 자녀인 요셉과는 너무나 달랐다. 그들은 요셉의 거듭된 용서를 믿지 않고 의심하였다. 언젠가 뒤통수를 칠 사람으로 오해하였다. 거짓된 삶을 살아온 그들의 관점에서 요셉을 바라보았기 때문이다. 그래서 빛이 두려워 피할 수밖에 없었다. 누군가 그들의 거짓된 삶을 회개하고 깨끗함을 받도록 인도해야 했다. 그들은 여전히 영적으로 어린아이 수준이었다.

영적인 성장은 회개를 통해 의롭다 인정을 받고 옛 것을 버리고 새것으로 무장할 때 비로소 이루어진다. 용서는 하나님의 고유 권한이시다. 하나님께서는 형들을 용서하지 않으셨다. 회개하지 못하니 그들 스스로 죄에 대해 깨끗함을 받지 못하였고 영적으로 성장할 수 없었다. 그래서 아버지 야곱이 죽자 다시금 본색을 드러내고 요셉의 복수를 두려워했던 것이다.

그들은 거짓에 의해 부패된 옛 사람을 벗어버리고 하나님을 따라 의와 진리의 거룩함으로 지으심을 받은 새 사람이 되어야 했다. 엡 4:22-24 새사람이라는 것은 물이 포도주가 되듯이 다시는 되돌아 갈 수 없는 상태로 바뀌는 것을 말한다.

형들의 거짓된 삶은 자기위주로 판단하고, 상대방의 사정을 전혀 고려하지 않은 삶의 결과이었다. 그들은 요셉의 고난과 아픔을 충분히 이해하지 못하였다.

반면에 요셉은 첫아들을 얻자 그의 이름을 "므낫세"로 정하고, 하나님께서 내 모든 고난과 내 아버지 온 집안일을 잊어버리게 하셨다고 고백하지 않았는가?^{창 41:51}

형들에게 노예로 팔려가는 것이 얼마나 아픈 기억이었을까? 다시금 기억하고 싶지도 않을 상처이었고, aftermath가 될 수도 있었다.

그러나 요셉은 형들의 악행도 하나님의 계획을 이루시는 도구이었고 연단을 위한 가라지였다고 생각을 바꾸었다. 자신을 이집트로 보낸 것은 하나님이셨고, 형들이 아니었다는 것을 묵상하고 또 묵상하였다. 요셉은 점차 깨달았다. 그렇게 생각하니 형들에게 감사한 마음이 들고 위안이 다가오니 어느새 마음에는 평화가 찾아왔다.

예수님께서 우리에게 어떻게 하셨는지 묵상해보라. 자신들의 기득권만을 위해 그들의 이익만을 위해 예수님을 십자가 위에 매달은 바리새인들 앞에서 예수님께서 어떻게 하셨는지 보라.

예수님은 하늘의 권세를 내려놓으시고 오히려 그들을 용서하고 사랑하셨다. 자신들의 행위가 얼마나 무서운 죄인지 그들은 모르고 한 일이니 용서해 달라고 오히려 하나님께 간청하셨다.

예수님은 하늘나라의 권세로 대접받으러 오신 것이 아니라 그것을 내려놓고 우리를 섬기러 오셨다

"이 잔을 마셔라. 이것은 죄의 용서를 위해 많은 사람들에게 흘린 언약의 피이니라."^{마 26:27-28}

우리의 죄를 대신해서 당신을 희생 제물로 바치신 큰 사랑을 보이셨다. 부활하신 후에도 예수님은 제자들에게 명령하셨다.

"너희가 죄인을 용서하면 너희들도 용서를 받을 것이요. 그렇지 않으면 너희도 용서받지 못할 것이다."^{요 20:22-23}

자신을 십자가에 매달아 죽이라는 원수까지도 사랑하셨다. 예수님께서는 그들에게 용서와 사랑을 베푸심으로써 세상을 이기셨다.

하나님께서는 요셉에게 지혜의 성령을 보내시어 이 모든 것이 하나님의 뜻이었음을 알게 해 주셨고, 요셉은 이를 알고 보복을 두려워하던 형들을 안심시켜 주었다. 회개하지 못한 형들에게 일방적인 사랑을 주었다.

"당신들은 나를 해하려 하였으나 두려워 마소서. 당신들과 당신들의 자녀들을 내가 기르리이다."창 50:19,20

요셉이 형들의 자녀까지 책임지겠다고 말한다.

오히려 그들에게 고마움을 표시하였다. 형들에게 감사하니 모든 문제가 눈이 녹듯이 해결되었다.

너희는 세상의 빛이라 산위에 있는 동네가 숨겨지지 못할 것이요.마 5:14 사람이 등불을 켜서 말아래 두지 아니하고 등경 위에 둔다. 그러면 그 빛은 집안 모든 사람을 비추게 될 것이다.마 5:15

"빛 가운데 있다 하면서 그 형제를 미워하는 자는 지금까지 어둠에 있는 자요, 그의 형제를 사랑하는 자는 빛 가운데 거하며 거리낌이 없다."요일 2:9-10

그래서 형들도 요셉의 진정한 사랑을 알고 거짓된 마음을 버리고 빛 가운데로 나옴으로써 안정을 찾고 요셉과 다시 화합할 수 있었다. 그때까지 요셉은 조용히 기다린 것이다. 고통이 인내를 낳고, 인내가 연단을 낳고, 연단이 소망을 가지게 한 것이다.롬 5:4 기쁨 가운데 소망을 바라보고 하나님의 뜻이 이루어질 때까지 조용히 기다릴 수 있었던 것은 요셉은 이미 성숙한 하나님의 사람이 되었기 때문이었다. 성숙함은 경건함과 불신, 선과 악을 구분하고, 시기와 질투 대신 격려와 희생을, 좌절과 분냄 대신 희망과 화해를, 분열과 복수가 아닌 화해와 베품을 실천하는 것이다.

요셉은 용서와 사랑으로 형들의 거짓된 삶을 이긴 것이다. 성령의 도우심으로 형들을 거짓과 불신으로부터 의로움과 경건함으로 완전히 변화시킬 수 있었다. 형들로 새로운 사람으로 거듭나게 된 것이다.

나아만이 엘리사의 말을 듣고 요단강에서 7번 몸을 씻었을 때 나병이 완전히 낫고, 어린아이의 피부로 거듭났다고 한다. 거듭났다는 것은 단순히 병이 치료되는 것에 그치지 않고 새로운 피부로 다시 만들어졌다는 의미이다. 왕하 5:14

형들은 성령으로 충만하여 빛을 발하시는 예수님의 얼굴을 뵌 것 같이 요셉의 진정한 사랑을 통해 마음이 뜨거워졌을 것이다. 예수님이 돌아가시자 실망하고 엠마오로 돌아가던 두 제자가 예수님을 만나 눈이 밝아지고 부활의 증인이 될 수 있었듯이 요셉을 통해 형들은 완전히 새사람이 된 것이었다. 눅 24:31

하나님께서는 미리 요셉을 정하시어 많은 형제들 가운데 맏아들이 되게 하셨고, 롬 8:29 요셉이 그분의 뜻을 따라 순종하니 모든 것이 합력해 선을 이루어 가도록 허락하셨다. 교만하고 거짓된 자는 하나님께서 낮추시고 깨끗하게 하신다. 형들에게 거짓은 더 이상 삶의 수단이 될 수 없게 일깨워 주셨다. 형들은 물이 포도주가 되듯이 완전히 새로운 사람으로 재창조되었다.

"깨끗한 자에게는 주의 깨끗함을 보이시고 사악한 자에게는 주의 거스름을 보이시나니" 시 18:26-27 누구든지 거짓된 행동을 해서는 안 되며, 이를 위해 하나님의 말씀을 기만하거나 왜곡해서는 안 된다. 특히 믿는 사람이 조심해야 하는 것이 성경을 자기 위주로 해석하거나 자신의 행동을 정당화시키기 위해 함부로 성경을 인용하는 것이다. 벧후 1:20 또한 말씀은 있으나 사랑이 없으면 남을 정죄하는 도구로 사용할까 염려된다. 선포된 말씀 곧 레마는 참 진리 $\rho\tilde{\eta}\mu\alpha$ 그 자체 로고스 $\lambda\acute{o}\gamma o\varsigma$ 에 합치해야만 한다.

"사람이 무슨 무익한 말을 하든지 심판 날에 이에 대해 심문을 받을 것이다." 마 12:36 누구든지 입으로 하는 말이 참 진리에 어긋나면 심판을 받는다. 거짓된 삶을 살아서는 안 된다. 오직 진실만을 말하고, 진리를 온전히 행함으로써 하나님 앞에서 모든 이의 양심을 드러내도록 하여야 한다. 고후 4:2

믿는 자는 그리스도의 빛을 반사하는 자이고 그리스도의 향기이고 생명의 향기이기 때문이다.

| 제 9 장 |

우상과 함께한 요셉은
12지파 족장의 반열에 오를 수 없었다.

빛의 자녀인 요셉은 야곱의 축복을 받았고, 하는 일마다 형통의 축복을 받았다. 그의 아들 므낫세와 에브라임은 12지파의 족장으로 요셉을 대신하여 두 배의 축복을 받았다.

그러면서도 요셉은 자신의 형제들과 함께 12지파 족장의 명단에 이름을 올리지 못하였다. 왜 그랬을까?

양식을 사가는 형제들 중에 베냐민의 양식 자루에 넣어둔 은잔은 과연 무엇이었을까? 요셉이 물이든 술이든 마시면서 늘 점치는데 사용한 것이었다.^{창 44:5} 요셉은 하나님을 믿으면서도 때때로 잔에 물을 채우고 주문을 외운 다음 물 위에 비치는 햇빛, 달빛의 모양을 보고 점을 쳤던 것이다. 점치는 잔은 집집마다 라헬이 가져온 드라빔과 같이 집안의 수호신처럼 귀히 여겼을 것이다. 따라서 이를 훔쳤다고 죄를 뒤집어 씌웠다면 그를 노예로 삼기에 족한 큰 범죄이었음이 분명하다.

요셉에게 은잔은 미신이고 우상이었다. 요셉의 부인 아스낫은 오히려 요셉을 만나 회개하면서 그의 금세공이나 은세공의 우상을 모두 깨뜨리고 창밖으로 던져 버리지 않았는가?

아파트나 빌라, 신규주택을 보면 인테리어나 장식을 이유로 여러 가지 형태의 우상을 볼 수 있다. 현관입구에 액운을 쫓아낸다는 붉은 사자 조작상이나 용머리, 호랑이 그림으로 장식하고, 상점 입구에 놓은 고양이 조각품이 거리의 돈을 부른다고 하는 것도 마찬가지다.

그럼에도 요셉 자신은 생활 속에 자연스럽게 파고든 이러한 우상덩어리에 점차 익숙해져 갔다. 그가 따르던 '바로'의 이름으로 맹세를 함으로써 '하나님'의 이름을 대신하기도 하였다. 진실과 정의를 상징하는 의미로 '바로'를 신격화하였다. 요셉 앞에 끌려온 형제들에게 "나 같은 사람이 점을 잘 칠 줄을 너희가 몰랐느냐?"고 자연스럽게 말하기도 하였다. ^{창 44:15}

이는 우리들 주변의 생활환경이 우리들 영적 생활에 얼마나 많은 영향을 미치는지를 일깨워주고 있다.

나랏일을 수행하면서 어쩔 수 없이 함께하게 되는 우상을 어느 정도 수용할 것인가? 요셉은 매일 매일의 삶에서 온갖 고민을 다했을 것이다. 그래서 알게 모르게 죄를 지은 것에 대해 요셉은 회개해야 했다.

나아만이 하나님의 치유하심을 받은 후 엘리사에게 고민을 토로하였다. 왕의 신뢰받는 장군으로서 왕이 그들의 신에게 절할 때 나아만의 어깨를 짚고 절하므로 함께 절할 수밖에 없었다. 그래서 나아만은 엘리사에게 "내가 림몬의 신당에서 절하면서 여호와께 죄를 지었습니다."고 고백하였다. 이에 대해 엘리사는 "너는 평안히 가라."고 하였다. 나아만도 나랏일을 하면서 마음의 부담을 많이 가졌음이 분명하다. ^{왕하 5:18}

하나님이 우리의 마음을 아신다고 언제까지 우상과 함께 할 수는 없다. 결국 그를 신성모독에 이르지 않도록 보호하셨지만 끝내 영광의 반열에는 올려놓지 않으셨다. 그의 어머니 라헬도 가족의 수호신인 드라빔을 소지함으로써 조상의 반열에 들어가지 못한 것을 교훈 삼았어야 했다.

비록 조그마한 것이라도 우상을 섬기는 행위는 용시받지 못한다.

나라 일을 수행하면서 접하게 되는 우상이라도 하나님께서는 소홀히 넘어가시지 않으신다.

모세는 "반석에게 명령하여 물을 내라"고 하시는 여호와 하나님의 말씀을 제대로 따르지 않았다. 자신을 드러내면서 지팡이로 바위를 두 번 쳐서 물을 내게 한 것이다. 그 대가가 무엇이었는가? 하나님께서는 당신에게 의지하지 않고 하나님의 거룩함을 드러내지 못한 그에게 가나안 땅에 들어가는 것을 허락하지 않으셨다.^{민 20:8-12}

그렇다면 요셉에게도 이집트의 신과 우상을 가까이 함으로써 경건함을 잃고 거룩함을 드러내지 못했다는 이유로 그를 12지파의 족장의 반열에 이름이 오르지 못하게 하신 것은 아닐까?

제 9 장

하나님께서는 사명에 합당한 지혜와 은사를 주셨다.

하나님께서는 야곱이 이집트로 가는 길에 환상으로 보여주셨다. 이집트로 가지만 두려워하지 말며 큰 민족을 이루어 다시 가나안으로 인도하실 것임을 말씀하셨다.^{창 46:4}

이스라엘 족속은 애굽 고센 땅에 거하며 거기서 산업을 얻고 생육하며 번성하였다.^{창 46:27}

애굽으로 처음 들어갈 때 이스라엘 가족은 70-75명에 불과하였다. 그럼에도 출애굽 당시 약 200만 명의 큰 민족으로 성장할 수 있었던 배경은 무엇이었을까?^{신 10:22}

모두 이스라엘과 이스라엘 백성에 대한 하나님의 축복이었다. 그러면서도 그에 이르는 과정에서 기묘자 하나님께서 요셉에게 가르쳐 주신 지혜가 숨어있었다.

요셉은 형제들을 처음 만났을 때부터 '정탐꾼'이라고 억지를 부려 그들로 하여금 크게 반발하도록 하고, 자신들은 한갓 양치기에 불과하다는 점을 드러내 보이게 하였다. 왜냐하면 양치기 직업은 이집트 사람들이 혐오하는 3D 업종 중의 하나이었기 때문이었다.

이스라엘 사람들이 들어와 양치기 목자 일을 해 준다고 하니 이집트 사람들로서는 고마울 뿐이었다. 그래서 그들을 도와주고 그들의 일에 대해 간섭하지 않은 것이다. 경쟁자가 아니었기 때문이었다.

야곱도 준비하고 있었다.

바로는 요셉의 아버지 야곱에게 자신의 수레를 보내 애굽에의 입국을 환영하였다. 요셉의 공로를 인정하였기 때문이다.

야곱은 바로를 만나자마자 하나님의 축복기도를 드리겠다고 말했다. 그러자 바로는 이를 쾌히 허락하였다. 이미 야곱의 기도를 들어서 알고 있었던 차에 내심 바라고 있었던 것이었다.

이집트인은 다신교로서 온갖 동물의 신은 물론 자연현상까지도 섬기는 나라이었다. 오늘날의 일본인과도 흡사 비슷한 종교관을 가진 것으로 보인다. 그래서인지 야곱의 가족이 하나님을 믿는 것도 어느 정도 인정하였을 지도 모른다. 그렇지만 중요한 이유는 따로 있었다.

바로가 야곱의 축복을 내심 바란 이유는, 그도 요셉을 통해 그가 믿는 하나님의 능력을 실감하였고 그 위대함을 인정했기 때문이었다.^{창 47:7}

야곱의 축복이 끝나자 바로는 야곱에게 묻는다.

"당신의 나이는 몇 살인가?"

"나는 130년 동안 순례의 길을 걸었습니다. 나의 인생은 짧지만 고난의 길이었습니다."

바로는 다시 묻는다.

"고생이 많았소. 선조는 무슨 일을 하였는가?"

예리한 질문을 던진다.

"나의 아버지 조상들도 모두 순례의 길을 걸었고, 그분들에 비하면 나의 인생은 짧지요."

아브라함은 175세, 이삭은 180세까지 살았으니 그 보다는 아직 짧다는 것이다.

야곱은 바로에게 무엇을 말하고 싶었던 것일까? 요셉이 일러 준대로 자신은 현실 정치에는 관심이 없고 떠도는 양치기의 삶을 바라고 있음을 드러내고 싶었을 것이다.

"우리 조상 아브라함부터 우리는 여기 저기 하나님의 지시대로 가라면 정처 없이 떠났습니다. 순종하고 살아왔습니다. 갈대아 우르에서 하란으로, 가나안 땅으로 흘러오게 되었습니다."

그렇다. 하나님께서 인도하는 대로 그들은 순종하면서 모든 것을 내려놓고 나그네처럼 순례의 길을 걸었다.

"오늘 하나님께서는 우릴 이집트로 인도하셨습니다. 풍요로운 나라 살기 좋은 이곳으로 인도하셨습니다."

바로는 야곱이 이집트를 칭찬하면서 하나님께서 친히 더 나은 곳 이집트로 인도하셨다고 하니 얼마나 우쭐했을까?

바로는 야곱의 인생에 관한 특강을 듣고 감명을 받아 명령한다.

"이집트 땅에서 가장 좋은 곳인 라암세스 땅에 그들의 소유지를 마련해 주어라. 그리고 온 집 식구들에게 자식의 수에 따라 양식도 공급하라."^{창 47:11-12}

그 곳은 나일강의 델타지역으로 홍수로 비옥한 땅이 된 곳이다. 물이 풍부하니 산천초목이 우거진 곳이다. 바로의 명령대로 그들은 이집트 땅에서 가장 좋은 곳에 자리 잡고 성공적으로 정착할 수 있었다. 나일강 유역에 정착한 것이 그들이 크게 번성할 수 있었던 이유 중의 하나이었다.

그러나 그들이 크게 번성할 수 있었던 이유 중의 또 다른 진정한 이유는 이집트의 왕 바로의 심리까지 잘 알면서 겸손할 줄 아는 요셉의 경험과 지혜가 숨어 있었다.

형들과 살던 어린 시절의 철없던 요셉이 아니었다.

요셉은 경쟁사회에서 남의 시기와 질투를 받지 않고도 넉넉하게 살아가는 방법을 이미 터득한 것이었다. 그들과 친화하면서 살아가기 위해서는 현실정치에 시시콜콜하게 관여하지 않으면서 겸손한 자세로 사는 것이었다.

지식은 사람을 교만하게 한다.

무엇인가를 안다는 것은 아직도 마땅히 알 것을 알지 못한다는 의미이다. 고전 8:2

그런데도 사람들은 가진 지식을 그저 자랑하려하고 우쭐해서 겸손할 줄 모른다.

요셉은 참 진리를 알고 있었다. 겸손하게 자신을 낮주면 하나님께서는 채워주신다는 것을 알았다.

그래서 야곱 또한 순례자의 길을 걷다가 언제든지 하나님께서 부르시면 "아멘"으로 따라가는 순종의 삶을 바로에게 보여주고 싶었던 것이다.

이러한 야곱의 겸손한 자세가 교만하고 거짓된 삶속에 사는 바로 왕에게는 커다란 평안을 주었던 것이다. 그래서 그는 이집트의 최고의 땅을 이스라엘 백성에게 주고 그의 가축들을 기르도록 특혜를 준 것이다.

하나님의 지혜로 요셉은 어느 덧 정치가로, 전략가로 변해 있었다. 하나님께서 때마다 그에게 필요한 은사로 채워주셨다.

제 9 장

민족성은 믿는 이에게 장애물이 된다.

유대인의 선민의식은 뿌리 깊었다. 자신들만이 하나님을 믿는 특권을 가진 선민(選民)이라는 교만함을 아직도 드러내고 있다. 요나가 그랬고 느헤미아 시대 사람들도 그랬다.

"나는 히브리인이다."^{욘 1:9} 히브리인임을 먼저 강조하고 있다.

그들은 이웃사람들과 구별하여 결혼도 하지 않았고 한 밥상에서 같이 음식을 먹지도 않았다.

하나님께서는 천지를 창조하실 때 이스라엘 백성만을 구원하시고 이방인은 버리기로 예정하셨을까? 과연 이방인은 그들을 연단시키는 도구에 불과한 것이었을까?

옛적에 선지자들로 하여금 여러 모양으로 말씀하신 하나님께서 그 아들 예수 그리스도를 만유의 후사로 세우시고 그로 말미암아 세상을 지으셨다. ^{히 3:1-2} 그리고 예수님께서 우리에게 오셔서 이러한 말씀을 모두 이루셨다.

예수님께서는 우리를 위하여 저주를 받으시고 우리를 속량해 주셨고, 그리스도 예수 안에서 아브라함의 복이 그를 믿는 이방인에게도 미치도록 성령의 약속을 주셨다. 예수님은 부활하셔서 하나님 나라의 절대자인 왕이 되셨고 복음의 선지자이시고 구원의 대 제사장이 되셨다. 이러한 예수님의 세 가지 직분은 노아의 방주가 3층이고 솔로몬의 성전이 3층인 것과 상통한다.

"믿음으로 말미암은 자들은 아브라함의 자손일 줄 알지어다."갈 3:7

예수님을 믿는 자마다 아브라함이 자손으로 하나님 나라의 백성이 된다는 의미이다. 예수님께서는 회개하는 삭개오에게 구원을 통해 아브라함의 자손임을 선포하셨다.

"인자가 온 것은 잃어버린 자를 찾아 구원하려 함이니라."눅 19:10

유대인은 선민의식에 의해 끝내 그들의 눈과 귀를 막고 말았다. 예수님을 믿으면 유대인이든 이방인이든 하나님 면전에서 하나라는 것을 그들은 알려고도 하지 않았다.

방탕한 선지자 요나는 뱃사공의 질문에 답하면서 "나는 유대인이요"라고 자신의 신분을 밝힌다.욘 1:9 하나님을 유일신으로 믿는 특권을 가진 유대인임을 강조하면서 자신의 교만한 모습을 보인 것이다. 개돼지와 같은 이방인과 다르다는 선민의식이다. 하나님의 백성이라는 자부심으로 충만하였다.

예수님은 일찍부터 유대인이라는 이유만으로 특권의식을 가진 바리새인들을 질타하셨다.

"하나님이 능히 이 돌로도 아브라함의 자손이 되게 하시리라."마 3:9

유대인이라는 특권의식만으로 하나님의 자녀가 될 수 있다고 생각하는 안이함을 꾸짖으신 것이다. 그들이 갖는 그러한 선민의식은 시기와 질투를 낳고 분열과 다툼을 가져올 뿐이다.잠 28:25 그들을 넘어지게 하는 장애물이 되고 있다.

아브라함에게 가나안 땅을 네 자손에게 주리라고 약속하신 하나님께서 이삭에게 말씀하셨다.

"이 땅에 머물러라. 내가 너와 함께 있어 네게 복을 주고"^{창 26:3}

"Stay in the land for a while"

이 땅에 거류하면 네 아버지 아브라함에게 약속하신 것을 이루어 천하 만민이 복을 받으리라고 하셨다. 그랄 땅에서 이삭은 외국인이며 이방인처럼 살았다. 블레셋 사람과 아비멜렉의 박해를 받고 브엘쉐바로 옮겨 다시 우물을 파고 정착하였다. 떠나온 것을 되돌아보았다면 돌아갈 기회가 있었다.^{히 11:13} 그러나 그는 하나님이 지시하신 땅 가나안에서 살았다. 하나님께 순종하였다.

아브라함이 막벨라 굴을 돈을 주고서라도 기어코 매수를 한 것은 그 땅을 영구적으로 아브라함의 소유로 삼아 후손들에게 하나님의 약속이 성취되어 간다는 것을 보여주고 싶었던 것이다. 야곱은 비록 애굽에서 살고 있지만 영원한 안식처 가나안 땅으로 돌아갈 것을 생각하고 있었다. 야곱에게도 주시겠다고 언약하신 땅, 그가 돌기둥을 세우고 전제물과 기름을 부은 곳이다.^{창 35:12-14} 그들의 본향은 젖과 꿀이 흐르는 가나안땅이었다. 유대인은 아직도 이스라엘의 하나님, 가나안 땅을 본향으로 생각하고 있다.

그러나 예수님을 믿는 우리가 머무를 땅은 영적으로 영원한 안식처인 하늘나라, 하늘왕국을 의미한다. 하늘나라 보좌에서 나오는 생명수가 흐르고, 강 좌우에 생명나무가 있어 열두 가지 열매를 맺고 그 나무의 잎사귀는 만국을 치료하는 하늘나라 본향을 말하는 것이다.^{계 22:1-2} 현실적인 가나안 땅이 아니며, 이스라엘 민족만이 사는 그 땅이 아니다. 그 곳은 하나님께서 지으신 집 영원한 집이며, 성령으로 보증하고 믿음으로 행하는 사람만이 육체를 떠나 주님과 거하는 곳이다.^{고후 5:1-8}

하나님은 이스라엘 사람, 유대인만의 하나님이 아니시다. 예수님을 믿는 우리 모두의 하나님이시다.

주님의 이름으로 오시는 이를 찬송하리로다.^{눅 13:35}

유대인들은 초막절 마지막 행사에서 이른 비를 달라고 기도하지만, 예수님을 믿는 자마다 생수의 강이 그의 배에서 흘러나온다는 것을 그들은 몰랐다. 예수님을 믿는 자들이 받게 될 성령을 그들은 애써 부정하고 있다.^{요 7:37-38}

예수님은 부활하신 후에 하늘나라를 이 지상에서 구현하시고 통치하시는 절대자인 왕 중의 왕이 되셨고, 하나님께로부터 권세와 영광과 나라들을 받으시고 모든 백성들과 나라들과 각기 다른 언어를 쓰는 사람들에게 경배를 받으시는 분이 되셨다. 그분의 다스림은 영원해서 결코 사라지지 않을 것이고 그분의 나라는 결코 멸망하지 않을 것이다.^{단 7:13-14, 눅 21:27}

I say to everyone : "Watch!"^{막 13:37}

항상 깨어 있으라. 문을 두드리면 곧 문을 열어 주려고 촛불을 켜고 기다리는 사람과 같이 하라.^{눅 12:35-36} 예수님은 하나님의 계획을 최종적으로 완성하시기 위해 종말의 통치자로 오실 인자이시고,^{딛 2:13-14} 그 때가 비로소 이 땅에 하늘나라의 건설과 구원의 완성이 된다. 우리가 하나님만을 응시하면서 절대 의존하고, 성령 하나님 뜻에 순종하며 예수님과 항상 동행하면 하나님께서는 우리가 유대인이건 이방인이건 모든 족속을 아브라함의 후손으로서, 아브라함에게 약속하였던 축복을 주시고 하나님 나라 백성으로 받아 주신다.^{마 5:3-6, 히 11:16}

유대인들이 생각하는 육체의 아들이 아닌 약속의 씨로 이어가는 영적인 자손이 된다. 이를 위해 끊임없이 육체의 욕망과 싸워 이김으로써 영적전쟁에 승리하여야 한다. 그럼으로써 우리 모두가 예수님이 가져 오신 하나님 나라의 통치 속으로 들어가는 것이고[12] 하나님께서 천지를 창조하신 목적을 이루시는 것이다. 요셉이 피라미드를 무덤에서 생명의 창고로 만들어 애굽인들의 내세관을 바꾸었듯이 예수님을 믿는 우리는 예수님의 부활을 통해 하늘나라는 미래의 소망이 아니고 이 땅에 살면서 하나님 나라의 백성이 되는 현실적인 실재임을 확인할 수 있었다.

---

[12] 최규남, 사복음서의 복음주의적 이해, 159면

제 9 장

하루에 한 번이라도 가정예배를 드리자.

세상은 악하다. 세상은 어부가 잡은 고기 어망과 같고 타작마당의 양곡과 같아 썩은 고기도 함께하고 가라지도 함께 하고 있다. 이 세상은 사악함과 탐욕이 넘치고, 시기와 질투, 다툼과 살인으로 가득 차있다. 문명이 발달하면서 점차 세상은 더 악해가고 있다. 악마의 끊임없는 시기와 증오는 오늘도 계속되고 있다. 태어나지 않은 것이 더 나을 정도이다.

현대생활에서도 도피성은 있는가?^{수 20:1-6, 신 4:41-43}

구약시대에는 유월절을 지키기 위해 가정마다 어린양을 잡았다. "각 가족대로 그 식구를 위해 어린 양을 취하되"^{출 12:3} 그 피를 좌우 문설주와 꼭대기에 발라 가정을 지켰다. 사망으로부터 구원을 얻었다.

라합의 집과 식구들이 가정 안에서 구원을 받듯이 우리의 가정 또한 삶의 척박함으로부터 우리를 보호하는 도피성이 되어야 한다. 요셉은 베냐민이 형들과 함께 이집트에 온 것을 알고, 식사를 대접하기 위해 그들을 자신의 집으로 인도한 것도 악한 형들로부터 그를 보호하려는 것이었다.^{창 43:16}

예수님께서는 우리의 죄를 대신하여 유월절 희생양이 되셨다.

　따라서 그를 믿는 자마다 구원을 얻었고, 예수님의 보혈이 우리를 감싸므로 더 이상 짐승의 피는 필요하지 않게 되었다.

　집 앞 문설주에 동물의 피를 바를 필요도 없어졌다. 예수님 품안에서 우리의 가정은 도피성이 된다. 예수님 안에서 가정 안에서 우리는 진정한 자유를 누릴 수 있게 되었다. 예수그리스도께서 교회에 대해 하신 것처럼 예수님이 우리 가정의 머릿돌이 되시며, 우리들 모두에게는 포도나무의 가지가 되라고 하신다.

　예수님은 "뜨인 돌"단 2:34, 시 118:22, 마 21:42 즉, 다듬지 않는 돌이어서 그 사이를 메울 우리가 예수님을 얼마나 힘차게 꽉 붙들어야 할까?

　그러나 걱정할 것 없다. 성령 안에서 우리 가정이 하나님이 거하실 처소가 되기 위해 그리스도 안에서 함께 지어지기 때문이다.엡 2:22 매일 함께하는 식구들과 정성을 다해 하나님을 공경하고 가족 상호간에 네 몸같이 사랑하면 성령께서는 우리를 튼튼하게 만들어 가신다.

　요셉은 아스낫과 함께 매일 가정예배를 드림으로써 하나님께서 기쁨으로 그 예배를 받으시고 그 가정의 힘이 되어 주셨다.눅 8:10 우리의 가정에도 항상 하나님과 함께하시도록 아침, 저녁 두 번, 혹은 하루에 한번이라도 가정예배를 드리는 것이 좋겠다.

　먼저 각자의 일과 중에 알게 모르게 지은 죄를 고백하고 하나님께 기도드려 용서함을 받아야 한다. 부부간에는 서로 믿음의 동역자로서 영원한 생명의 은혜를 함께 받는 기도의 중보자로서 서로 내 몸같이 사랑하여야 한다.

　자녀들에게는 하나님을 가르치고 그들을 예수님 품안에서 훈계함으로써 양육하여야 한다. "마음을 다하고 성품을 다하고 힘을 다하여 네 하나님을 사랑하라."는 계명을 마음에 새기고 자녀에게 부지런히 가르쳐야 한다.신 6:5-7

　이를 위해 함께 모여 기도하고 성경을 읽고 밤낮으로 묵상하며 함께 할 가정을 주셨음을 하나님께 감사와 찬양을 드리자. 그리하면 우리 가정은 성령의 충만한 위로를 받아 세상 풍파에 지친 우리들에게 평안한 쉼터가 된다.

예수님께서 말씀하신다.

"수고하고 무거운 짐을 진 자, 모든 사람은 다 내게로 오라. 내가 너희를 쉬게 할 것이다."마 11:28

가정이 예수님의 몸 되신 성전이 되어야 하는 이유가 여기에 있다.

"감사로 제사를 드리는 자가 나를 영화롭게 하나니 흠이 없는 자에게 구원을 보이리라."시 50:23

할 수 있으면 하루에 한번이라도 가정예배를 드리자. 성령이 우리 가정을 떠나시지 않도록 하자. 요셉의 가정에는 하나님이 항상 함께 하셨다. 어떤 경우에도 하나님께서는 요셉을 버리지 아니하셨다. 그에게 하나님이 함께 하시니 성령의 능력을 받아 합력하여 선을 이루어 가셨다.

오늘날 우리는 가정의 위기시대라고 말한다. 가정에서 하나님을 멀리하고 있기 때문이다. 주님! 우리 가족 모두는 하나님께서 주신 사랑의 선물임을 알게 하시고 하나님께 감사드리며 요셉이 보여준 가족사랑, 통 큰 형제사랑을 배워가도록 인도하여 주소서. 아멘

| 제 9 장

네 꿈이 어찌되는지 보자.

요셉의 형들은 계획한다.

"우리가 그를 죽여 이 구덩이들 가운데 하나에 처넣고 맹수가 그를 삼켜 버렸다고 하자. 그의 꿈이 어떻게 되나 어디 한번 보자."

믿음의 조상 아브라함의 후손이요 이삭과 야곱의 자식들인 형제들이 자신들의 동생을 죽여 버리자고 한다. 가인이 시기심 때문에 동생 아벨을 죽임과 같이 그들 또한 시기심으로 동생을 죽이자고 계획한다. 미리 거짓 진술을 만들어 놓고 그의 꿈이 어떻게 되나 보자는 생각까지 하고 있다.

악의 영에 포섭이 된 자는 사소한 시기심이나 질투심만으로도 상대방을 죽이는 해악을 서슴치 않고 저지른다. 그러면서 입으로는 정의를 외친다. 겉으로는 옳고 그름을 내세우면서 시기심과 질투심에 찬 자신의 부끄러움은 철저히 숨기고 있다.

빌라도는 군중에게 묻는다.

"내가 너희에게 누구를 놓아 주었으면 좋겠느냐? 바라바냐, 아니면 그리스도라고 하는 예수냐?"

빌라도는 그들이 예수님을 시기하고 있다는 것을 알았다.

무리들은 "바라바!"라고 소리쳤다. 예수를 십자가에 못 박으라고 한다. 폭동이라도 일어날 것 같다.

그들의 주장은 정의와는 거리가 멀다. 믿는다고 하면서 구원은 간데없고 오로지 시기심과 질투심만이 남아있을 뿐이다.

자기는 할 수 없으니 그런 사람을 희생양으로 삼아 시기하고 미워하고 편을 갈라 파당을 짓고 모함하고 투서를 내고 쫓아내고 사회적으로 매장하기도 한다.

교수가 되어 5년 만에 교과서를 내자 동료교수가 화를 내면서 따진다.

"교수가 된지 몇 년이나 되었다고 벌써 책을 내느냐?"

처음에는 점잖은 비평정도로 생각했다. 그러나 그것만은 아니었다. 동료교수로서는 할 수 없는 행동이었다. 강의교재를 내는 것까지 그들은 시기한 것이었다. 이해하기 어렵다. 공부는 하지 않으면서 교수로 있으니 연구하는 교수가 미운 것이다. 학생들의 요구 수준은 높아 가는데 자신은 채워줄 능력과 열의가 없으니 그의 속은 얼마나 타들어 갔을까?

그런 일에는 식자층이라고 하는 교수뿐 아니라 고급관료, 정치인, 종교지도자들도 마찬가지다. 모두 자신의 직분에 충실하지 못한 자들의 행동이다.

무리들은 십자가에 매달린 예수님을 보고도 마지막까지 조롱하고 있다.

"가만두어라. 어디 엘리야가 와서 그를 구해 주나 보자."

하나님을 시험하고 있다. 그들의 사악함은 끝을 모른다. 회개할 줄 모른다.

"네 꿈이 어찌되는지 보자."

요셉의 형들은 그를 죽여서라도 꿈의 성취를 막아보려는 그들의 완악함을 보인 것이다.

그러나 그들은 몰랐다.

그들의 시기심과 질투심, 더러운 악한 영, 사단까지도 하나님께서는 주관하시고 허락하시고 택한 사람을 연단하는 도구로 사용하신다는 것을 몰랐다.

하나님만을 의지하는 것이 믿음이요 오로지 하나님만을 바라봄이 능력이다. 주의 은혜로 산같이 굳게 세우심을 받은 다윗도 주님께서 얼굴을 감추실까 근심하였다.^{시 30:7}

"여호와는 그 얼굴을 네게 비추사 은혜 베푸시기를 원하신다."^{민 6:25}

우리는 주님과 함께 동행할 때 우리에게 합당한 능력을 주시고 주변 환경도 바꾸어 주신다는 것을 알고 있다. 우리가 구하는 것이나 우리의 생각을 훨씬 초월하는 하나님의 놀라우신 역사하심을 경험을 통해 알고 있는 것이다.^{엡 3:20}

예수님이 고난 가운데에서도 소망을 바라보고 기쁨으로 하늘나라 보좌에 오르신 것처럼 요셉이 인내함으로써 하나님의 영광을 드러내리라는 것을 요셉의 형들만은 몰랐던 것이다.

제 9 장

하나님의 섭리 안에서 새로운 피조물이 되었다.

그들은 진리를 보고도 눈을 감은 것이다. 악의 영은 진리의 빛을 바라볼 수 없기 때문이다. 영적 무지 때문이다.

요셉에게 하신 것처럼 하나님께서는 꿈을 통해 환상을 통해 계시를 보여 주시고 말씀하신다. 이집트의 왕 바로와 같이 이방인에게도 꿈을 통해 계시하심으로써 모든 것이 하나님의 섭리 안에 있음을 보여 주셨다.

꿈을 통해 아브라함의 아내 사라를 범하지 말라고 아비멜렉에 대해 경고하셨고,^{창 20:3-8} 야반도주한 야곱을 추격하고 있던 라반에게 야곱을 징벌하지 말도록 경고도 하셨다.^{창 31:24}

예수님의 아버지 요셉에겐 마리아를 의심하지 말라고 지시하시고,^{마 1:20} 환상을 통해 느부갓네살 왕에게는 하늘나라가 가까이 왔음을 보여주셨다.^{단 2장, 4장}

느브갓네살 왕은 다니엘에게 말한다.

"너희 하나님은 모든 신 가운데 신이요, 모든 왕의 으뜸이시다. 네가 이 비밀을 풀 수 있었다니 네 하나님은 참으로 비밀들을 드러내시는 분이로구나."^{단 2:47}

하나님께서는 꿈과 환상을 통해 인간의 구원과 하나님의 섭리를 드러내셨다. 때로는 나약한 기드온에게 용기를 주시기 위해 다른 사람의 꿈을 통해 계시를 주셨고, 하나님이 사랑하시는 자녀를 보호해 주시기도 하셨다.^{삿 7:15}

하나님께서 경고를 하실 때에는 좀 더 다양한 방법으로 계시하셨다. 바벨론의 왕 벨사살에게는 그가 교만하여 예루살렘 하나님 성소로부터 약탈해 온 금과 은으로 만든 잔에 포도주를 채워 마시면서 하나님께 대적하자 기적의 손을 보내시어 벽에다 글을 써서 경고하셨고,^{단 5:23-26} 유다 왕 므낫세의 손자 요아스에게는 제사장 힐기야를 통해 그동안 잊어버렸던 모세의 율법 책을 보내시어 전 국민으로 하여금 회개하게 하셨다.^{대하 34:14-16} 이것이 훗날 유다 왕국을 다시 살리신 계기가 되었음은 물론이다. 반면 회개하지 않은 북이스라엘은 호세아 왕 9년 앗수르 살만에셀에게 정복되어 영원히 멸망케 하셨다.^{왕하 18:12}

다만 이와 같은 꿈이나 환상 모두를 하나님의 계시라고 생각하는 것은 위험하다.

꿈의 계시라고 하면서 다른 신을 섬기려 하거나 인간의 헛된 욕망을 실현하려고 한다면 비록 그의 꿈대로 이룰지라도 그것은 사단의 시험일 수도 있다.^{신 13:1-3} 악한 영을 통한 시련일 수도 있고 '여호와의 신탁'이라는 거짓된 유혹일 수도 있다.^{렘 23:34} 선지자나 예언자라는 사람의 말도 그렇다.

"선지자가 여호와의 이름으로 선포한 것이 증험도 없고, 성취도 없으면 그것은 여호와께서 말씀하신 것이 아니요 선지자가 방자히 한 말이니 두려워하지 마라."^{신 18:22}

우리는 하나님의 말씀과 마귀의 시험, 거짓된 유혹의 영을 구별하고, 선과 악, 경건함과 불경건함을 분별할 줄 아는 영적인 능력을 가져야 한다.

하나님께서는 천지를 창조하시고 살아서 움직이는 모든 것들이 너희의 양식이 된다고 하시고,^{창 9:3} "네발 가진 짐승과 기는 것과 공중에 나는 것들에 대해 하나님께서 깨끗케 하신 것을 네가 속되다 하지 말라"고 하셨다.^{행 10:12,15} 그러면서도 인간에게 굽이 갈라지거나 새김질하는 정한 동물이외의 짐승은 먹지 말라고 경고하셨다.^{레 11장, 신 14장}

굽이 둘로 갈라져 있다는 것은 선과 악, 거룩함과 불결함, 경건함과 불경건함은 구별되어야 한다는 의미이고, 둘로 갈라짐으로써 비로소 정결함을 받았다는 의미이다.

예수님이 십자가위에서 돌아가실 때 성소의 휘장이 둘로 갈라짐으로써 그를 믿는 자마다 예수님의 거룩한 피로 깨끗함을 받아 의롭다고 인침을 받음과 같다.

요셉은 하나님의 말씀에 순종하고 경건하고 구별된 삶을 살았다.

지느러미를 가진 물고기가 물살을 가르고 뛰어오르듯 믿음이 없는 세상과 쉽사리 타협하지 않았고, 죽은 짐승의 사체를 먹는 독수리같이 부정한 이익을 탐하지도 않았다. 고난 가운데에서도 묵묵히 믿음으로 소망을 가지고 살았다.

자신에게 주어진 사명에 충실하여 이웃을 자기 몸같이 사랑하였다. 보디발에게 충성을 다하여 선을 베풀고, 술 맡은 관원장의 꿈을 해석해 주고, 바로왕의 고민을 해결해 줌으로써 이집트의 총리가 되는 복을 받았다.

총리가 되어서는 자신을 팔아먹은 형제들과 그 자손들의 생명을 기근으로부터 구해 줄 수 있었다. 사랑과 용서함으로 그들의 거짓된 삶을 이길 수 있었다.

고통 중에도 도움이 필요한 사람에게 다가가 필요한 것들을 건네주고 최선을 다해 보살펴 주었다.

말씀이시고 생명 그 지체이신 예수님은 강도를 만나 쓰러진 사람을 구해준 시마리아 사람과 같이 우리에게 다가오셔서 우리를 긍휼히 여기시고 자비를 베푸셨다. 오천 명이나 되는 사람들을 긍휼히 여기시고 오병이어의 놀라우신 능력으로 그들의 허기를 채워주셨고, 12광주리를 남기시어 배고픈 12지파 이스라엘백성과 그를 믿는 모든 사람들의 영혼을 넘치도록 채워 주셨다.^{막 6:30-44}

하나님께서는 이러한 요셉에게 그때그때마다 필요한 것을 미리 아시고 합당한 은사와 능력을 주셨다. 주어진 소명에 순종하고 하나님 뜻에 따라가면 합당한 능력을 주시고 하나님의 계획을 이뤄 가신다.

오늘도 하나님께서는 우리에게 하나님의 계시와 마귀의 시험을 구별할 줄 아는 영적 분별력을 가지고 육신의 욕망 즉 쾌락이나 명예, 소유욕을 헛되이 꿈꾸지 말며 성경의 말씀을 묵상함으로써 항상 경건함을 가지고 살라고 명령하신다.^{마 4:1 10} 최근 우리는 코로나 바이러스의 극성으로 결코 경험해 보지 않은 새로운 세상을 맞이하고 있다. 코로나 바이러스는 인간의 탐욕의 결과이지만 잃어버린 하나님과의 관계를 회복하라는 경고라는 점을 깨달아야한다. 이를 위해 우리는 경건함을 회복하여야 한다.

경건함을 회복하고 유지하기 위해서는 예수님께서 친히 하신 것과 같이 마음을 다하고 성품을 다하여 하나님 여호와를 사랑하고 이웃을 사랑하여야한다.

하나님은 사랑 그 자체이시다. 하나님이 너희를 사랑하심같이 너희도 서로 사랑하라.^{요일 4:16}

예수님께서 주신 새로운 언약을 굳게 지켜나갈 때 우리는 비로소 영적 분별력을 가지고 경건함을 유지할 수 있다.

예수님과 함께 십자가에 우리 자신을 못 박고 쪼개지고 깨어져 모든 죄를 고함으로써 깨끗함을 얻고 내 안에 그리스도가 거하시면 우리는 비로소 새로운 피조물이 된다.

보라! 예전 것은 지나가고 새로운 것이 되었도다.^{고후 5:17}

⟨Keynote⟩
하나님만을 바라봄은 능력이다.

하나님만을 의지하는 것이 믿음이요 오로지 하나님만을 바라봄이 능력이다.

주의 은혜로 산같이 굳게 세우심을 받은 다윗도 주님께서 얼굴을 감추실까 근심하였다.^{시 30:7} 우리가 예배와 기도를 통해 주님의 얼굴을 뵈올 때 우리의 걱정과 근심을 해결할 수 있는 합당한 능력도 주실 줄 믿는다.

지혜의 성령을 우리 머리 위에 내려 주신다. 하나님의 능력을 부여 받으면 우리의 문제는 작아지고 우리 안에 계시는 하나님의 존재는 더욱 커진다. 절망적이던 문제는 사라지고 어느덧 해결의 문이 보인다.

우리가 구하는 것이나 우리의 생각을 훨씬 초월하는 하나님의 역사하심을 경험하게 될 것이다.^{엡 3:20}

에필로그

세상은 빠르게 변하고 있다. 문명을 거듭하면서 세상은 점점 악으로 치닫고 있다. 오늘 이 순간에도 하나님께서는 과녁에서 벗어나 죄의 수렁에 빠진 인간을 사랑하시고 구하시기를 반복하신다.

하나님께서는 자녀들이 죄의 속박으로부터 돌이킬 때에 기뻐하셨고[시 14:7] 오늘도 우리들이 예수님의 보혈로 죄로부터 깨끗함을 받고 돌아오기를 기다리고 계신다. 창세기는 성경의 제일 첫 장이다. 하나님께서는 천지를 창조하시고, 사람 중에 요셉을 택하셔서 대기근으로부터 이스라엘 백성을 구하라는 사명을 주시고, 그에게 감당할 능력을 주셨음을 기록하고 있다.

택하심도 버리심도 하나님의 뜻과 계획 하에 두셨다.

성령의 내적 역사는 열매를 맺는 것이요 외적 역사는 은사이다.

요셉은 자신이 받은 꿈의 은사를 충분히 활용하여 하나님의 뜻대로 사랑의 열매를 맺었다. 그의 마음속에 사랑, 기쁨, 인내, 자비, 선행, 절제가 항상 넘치고[갈 5:22] 감사와 찬양으로 하나님과 늘 교제함으로써 경건함을 유지하면서 사랑과 용서를 통해 주님의 형상을 닮아가는 삶을 살았다.

그러나 그는 국정을 수행히면서 접히게 되는 우상 때문에 온전한 하나님의 사람이 되기에는 한계가 있었다.

우리는 인생을 살면서 여러 차례 우연스러운 기적을 만나게 된다. 참으로 소중한 사람을 우연히 만나 평생을 함께 살고, 우연한 기회에 평생 직업을 가지게 되기도 한다. 필자는 행정고시를 준비하다가 사법고시로 바꾸었다. 군 입대 전에 행정고시를 준비하다가 친형의 신실한 조언 한마디로 바꾸었다. 나중에 들어보니 형은 그 말을 해 놓고도 잊어버렸다고 한다.

우연은 준비하는 사람에게 필연으로 다가오지만 준비하지 않은 사람에게는 필연적인 사실도 우연처럼 사라지고 만다. 그러나 믿는 사람은 다르게 말한다.

기도하면 필연처럼 다가오지만 기도하지 않으면 우연처럼 사라지고 만다.

하나님께서는 우리의 모든 것을 계획하시고 주관하신다. 하나님의 처방은 오묘하시다. 요셉은 계시의 영을 통해 이스라엘 백성을 구하라는 하나님의 뜻에 순종하였다.

"오묘한 일은 하나님 여호와께 속하였거니와 나타난 일은 영구히 우리에게 속하였나니"^{신 29:29}

눈으로만 보면 고통이고 불명예이지만 영의 눈으로 보면 시험이고 축복이 된다. 그런 하늘나라의 비밀을 요셉은 알았던 것이다. 하나님께서는 형들의 시기심과 질투심을 허락하시고 그것을 도구로 삼아 요셉을 연단시키시고 거듭나게 하심으로써 사랑과 용서로 형들의 거짓된 삶을 이기도록 하셨다.

우연은 없었다. 이집트의 한 왕은 관대함으로 요셉과 그 형제 이스라엘의 가족들을 받아줌으로써 평화의 복을 받았으나 다른 한 왕은 심령의 강퍅함으로 10가지 재앙을 받고서야 그들을 놓아 주었다. 결국 아들을 잃고서야 이스라엘 백성의 출애굽에 굴복하였다. 모든 일이 하나님의 섭리 안에 있다는 증거이다.

십자가를 믿는 우리는 항상 시련을 겪고 있다. 하나님만을 바라보라는 의미이다. 우리가 환난에 빠져 쓰러질 때 나약하여 아무 것도 할 수 없다고 진심으로 고백할 때 하나님께서는 비로소 우리의 믿음을 보시고 우리 일에 개입하신다.

다윗의 후손인 아사 왕이 하나님께 전적으로 의지할 때 그에게 힘을 주시고 방패가 되셨지만, 그가 다른 사람이나 외세의 힘을 빌릴 때 하나님께서는 등을 돌리셨다. 하나님은 전심을 다해 온전히 당신에게 향하는 자를 위하여 능력을 베푸시는 분이시다. ^{대하 16:8-9}

무섭게 부는 밤바람에도 소망의 닻을 건네주신다. 주의 손으로 건져 주시어 환난을 벗어나게 하시고 근심이 없게 하신다. ^{대상 3:10} 우리가 환난을 당할지라도 이미 하나님께서는 세상을 이기시고 우리에게 평안을 누리게 해 주신다. ^{요 16:33} 하나님께서는 시련을 통해 우리를 연단하시고 그분의 영광을 이루어 가신다. 하나님께서 주시는 시련은 우리에게 또 다른 기회가 된다. 시련을 당하면 세상 사람들은 모두 떠난다. 그러나 하늘나라는 더 가까이 온다. 나를 특히 사랑하셔서 하나님의 영광을 드러내는 도구로 사용하신다는 증거이다.

예수님께서 말씀하신다.
"나다. 두려워마라."^{마 14:26-27}

주님이 우리에게 다가오실 때, 그것이 고통이든지 축복이든지 우연이든지 언제 어떤 형태로 오실지는 아무도 모른다. 우리는 영적인 분별력을 가지고 항상 깨어있어야 한다.
믿는 자는 부름을 받아 나설 때 요셉에게 주신 것과 같이 거듭나게 하시고 합당한 능력도 주심을 믿는다.
"네 꿈이 어찌되는지 보자."
여호와께서는 말씀하신다.
"내가 말한 대로 되는지 안 되는지 네가 보게 될 것이다."^{민 11:23}

담장 넘은 축복

발행일 2020년 10월 16일

지은이 노 가브리엘
발행인 고석현
발행처 (주)한올엠앤씨

주소 경기도 파주시 심학산로12, 4층
전화 031-839-6804(마케팅), 031-839-6812(편집)
팩스 031-839-6828
홈페이지 www.daybybook.com

ISBN 978-89-86022-22-3
판매가격 15,000원

Copyright Roh Gabriel All right reserved.
이 책에 수록된 글은 저자의 허락 없이 무단으로 복제 또는 전재, 변형할 수 없습니다.